Arthur M. Schlesinger Jr.

Die Spaltung Amerikas

Überlegungen zu einer multikulturellen Gesellschaft

Originaltitel:
The Disuniting of America
Reflections on a Multicultural Society

Impulse. Debatten zu Politik, Gesellschaft, Kultur

herausgegeben von Sandra Kostner, Stefan Luft und Elham Manea

Die Reihe *Impulse* bietet ein Forum für unterschiedliche Standpunkte zu aktuellen gesellschaftspolitischen Debatten. Debattengrundlage ist jeweils ein Impulstext, auf den Autorinnen und Autoren Repliken verfassen. Ziel der Reihe ist es, ein möglichst breites Spektrum an Standpunkten abzubilden und die Begründungen, die für diese Standpunkte vorgebracht werden, durch die direkte Konfrontation mit Gegenargumenten einem Test zu unterziehen. Durch die Zusammenfassung unterschiedlicher Standpunkte in den Debattenbänden soll den Leserinnen und Lesern die Möglichkeit gegeben werden, sich in komprimierter Form einen Überblick über die Bandbreite an Standpunkten und die Stichhaltigkeit von Argumenten zu verschaffen. Die Reihe will zudem einen Beitrag dazu leisten, Debatten zu umstrittenen und emotional aufgeladenen Themen zu versachlichen. Denn hier sollen nur die Kraft und die Stringenz der Argumente zählen und nicht moralische Haltungen, ideologische Überzeugungen oder gar persönliche Diskreditierungen.
Die Reihe richtet sich an die interessierte Öffentlichkeit wie auch an Wissenschaftlerinnen und Wissenschaftler und Verantwortliche in Politik, Verwaltung und Medien.
Aus lizenzrechtlichen Gründen erscheinen die Debattenbeiträge zu dem vorliegenden Impulstext von Arthur M. Schlesinger Jr. in einem separaten Band.

1 Sandra Kostner (Hg.)
Identitätslinke Läuterungsagenda
Eine Debatte zu ihren Folgen für Migrationsgesellschaften
ISBN 978-3-8382-1307-1

Arthur M. Schlesinger Jr.

DIE SPALTUNG AMERIKAS

Überlegungen zu einer multikulturellen Gesellschaft

Aus dem Amerikanischen übersetzt
von Paul Nellen

Mit einem Vorwort
von Sandra Kostner

ibidem
Verlag

Bibliografische Information der Deutschen Nationalbibliothek
Die Deutsche Nationalbibliothek verzeichnet diese Publikation in der Deutschen Nationalbibliografie; detaillierte bibliografische Daten sind im Internet über http://dnb.d-nb.de abrufbar.

Bibliographic information published by the Deutsche Nationalbibliothek
Die Deutsche Nationalbibliothek lists this publication in the Deutsche Nationalbibliografie; detailed bibliographic data are available in the Internet at http://dnb.d-nb.de.

Coverabbildung: ID 151957629 © Fckncg | Dreamstime.com.

Amerikanische Originalausgabe:
The Disuniting of America: Reflections on a Multicultural Society. Revised and enlarged edition

Erschienen 1998 als Norton Paperback im Verlag W. W. Norton, New York
Deutsche Übersetzung mit freundlicher Genehmigung von W. W. Norton & Company, Inc., New York, USA

ISBN-13: 978-3-8382-1434-4

Deutsche Ausgabe:

Printed in the EU

Inhaltsverzeichnis

Vorwort von Sandra Kostner

Den ersten Band der Debattenreihe *Impulse* gab ich im letzten Jahr heraus. Er widmete sich dem titelgebenden Thema: *Identitätslinke Läuterungsagenda* – ein zugegebenermaßen auf den ersten Blick sperriger Begriff, den ich aber deshalb gewählt habe, weil er genau das Phänomen auf den Punkt bringt, das ich analysieren und zur Debatte stellen wollte. Mit dem Begriff „identitätslinke Läuterungsagenda" bezeichne ich eine spezifische Form der Identitätspolitik, die von Personen vorangetrieben wird, die sich selbst politisch links verorten, aber im Kern eine rechte Politik verfolgen. Das ist deshalb der Fall, weil sie die starre Orientierung an unveränderbaren Merkmalen fortführen, die von Rechten genutzt wurde, um die Ungleichbehandlung von Nichtweißen und Frauen zu rechtfertigen. Einzig die Richtung der Ungleichbehandlung drehten Identitätslinke um, sodass nun, zur Wiedergutmachung historischen Unrechts, von den ehemals bevorzugten Identitätsgruppen verlangt wird, dass sie Ungleichbehandlungen über sich ergehen lassen sollen und müssen. Anders gesagt: Menschen werden in dieser linken Form der Identitätspolitik weiterhin nicht als Individuen, sondern als kollektive Merkmalsträger behandelt.

Werden Menschen kollektive Identitäten aufgrund eines Abstammungsmerkmals aufgezwungen und werden sie aufgrund dieser aufgezwungen Identitäten nicht als Individuen, sondern als Merkmalsträger behandelt, ist der Samen für die Spaltung der Gesellschaft gesät. Übernehmen staatliche Institutionen, von Bildungseinrichtungen über Behörden bis hin zu Kultureinrichtungen, sowie private Arbeitgeber dieses identitätspolitische Denken – sei es aus Überzeugung, sei es aufgrund politischen oder aktivistischen Drucks –, dann erleben Menschen, dass ihre Chancen auf freie Entfaltung ihrer Persönlichkeit davon abhängen, mit welchem Abstammungsmerkmal sie geboren sind. Je mehr Menschen ihre Entfaltungschancen eingeschränkt sehen, desto mehr geht der spalterische Samen auf. Welche verheerenden Folgen dieser Samen, ist er erst einmal wie in den USA voll aufgegangen, auf den gesellschaftlichen Zusammenhalt hat, führen insbesondere die jüngeren Entwicklungen dort eindrücklich vor Augen.

Ein früher Diagnostiker dieser spalterischen Identitätspolitik, die nunmehr sämtliche westlichen, liberaldemokratisch verfassten Staaten erfasst hat, war der Historiker Arthur M. Schlesinger Jr., der 1991 in seiner so hellsichtigen Schrift *The Disuniting of America* vor der ethnischen Spaltung der USA gewarnt hat; bereits 1998 schob er eine aktualisierte, neue Ausgabe nach. Heutzutage sind die USA auf eine Art und Weise gespalten, die wahrscheinlich selbst einen so weitsichtigen Analytiker wie Schlesinger mit Erstaunen erfüllen würde. Denn neben die Spaltung in ethnische Abstammungsgruppen trat in den letzten Jahren mit enormer Wucht die Spaltung nach Geschlecht und nach Genderidentitäten. Somit herrscht nun auf der gesamten identitätspolitischen Front eine „Wir-gegen-die-Mentalität" vor, die gerade im Jahr 2020, befördert durch den stark identitätspolitisch geprägten Präsidentschaftswahlkampf, immer weitere Teile der USA erfasst hat und unerbittlich auf einen Kulminationspunkt zusteuert. Und damit auf den Punkt, an dem die USA so gespalten sind, dass das Land vor der Frage steht, in welcher Form sein Fortbestehen gesichert werden kann.

Liest man Schlesingers Text aus der Perspektive des Jahres 2020, springen zwei Punkte ins Auge: Zum einen, wie konstant sowohl die Gründe, die zur Rechtfertigung der Spaltungspolitik herangezogen werden, als auch die zum Einsatz gebrachten Methoden sind. Der wichtigste Grund heißt „Gerechtigkeit", genauer gesagt „Rassengerechtigkeit" („racial justice"). In den 1990er-Jahren wie heute ist den Befürwortern dieser Identitätspolitik zur Erreichung dieses Ziels so gut wie jedes Mittel recht – Nebenwirkungen, auch solche, die das Land tief und nachhaltig spalten, werden billigend in Kauf genommen. Vor genau diesen Nebenwirkungen warnte Schlesinger. Dass er leider mit seinen Warnungen nicht durchdrang, zeigen die Entwicklungen der vergangenen Jahre. Hätten Politik und Institutionen seine Analyse zur Grundlage ihrer Strategien gemacht, stünden die USA heute deutlich besser da.

Zum anderen fällt bei der Lektüre auf, wie sehr das rhetorische Arsenal der Identitätspolitik zwischenzeitlich ausgebaut wurde. Zentrale (Kampf-)Begriffe, mit denen heutzutage die spalterische Identitätspolitik vorangetrieben wird, wie „woke" (besondere Wachsamkeit für Rassismus), „cancel culture", „safe spaces", „Triggerwarnungen", „kulturelle Aneignung", „Twitter-Mob", „Black Lives Matter", „BIPoC" (Black, Indigenous and People of Color), „toxische Männlichkeit", „Social Justice Warrior" oder auch die Idee, dass es Dutzende von unterschiedlichen Genderidentitäten gibt, konnten noch keinen Eingang in Schlesingers Analyse finden.

Als Arthur M. Schlesinger im Jahr 2007 verstarb, war dieses Vokabular noch nicht im Umlauf. All diese erst in den letzten Jahren geprägten Begriffe sind Ausdruck dafür, dass Identitätspolitik nunmehr einem Hochgeschwindigkeitszug gleicht, der kontinuierlich weiter Fahrt aufnimmt und an den immer mehr thematische Wagen angekoppelt werden. Die fortwährend ergänzte Palette an Neologismen stellt eine Erweiterung des sprachlichen Instrumentariums dar, mit dessen Hilfe Identitätspolitik umgesetzt werden soll. Neu sind die Begriffe, altbekannt - und von Schlesinger hervorragend auf den Punkt gebracht - sind die mit ihnen verfolgten Ziele (vornehmlich die Einschränkung der Redefreiheit mittels eines moralisch erzeugten Konformitätsdrucks) und gesellschaftlichen Nebenwirkungen (wie vor allem die Spaltung der Gesellschaft).

Das Hauptziel war in den 1990er-Jahren wie auch heute, Begriffe zur Hand zu haben, mit deren Hilfe Menschen in moralisch Gute und Schlechte unterteilt werden können. Damals wie heute gilt als moralisch hochwertig, wer die richtige Sprache spricht und sich so als Unterstützer der identitätspolitischen Agenda zu erkennen gibt. Als moralisch minderwertig wird derjenige herabgewürdigt, der Kritik an der Agenda übt. Wer beispielsweise nicht hinnehmen möchte, dass zur Schaffung von „safe spaces" für Opfergruppen, allen voran BIPoCs, Frauen und Menschen mit nicht-heteronormativer Genderidentität, die Meinungs-, Presse- und Wissenschaftsfreiheit eingeschränkt wird, dem wird unterstellt, dass er damit den genannten Opfergruppen ein Gefühl von Sicherheit, Wohlbefinden und Zugehörigkeit verweigere, ja, dass er in Kauf nehme, dass diesen Menschen sprachliche Gewalt angetan wird. Den Begriff „safe space" kannte Schlesinger noch nicht, das Phänomen, dass für Opfergruppen Schutzräume geschaffen werden, zum Beispiel in der Form von Wohngebäuden nur für Afroamerikaner auf dem Gelände von Universitäten, floss *avant la lettre* in seine Analyse ein.

Wäre Schlesinger noch am Leben, sähe er sich heutzutage wohl als „alter weißer Mann" diskreditiert, der mit seinen Analysen und Mahnungen nur eines bezwecke: seine „weißen, männlichen und heteronormativen Privilegien" abzusichern. Zudem fände er seine Prognosen bestätigt – vielleicht auf eine Art und Weise, die selbst einen luziden Analytiker mit Entsetzen darüber erfüllte, in welchem Ausmaß es die amerikanische Gesellschaft zugelassen hat, dass sich die zerstörerischen Kräfte der Identitätspolitik nahezu ungehindert entfalten konnten. Ein Austausch mit Schlesinger als jemandem, der das Unheil früh heraufziehen sah, über die gegenwärtigen Entwicklungen, wäre sicher sehr erkenntnisreich und gewinnbringend.

Zwei Feldern, die maßgeblich dafür verantwortlich sind, dass das Spaltungs- und Zerstörungspotenzial der Identitätspolitik so stark an Fahrt aufnehmen konnte, hat Schlesinger jeweils ein eigenes Kapitel gewidmet: „Geschichte als Waffe" und „Der Kampf der Schulen".

Schlesinger hat anschaulich dargelegt, warum und mit welchen Methoden identitätspolitische Aktivisten versuchen, Geschichte als Waffe einzusetzen. Das sie leitende Motto lautet: Wer die Deutungsmacht über die Vergangenheit hat, kann auch die Gegenwart und Zukunft prägen. Grundsätzlich gilt: Wer Geschichte als identitätspolitische Waffe einsetzt, dem geht es nicht um Fakten. Es geht ihm nicht darum, vergangenes Geschehen möglichst akkurat zu rekonstruieren. Ganz im Gegenteil: Es geht ihm darum, die Vergangenheit in ideologische Narrative zu pressen. Auf der identitätsrechten Seite handelt es sich um weiße Überlegenheitsnarrative, die allerdings nur noch von kleineren Gruppen am gesellschaftlichen Rand offensiv vertreten werden. Auf der identitätslinken Seite geht es um moralisch hochwirksame Opfer- und Schuldnarrative.

Das identitätslinke Narrativ, das inzwischen viele Bildungsinstitutionen dominiert, lautet so: Heute lebende Menschen, die aufgrund ihres Abstammungsmerkmals einer Schuldgruppe zugewiesen werden, müssen anderen heute lebenden Menschen, die einer Opfergruppe zugeteilt werden, Bevorzugungsmöglichkeiten gewähren, um die Schuld ihrer Vorfahren abzutragen. Die enorme Komplexität historischer Vorgänge wird also auf einen einzigen Aspekt reduziert. Begründet wird dies damit, dass dieser aus moralischen Gründen der einzig relevante sei. Diese interessengeleitete Simplifizierung und Moralisierung der Vergangenheit, die Schlesinger bereits in den 1990er-Jahren feststellte, hat im Jahr 2019 mächtig Auftrieb erfahren.

Im August 2019 veröffentlichte das *New York Times Magazine* eine Initiative namens „1619 Project". Die Initiatoren erklärten das Jahr 2019 zum 400. Jahrestag der Sklaverei in Amerika und das Jahr 1619 zum eigentlichen Ausgangspunkt der US-Geschichte. Dass es beim *Projekt 1619* nicht um Fakten, sondern um eine ideologiekonforme Geschichtsschreibung und somit um die Verfügungsmacht über das nationale Narrativ geht, geben die Initiatoren freimütig zu. Ziel des Projektes ist es, wie die Initiatoren auf der Website des *New York Times Magazine* schreiben, Sklaverei und den erzwungenen Beitrag der Afroamerikaner zum wirtschaftlichen Erfolg des Landes ins Zentrum der nationalen Erzählung zu rücken.

US-Amerikaner sollen Rassismus als unauslöschliches Kainsmal sehen. Amerikaner sollen davon überzeugt werden, dass nichts so sehr die USA geprägt habe wie Rassismus und dass Rassismus der Wesenskern des Landes sei. Das Opfer-und-Schuld-Narrativ soll politisch, institutionell und gesellschaftlich als einzig gültiges verankert werden – mit dem Ziel, dass sich Afroamerikaner ermächtig fühlen und ihnen die Möglichkeit gegeben wird, unter Verweis auf ihren Opferstatus, dauerhaft Wiedergutmachung einzufordern –, sei es in symbolischer Form, indem sich Weiße zu ihrem Rassismus, ihrem privilegierten Weißsein oder ihrer schuldbehafteten Hautfarbe bekennen, sei es in materieller Form. Unter letztere fallen sowohl Bevorzugungen bei Stellenbesetzungen als auch Reparationszahlungen für die 1865 beendete Sklaverei.

Wie gut der Boden für dieses nationale Narrativ inzwischen in den USA bereitet ist, wird daran ersichtlich, dass es den Initiatoren innerhalb von sechs Monaten gelungen ist zu erreichen, dass rund 3.500 Schulen das Narrativ des *Projekts 1619* in ihren Lehrplan übernommen haben. Dies bedeutet nichts anderes, als dass jungen Menschen an diesen Schulen simplifizierende und moralisierende Narrative beigebracht werden anstelle von komplexen und sich Eindeutigkeiten entziehenden Fakten. Überdies spaltet dieses Geschichtsbild die Schülerschaft in Träger von Opfer- und Schuldidentität auf. Die eigentliche Funktion eines nationalen Narrativs, etwas Gemeinsames und Verbindendes zu schaffen, wird damit konterkariert. Und aufgrund dessen, dass diese nationale Erzählung eine Erbsünde festschreibt, kann aus der Geschichte auch zukünftig nichts Verbindendes mehr entstehen.

Hinzu kommt, dass, wer jungen Menschen beibringt, ihr Land sei auf rassistischem Unrecht gegründet und seine ganze Geschichte sei nur davon geprägt, die Identifikation mit diesem Land erschwert. Insofern ist es kein Wunder, dass immer mehr junge Menschen ihr Land als nichts anderes als einen rassistischen Unrechtsstaat sehen, dessen Systeme auf Rassismus gründen und daher sozusagen „unheilbar" an Rassismus erkrankt sind. Sie glauben, dass Sklaverei und Rassismus konstituierend für die USA sind, nicht individuelle Freiheitsrechte. Dabei sind es diese bereits 1787 verfassungsrechtlich abgesicherten Freiheitsrechte, welche die USA zu dem Land gemacht haben, das sie heute sind.

Sklaverei und Rassismus sind Teil der Geschichte der USA und müssen daher auch einen Platz im nationalen Narrativ haben. Nur: Sklaverei und Rassismus sind weitverbreitete, sich durch erhebliche Teile der Menschheitsgeschichte ziehende Phänomene. Die Gründung eines Staates auf individuellen Freiheitsrechten, zu deren Absicherung ein demokratischer Rechtsstaat etabliert wurde, stellt hingegen historisch betrachtet eine Ausnahme dar. Umso fataler ist es, wenn jungen Amerikanern in Schule und Universität ein nationales Narrativ vermittelt wird, in dem die eigentlich für die USA konstitutiven Freiheitsrechte entweder unberücksichtigt bleiben oder als so befleckt von der rassistischen Erbsünde dargestellt werden, dass Menschen dazu verleitet werden, die Eckpfeiler ihrer Gesellschaft abzulehnen. Zumal es sich dabei um genau die Eckpfeiler handelt, die letztendlich das Unrecht der Sklaverei (1865) und später die Jim-Crow-Gesetzgebung in den Südstaaten (1964) unhaltbar machten und so überhaupt erst zur Abschaffung dieser Unrechtsstrukturen führten.

Die Initiatoren des *Projektes 1619* folgen der Maxime „catch 'em young", um sicherzustellen, dass die nächste Generation in den ideologisch gewünschten Bahnen denkt. Die Bildungsinstitutionen sind dafür, wie auch Schlesinger schrieb, der ideale Indoktrinationsort. Was er für die 1990er-Jahre feststellte, trifft hinsichtlich der Ziele und Methoden eins zu eins auch 2020 zu – einzig die Intensität hat sich verstärkt.

Und wie vor bald einem Vierteljahrhundert bilden Universitäten die Speerspitze der identitätspolitischen Bewegung. In ihnen werden die Konzepte und Begrifflichkeiten entwickelt und wird Studierenden das identitätspolitische Programm als wissenschaftliche Erkenntnis vermittelt. Wie schon in den 1990er-Jahren stehen „westliche" Bildungsinhalte unter einem rassistischen, sexistischen, transphoben oder islamophoben Generalverdacht. Es erschallt der Ruf nach einer „Dekolonialisierung des Curriculums", wobei dies im Grunde nur ein neuer Begriff für die Forderung nach einer Überwindung des eurozentrischen Curriculums ist, deren Manifestationen in Schulen und Universitäten bereits Schlesinger kritisch beleuchtete. Neu hinzugekommen ist die Sprache der Gewalt, die zur moralischen Untermauerung der curricularen Neuausrichtung herangezogen wird. So wird neuerdings behauptet, dass es ein Akt von „epistemischer Gewalt" sei, wenn Menschen mit einem nicht-westlichen Abstammungsmerkmal an westlichen Bildungseinrichtungen westliche Bildungsinhalte aufgezwungen würden. Sie müssten die Möglichkeit erhalten, „ihr" Wissen, das sie aus „ihren" Traditionen ableiten, als gleichberechtigt im Curriculum wiederzufinden. Setzen sich diejenigen durch, die dies verlangen, gibt es bald keinen gemeinsamen Lehrplan mehr, was die Spaltung der Gesellschaft, nun nach Wissensbeständen, noch einmal erheblich weiter vertiefen würde.

Wie leicht entflammbar eine in der Gesellschaft tief etablierte Opferkultur ist, führten die Ereignisse in den USA infolge des durch einen Polizeieinsatz herbeigeführten Todes von George Floyd im Mai 2020 vor Augen. Schlesinger warnte vor dieser leichten Entflammbarkeit, die nun schon seit Monaten in den USA zu beobachten ist und in den umfangreichsten und militantesten Unruhen seit den 1960er-Jahren ihren Ausdruck findet. Interessant ist, dass das identitätspolitische Pulver auf beiden Seiten zündet: also aufseiten der Afroamerikaner, die sich als Opfer sehen, und aufseiten der Weißen, die von ihrem Schuldstatus aufgrund ihrer Hautfarbe überzeugt sind. Beide sehen, angeheizt von der BLM-Bewegung, den Tod Floyds als stellvertretend für den ungebrochenen Rassismus, der in ihrer Wahrnehmung in den USA grassiert. Erstere sehen sich in ihrem Opferstatus, letztere in ihrem Schuldstatus bestätigt.

Aufschlussreich ist zudem, dass es, ausgelöst von einer Kurzschlussreaktion, nicht nur in den USA, sondern auch in Europa und Australien zu heftigen Debatten, Protesten (inklusive gewalttätiger Ausschreitungen und Plünderungen) sowie Selbstbezichtigungsgesten kam. Dass es sich um eine Kurzschlussreaktion handelt, zeigt sich daran, dass aus dem Umstand, dass auf dem Video ein schwarzes Opfer und ein weißer Täter zu sehen war, auf Rassismus als einzig mögliches Tatmotiv geschlossen wurde, ohne dass man die Hintergründe kannte oder sich für diese interessierte.

Was sich an dieser Kurzschlussreaktion und den nachfolgenden Ereignissen zeigt, ist, wie wirkmächtig das Opfer-und-Schuld-Narrativ mittlerweile in westlichen Gesellschaften ist. Zur Illustration nur ein Beispiel: Wenn in den USA ein Afroamerikaner bei einem Polizeieinsatz sein Leben verliert und der kanadische Premierminister Justin Trudeau deshalb auf die Knie geht, tut er dies nicht, weil er mit dieser Demutsgeste seine Schuld für eine von ihm begangene Tat ausdrücken möchte, sondern er tut dies einzig und allein aufgrund seiner Hautfarbe und einer vermeintlich daran gekoppelten Kollektivschuld. Eine solche Geste heißt und soll heißen: Alle Weißen sind schuld am Tode George Floyds, denn ohne weißen Rassismus wäre Floyd noch am Leben.

Auch diese Entwicklungen hat Schlesinger in ihren Grundzügen schon vorausgesehen. Ganz sicher hätte er zum Stand der Spaltung der US-Gesellschaft und den aktuellen Vorgängen kluge Analysen beizutragen. Da er nicht mehr unter uns weilt, müssen sozusagen seine intellektuellen Nachfolger diese Aufgabe übernehmen. Schlesingers Analysen werden in einem weiteren Band debattiert, der aus lizenzrechtlichen Gründen separat erscheinen muss. Im Zentrum des Debattenbandes werden die Folgen der Spaltungspolitik stehen, so, wie sie sich tagtäglich in den USA und, inspiriert von den Entwicklungen dort, in sämtlichen westlichen Ländern manifestieren.

Der Debattenband ist für 2021 geplant; Schlesingers Spaltung Amerikas haben wir wegen der Ereignisse des Jahres 2020 terminlich vorgezogen.

Stuttgart, im September 2020

Sandra Kostner

Vorbemerkung des Übersetzers

An einigen Stellen im Buch verwendet Arthur M. Schlesinger (1917–2007) das Wort „race", dem im deutschen bei wörtlich-etymologischer Übersetzung das verständlicherweise verpönte und gemiedene Wort „Rasse" entspräche; auch Zusammensetzungen wie „Rassentrennung" oder Koppelungen wie „rassisch-ethnische Enklaven" werden damit gebildet. In den USA wird mit Blick auf die Hautfarbe mehr oder minder unreflektiert regelmäßig das Wort „race" verwendet; selbst für ein Einreisevisum in die USA muss man die „Rasse" angeben, der man zugehört. Das stellt den Übersetzer insofern vor Schwierigkeiten, als „race" eben nicht mit „Rasse" zu übersetzen ist, wenn man Schlesinger gerecht werden will. Sollte stattdessen von der Haplo-Gruppe (so der Terminus der Genetiker) gesprochen werden? Oder von Pigmentiertheit?

Es ist nicht möglich und sinnvoll, hier in der Übersetzung durchgängig genau ein passendes deutsches Wort zu wählen. „Rassentrennung" oder „rassische Konflikte" etwa sind stehende und in den USA nicht diskriminierend intendierte Begriffe, sie werden vielmehr zumeist dann gebraucht, wenn es darum geht, Missstände deutlich zu machen. Der Terminus „race" ist freilich auch im Englischen einer Wandlung des Verständnisses unterworfen; darauf weist Arthur M. Schlesinger selbst hin, wenn er zum ersten Mal Äußerungen aus dem 18. und 19. Jahrhundert zitiert. Die Übersetzung hat daher überall dort, wo das englische „race" im Deutschen als „Rasse" einen Klang von rassistischer oder NS-Terminologie aufscheinen lassen könnte, zu unbelasteten und nicht-diskriminierenden Umschreibungen gegriffen oder solche – wie in der originalen Formulierung „rassisch-ethnische Enklaven" – für ganz entbehrlich gehalten. An Stellen, an denen „race" die amerikanische Sprech- und Schreibweise vergangener Jahrhunderte aufgreift und weiterführt, die hier einfach nur allgemein eine Distinktion der Herkunft und nicht der Hautfarbe nach meint (so etwa dort, wo der schwarze Gelehrte W. E. B. Du Bois zitiert wird, der davon spricht, dass „der rassische Blickwinkel viel stärker gegen die Iren ausgerichtet war als gegen mich"), wird der Terminus mit „Rasse" übersetzt und beibehalten.

Ferner wurde „Rasse" überall auch dort - meist in Anführungszeichen - stehengelassen, wo der Autor auf einen durchaus rassistisch aufgeladenen Zusammenhang rekurriert oder einen solchen kritisch referiert.

Die Fußnoten stammen sämtlich vom Übersetzer; in ihnen werden Persönlichkeiten oder Begebenheiten der US-amerikanischen Geschichte oder andere bedeutsame, hierzulande eher unbekannte Figuren der Geschichte sowie solche der bei Abfassung des Buches aktuellen Tagespolitik erläutert (es ließen sich entsprechende Informationen gleichwohl nicht zu *allen* vorkommenden Namen oder Ereignissen mit vertretbarem Aufwand recherchieren). Quelle ist hier überwiegend Wikipedia.

Hamburg, im September 2020

Paul Nellen

Vorbemerkung zur amerikanischen zweiten Ausgabe

Das vorliegende Buch wurde erstmals 1991 von Whittle Books in der Reihe *Die größere Agenda (Larger Agenda)* als Debattenbeitrag über das neue Phänomen des Multikulturalismus veröffentlicht. 1992 brachte der Verlag W. W. Norton eine leicht überarbeitete Ausgabe für den Buchhandel heraus.

Diese zweite Norton-Version bringt den Text auf den neuesten Stand. Sie erweitert eine Reihe von Punkten, identifiziert neue Themen und fügt einen Epilog hinzu, in welchem die Auswirkungen einerseits des Multikulturalismus auf Seiten der Linken und andererseits des Monokulturalismus auf der rechten Seite des Spektrums im Hinblick auf die *Bill of Rights* diskutiert werden.

In einem neu hinzugefügten Anhang stellt der Autor eine kommentierte Liste der Bücher bereit, die nach seiner Einschätzung unentbehrlich sind, will man die amerikanische Erfahrung genauer beleuchten.

Arthur M. Schlesinger Jr.

Vorwort

Mit dem Ende des Kalten Krieges ging gleichzeitig auch die Ära der ideologischen Konfrontation zu Ende. Das Ende der Geschichte wurde damit freilich nicht eingeleitet, wie eigentlich versprochen - vielmehr wird ein altes Hass-System durch ein neues abgelöst. Während vor unseren Augen die Decke ideologischer Repression über Osteuropa weggezogen wird, treten ethnische Antagonismen zutage, die tief in der Erfahrung und im Gedächtnis der Menschen wurzeln. Mit dem Verlöschen des ideologischen Wettbewerbs nunmehr auch in der Dritten Welt lässt dort zugleich die Eindämmung nationaler und tribalistischer Konfrontationen durch die Supermächte nach.

Die Ära der ideologischen Konflikte läuft inzwischen aus. Damit tritt die Menschheit jedoch ein - vielmehr: aufs Neue tritt sie ein - in eine vielleicht noch gefährlichere Epoche ethnischer, herkunftsbezogener Animositäten.

Feindseligkeiten der eigenen Ethnie einer anderen gegenüber gehören zu den am meisten instinktgesteuerten menschlichen Reaktionen. Dennoch war die Geschichte unseres Planeten zu weiten Teilen die Geschichte der Vermischung von Völkern. Von Anbeginn an haben Massenmigrationsbewegungen Massenfeindseligkeiten hervorgerufen.

Heute, da das 20. Jahrhundert sich dem Ende zuneigt, kommt hier eine Vielzahl von Faktoren zusammen. Weit bedeutsamer noch als die Verflüchtigung des Kalten Krieges wirkt sich die Entwicklung schnellerer Kommunikations- und Verkehrsmittel aus, die Beschleunigung des Bevölkerungswachstums, der Zusammenbruch traditioneller sozialer Strukturen, die Flucht vor Tyrannei, vor Armut, vor Hungersnöten, vor ökologischen Katastrophen, der Traum vom besseren Leben irgendwo anders. All dies treibt Menschen über nationale Grenzen hinweg.

Die Welt schrumpft zusammen, ihre Bevölkerung ist heute durchmischt wie nie zuvor. Die Schrumpfung unterwirft die Welt einer Art Schrotsäge, die sie in entgegengesetzte Richtungen reißt -

intensiver Druck in Richtung Globalisierung einerseits, in Richtung Fragmentierung andererseits. Der Weltmarkt, die elektronischen Technologien, die Sofortkommunikation, E-Mail, CNN - all dies untergräbt den Nationalstaat und entwickelt eine Welt ohne Grenzen. Gleichzeitig treiben genau diese internationalisierenden Kräfte die normalen Menschen dazu, Zuflucht vor unerbittlichen globalen Strömungen zu suchen, die sich ihrer Kontrolle und ihrem Verständnis entziehen. Je mehr Menschen das Gefühl haben, in einem riesigen, unpersönlichen, anonymen Meer zu treiben, desto verzweifelter schwimmen sie auf irgendein vertrautes, verständliches und schützendes Rettungsfloß zu; und desto mehr sehnen sie sich nach einer Politik der Identität. Integration und Desintegration sind daher Gegensätze, die sich gegenseitig verstärken. Je mehr sich die Welt integriert, umso mehr klammern sich die Menschen an ihre jeweiligen Eigengruppen, die in diesen post-ideologischen Tagen zunehmend durch ethnische und religiöse Loyalitäten definiert werden.

Was geschieht, wenn Menschen unterschiedlicher ethnischer Herkunft, die verschiedene Sprachen sprechen und verschiedene Religionen praktizieren, in derselben geographischen Region und unter derselben politischen Autorität miteinander zusammenleben? Wenn kein gemeinsames Ziel sie verbindet, werden ethnische Antagonismen sie auseinandertreiben. In dem dunkel vor uns liegenden Jahrhundert steht die Zivilisation vor einer kritischen Frage: *Was hält eine Nation eigentlich zusammen?*

Niemand dachte im 19. Jahrhundert sorgfältiger über eine repräsentative Regierung nach als John Stuart Mill[1]. Die beiden Elemente, die eine Nation, so wie Mill sie sah, definierten, waren der Wunsch der Bewohner, gemeinsam regiert zu werden, und die „gemeinsame Sympathie“, die sich in gemeinsamer Geschichte, gemeinsamen Werten und durch die gemeinsame Sprache entfalten würde.

---

1 John Stuart Mill (1806-1873): Britischer Philosoph, Politiker und Ökonom, einer der einflussreichsten liberalen Denker des 19. Jahrhunderts. (A. d. Ü.: Quelle aller nachfolgenden Erläuterungen zu Personen im Text ist, wenn nicht anders vermerkt, Wikipedia.)

„Freie Institutionen", schrieb Mill, „sind in einem Land, das aus verschiedenen Nationalitäten besteht, so gut wie unmöglich. Innerhalb eines Volkes ohne Verbundenheitsgefühl der Menschen füreinander, gerade, wenn sie in verschiedenen Sprachen lesen und sprechen, kann eine geeinte öffentliche Meinung, die für die Arbeit einer repräsentativen Regierung notwendig ist, nicht existieren. ... Es ist im Allgemeinen für freie Institutionen eine notwendige Bedingung, dass die Grenzen der Regierungsmacht im Wesentlichen mit denen der Nationalitäten übereinstimmen."

In unserer Welt decken sich diese Grenzen immer weniger miteinander. Es gibt nur noch wenige ethnisch homogene Staaten. Tagtägliche Ereignisse zeigen uns die Zerbrechlichkeit des nationalen Zusammenhalts. Wohin man auch blickt, überall ist Tribalismus der Grund dafür, dass Nationen auseinanderbrechen. Die Sowjetunion, Jugoslawien, die Tschechoslowakei sind schon auseinandergebrochen. Indien, Indonesien, Irland, Israel, Libanon, Sri Lanka, Afghanistan und Ruanda erleben ethnische oder religiöse Unruhen. Ethnische Spannungen verursachen Unruhen und Aufspaltungen in China, Südafrika, Rumänien, der Türkei, Georgien, Aserbaidschan, auf den Philippinen, in Äthiopien, Somalia, Nigeria, Liberia, Angola, dem Sudan, Kongo, Guyana, Trinidad, um nur einige zu nennen. Selbst so stabile und kultivierte Nationen wie Großbritannien und Frankreich, Belgien und Spanien sehen sich mit zunehmenden ethnischen Problemen konfrontiert. „Das Virus des Stammesdenkens", schreibt der britische *Economist*, „droht das AIDS der internationalen Politik zu werden - jahrelang scheint es zu schlafen, dann aber flammt es auf, um ganze Länder zu zerstören."

Nehmen wir den Fall unseres Nachbarn im Norden. Kanada wurde lange als das vernünftigste und friedfertigste Land der Welt betrachtet. „Reich, friedlich und, gemessen an anderen Ländern, beneidenswert erfolgreich", schreibt der *Economist*, „doch heute an der Schwelle zu zerbrechen." Michael Ignatieff, der in England lebende Sohn eines in Russland geborenen kanadischen Diplomaten und von daher ein Beispiel für die moderne Vermischung von Völkern, schreibt über Kanada:

„Hier haben wir eines der fünf reichsten Länder der Erde, ein Land, das so einzigartig gesegnet ist mit Raum und Chancen, dass die Ärmsten der Welt

> an seine Tür klopfen, um eingelassen zu werden. Es selbst zerreißt darüber jedoch. ... Wenn eines der fünf am meisten entwickelten Länder der Erde keinen föderalen, multiethnischen Staat herausbilden kann, wer kann es dann?"

Die Antwort auf diese zunehmend bedeutsamer werdende Frage lautet, zumindest bis vor kurzem: die USA.

Wie gelang es den Amerikanern aber, so erfolgreich zu sein bei der Anwendung dieses beispiellosen Kunstgriffs? Andere Länder brachen auseinander, weil sie es versäumten, ethnisch ganz unterschiedlichen Menschen überzeugende Gründe zu liefern, sich selbst als Teil derselben Nation zu sehen. Der nigerianische Schriftsteller Chinua Achebe[2] schreibt über sein eigenes Land, eines der reichsten Afrikas, das heute am Rande des Chaos steht: „Dies ist die größte Schwäche der Nigerianer - ihre Unfähigkeit, schwerwiegenden Bedrohungen als ein Volk zu begegnen - und nicht als konkurrierende religiöse und ethnische Interessengruppen."

In dieser Hinsicht haben die USA gut funktioniert. Als multiethnisches Land haben sie, abgesehen von einem schrecklichen Bürgerkrieg, irgendwie zusammen- und miteinander durchgehalten. Was hat eigentlich die Amerikaner über zwei turbulente Jahrhunderte hinweg zusammengehalten, trotz des Fehlens einer gemeinsamen ethnischen Herkunft? Denn Amerika war multiethnisch von Anfang an. Hector St. John de Crèvecoeur[3] emigrierte 1759 aus Frankreich in die amerikanischen Kolonien, heiratete eine amerikanische Frau, gründete eine Farm in Orange County, New York, und veröffentlichte während der amerikanischen Revolution seine *Briefe eines amerikanischen Farmers (Letters from an American Farmer)*[4]. Diesen Franko-Amerikaner des 18. Jahrhunderts entzückte die erstaunliche Vielfalt anderer Siedler um ihn herum: „Eine Mischung von Engländern, Schotten, Iren, Franzosen, Hol-

---

2 Albert Chinụalụmọgụ „Chinua" Achebe (1930-2013): nigerianischer Schriftsteller, gilt als einer der Väter der modernen afrikanischen Literatur.

3 Michel-Guillaume Jean de Crèvecoeur (1735-1813): franko-amerikanischer Schriftsteller.

4 Die folgenden Zitate stammen aus *Letter III* in Crèvecoeurs *Letters from an American Farmer* (1782). Hervorhebung im letzten Satz hinzugefügt.

ländern, Deutschen und Schweden", eine „merkwürdige Vermischung von Blut", die man sonst in keinem anderen Land finden könne.

Crèvecoeur erinnerte sich an eine Familie, deren Großvater ein Engländer war: Seine Frau stammte aus Holland, ihr gemeinsamer Sohn heiratete eine Französin, und auch die vier Söhne dieses Paares hatten Frauen verschiedener Nationalitäten geheiratet. „Aus diesem völligen Herkunftsdurcheinander", so schrieb Crèvecoeur, „entstand die Rasse, die wir jetzt Amerikaner nennen." (Das Wort Rasse, wie es im 18. und 19. Jahrhundert gebraucht wurde, meint das, was wir heute als Nationalität bezeichnen. So sprach man damals von der „englischen Rasse", der „deutschen Rasse" und so weiter.) Was, so überlegte der Autor, waren überhaupt die charakteristischen Eigenschaften dieser plötzlich sich bildenden amerikanischen Nationalität? In den *Briefen eines amerikanischen Farmers* formulierte Crèvecoeur eine berühmt gewordene Frage: „Was ist denn der Amerikaner, dieser neue Mensch?"

Crèvecoeur gab seiner eigenen Frage die klassische Antwort:

> „Derjenige ist ein Amerikaner, der all seine vormaligen Vorurteile und Gewohnheiten hinter sich lässt und neue annimmt - aus der neuen Lebensart, die er nun pflegt; dazu die neue Regierung, der er nun gehorcht, und entsprechend die neue Stellung, die er nun innehat. Der Amerikaner ist ein neuer Mensch, der aufgrund neuer Prinzipien handelt. ... *Hier werden Menschen aller Nationen zu einer neuen Art von Menschen umgeschmolzen.*"[5]

Der erste große amerikanische Historiker bekräftigte alsbald Crèvecoeurs Standpunkt. „Löschen Sie", schrieb George Bancroft[6],

> „die Vergangenheit jeder einzelnen führenden Nation der Welt aus, und unser Schicksal wäre ein ganz anderes geworden. Italien und Spanien, in der Person von Kolumbus und Isabella, schlossen sich für jene große Entdeckung zusammen, die Amerika für Einwanderung und Handel aufschloss; Frankreich trug zu unserer Unabhängigkeit bei; die Suche nach dem Ur-

---

5 Crèvecoeur im Original: „Here individuals of all nations are melted into a new race of men."

6 George Bancroft (1800-1891): US-amerikanischer Historiker und Politiker. Als eines seiner bekanntesten Werke gilt die zwölfbändige *History of the United States, from the Discovery of the American Continent*.

> sprung der Sprache, die wir sprechen, führt uns zurück bis nach Indien; unsere Religion stammt aus Palästina; von den Hymnen, die in unseren Kirchen gesungen werden, wurden einige zuerst in Italien vernommen, andere in den Wüsten Arabiens, wieder andere am Ufer des Euphrats; unsere Künste kommen aus Griechenland; unsere Rechtsprechung aus Rom; unser maritimer Kodex aus Russland; England lehrte uns das System der repräsentativen Regierung; die edle Republik der Vereinigten Provinzen - die Niederlande - hinterließ uns in der Welt des Denkens die große Idee der Toleranz aller Meinungen; in der Welt des aktiven Handelns das fruchtbare Prinzip der föderalen Union. Unser Land steht daher mehr als jedes andere für die Verwirklichung der Einheit des menschlichen Geschlechts."

E pluribus unum – Eins werden aus Vielen. Die Vereinigten Staaten besaßen eine brillante Lösung für die inhärente Fragilität, ja Explosivität der multiethnischen Gesellschaft: die Schaffung einer gänzlich neuen nationalen Identität durch Individuen, die ihre alten Loyalitäten hinter sich ließen, hier ein neues Leben begannen und ihre ethnischen Differenzen einfach hinwegschmelzen ließen – eine nationale Identität, die die verschiedenen Ethnien, die unsere Küsten erreichen, absorbiert und sie transzendiert, Ethnien, die schon beim Eintreten in die neue nationale Identität die gemeinsame Kultur bereichern und umformen.

Jene unerschrockenen Europäer, die ihre Wurzeln gekappt hatten und die sich dem tosenden Atlantik entgegenwarfen, wollten eine schreckliche Vergangenheit hinter sich lassen und eine hoffnungsvolle Zukunft ergreifen. Sie sehnten sich danach, Amerikaner zu werden. Ihre Ziele waren Flucht, Erlösung, Assimilierung. Sie sahen Amerika als eine sich transformierende Nation, aus der sie schreckliche Erinnerungen verbannen und einen einzigartigen nationalen Charakter formen konnten, der auf gemeinsamen politischen Idealen und gemeinsamen Erfahrungen basierte. Die Entscheidung für Amerika bestand nicht darin, alte Kulturen zu bewahren, sondern eine neue, amerikanische Kultur zu schaffen.

Ein Grund, warum Kanada, trotz aller seiner Vorteile, so anfällig für Schismen ist, besteht in der Tatsache, dass, wie Kanadier freimütig zugeben, ihr Land eine solch einzigartige nationale Identität nicht besitzt. Immer wieder angezogen durch Großbritannien, Frankreich und die USA und aus Großzügigkeitserwägungen heraus einer Politik des offiziellen Multikulturalismus zugeneigt, haben Kanadier niemals ein starkes Bewusstsein dafür entwickelt, was es heißt, Kanadier zu sein. Mit den Worten von Sir John Macdonald[7], Kanadas erstem Premierminister: „Das Land hat zu viel Geographie und zu wenig Geschichte."

Die USA dagegen haben eine reiche Geschichte. Seit den Tagen der Revolution besitzen die Amerikaner ein starkes nationales Identitätsgefühl, das im Unabhängigkeitskrieg geschmiedet, in der Erklärung von 1776 und der Verfassung von 1787 artikuliert und durch die spätere Erfahrung der Selbstverwaltung vertieft wurde. Die Kraft des nationalen Credos ist der Grund dafür, dass es uns relativ gut gelungen ist, die „promiskuitive Rasse" Crèvecoeurs in ein Volk umzuwandeln und dadurch eine multiethnische Gesellschaft zum Funktionieren zu bringen.

Das soll nun aber nicht heißen, dass die Vereinigten Staaten Crèvecoeurs Maßstab immer gerecht geworden wären. Neue Einwanderungswellen brachten Menschen ins Land, die nur sehr schwer in die Gesellschaft hineinpassten - eine Gesellschaft, die in ihrer Sprache, ihren Idealen und ihren Institutionen ja unvermeidlich englisch war. Für lange Zeit dominierten die Angloamerikaner die amerikanische Kultur und Politik. Sie schlossen jene aus, die nach ihnen kamen. Anglo-Amerika assimilierte nur schwer die Einwanderer aus Irland, aus Deutschland oder aus Süd- und Osteuropa.

Hinsichtlich der nichtweißen Menschen - jenen also, die Amerika schon lange zuvor besiedelt hatten und die von den europäischen Neuzuwanderern überrannt und massakriert wurden, oder jenen anderen, die gegen ihren Willen aus Afrika und Asien ins Land hinein geholt wurden - verwies ein tief verwurzelter Rassismus alle, ob rote, schwarze, gelbe oder braune Amerikaner, hinter die Grenzen ihres jeweiligen Grundstücks. Wir müssen uns einer beschämenden Tatsache stellen: Historisch gesehen war Amerika eine rassistische Nation. Weiße Amerikaner begannen als ein Volk,

---

7 Sir John Alexander Macdonald (1815-1891) war zweimal im Amt, zunächst vom 1. Juli 1867 bis zum 5. Dezember 1873 und danach vom 17. Oktober 1878 bis zu seinem Tod.

das in der Überzeugung von seiner rassischen Überlegenheit so arrogant war, sich ermächtigt zu fühlen, rote Menschen zu töten, schwarze Menschen zu versklaven und gelbe und braune Menschen für Tagelöhnerarbeiten zu importieren. Wir weißen Amerikaner waren rassistisch in unseren Gesetzen, in unseren Institutionen, in unseren Sitten, in unseren eingeübten Reflexen und in unseren Seelen. Der Fluch des Rassismus war das große Versagen des amerikanischen Experiments, der schreiende Widerspruch des amerikanischen Idealbilds und die noch immer lähmende Krankheit des amerikanischen Lebens - „die schönste Hoffnung der Welt", schrieb Herman Melville, „verkettet mit des Menschen schlimmsten Verbrechen."

Doch auch nichtweiße Amerikaner, obwohl miserabel behandelt, trugen zur Ausgestaltung der nationalen Identität bei. Auch sie, als Menschen dritter Klasse, hatten Anteil an der gemeinsamen Kultur der amerikanischen Gesellschaft und verhalfen ihr zu neuer Form und Gestalt. Das Hineinströmen nicht-angelsächsischer Stämme und die Erfahrung einer Neuen Welt formten das britische Erbe um; es machte die USA, wie wir alle wissen, zu einem ganz anderen Land, als Großbritannien es heute ist. Schon 1831 war Alexis de Tocqueville[8], der große Kommentator der amerikanischen Demokratie, beeindruckt von dem „immensen Unterschied zwischen den Engländern und ihren Nachkommen in Amerika."

Im Verlauf der zwei Jahrhunderte amerikanischer Geschichte bestand über die meiste Zeit hinweg die Vision von Amerika als eines zu einem einzigen Volk verschmolzenen Landes. Das 20. Jahrhundert brachte freilich eine neue, gegenteilige Vision hervor. Der Erste Weltkrieg zerstörte die alte Ordnung der Dinge und machte Platz für Woodrow Wilsons[9] Doktrin von der Selbstbestimmung der Völker. 20 Jahre später löste der Zweite Weltkrieg die westlichen Kolonialreiche auf und intensivierte ethnische Militanz rund

---

8 Alexis Charles-Henri-Maurice Clérel de Tocqueville (1805-1859): französischer Publizist, Politiker und Historiker. Er gilt als Begründer der vergleichenden Politikwissenschaft.

9 Woodrow Wilson (1856-1924): Politiker der Demokratischen Partei. US-Präsident 1913-1921.

um den Planeten. In den Vereinigten Staaten selbst erleichterten neue Gesetze den Zutritt für Einwanderer aus Südamerika, Asien und Afrika - sie änderten die Zusammensetzung des amerikanischen Volkes.

In einem Land, das durch eine viel ungewöhnlichere Blutsmischung gekennzeichnet ist, als Crèvecoeur es sich je hätte vorstellen können, wird dessen gefeierte Frage aufs Neue aufgeworfen - mit neuer Leidenschaft und einer neuen Antwort. Heutzutage haben viele Amerikaner dem historischen Ideal einer „neuen menschlichen Rasse" (im Sinne Crèvecoeurs, A. d. Ü.) abgeschworen. Die Flucht aus der Herkunft führt zur Suche nach den eigenen Wurzeln. Die „hergebrachten Vorurteile und Verhaltensweisen", von Crèvecoeur noch verleugnet, haben ein überraschendes Comeback erfahren. Ein Kult der Ethnizität hat sich entwickelt - sowohl unter nicht-angloamerikanischen Weißen als auch unter nichtweißen Minderheiten. Dieser Kult verunglimpft das Ziel der Assimilierung und fordert das Konzept des „einen Volkes" heraus, er schützt und fördert getrennte ethnische und Herkunfts- Gemeinschaften und will sie nun auf Dauer fortbestehen lassen.

Der Durchbruch der Ethnizität hatte viele positive Folgen. Die amerikanische Kultur begann, schamhaft den Leistungen jener Minderheiten eine längst überfällige Würdigung zukommen zu lassen, die während der Blütezeit angelsächsischer Dominanz unterschätzt und verschmäht worden waren. Zu guter Letzt begann auch die amerikanische Erziehung, die Existenz und Bedeutung der großen weiten Welt jenseits von Europa anzuerkennen. All dies war von großer Wichtigkeit. Natürlich sollte Geschichte aus unterschiedlichen Blickwinkeln heraus gelehrt werden. Lasst doch unsere Kinder versuchen, sich die Ankunft von Kolumbus aus der Sicht jener Menschen vorzustellen, die ihm als erste begegneten, ebenso aber auch aus der Perspektive derjenigen, die ihn entsandt hatten! Auf einem begrenzten Planeten lebend und gleichzeitig die globale Führerschaft anstrebend, sollten Amerikaner wahrlich mehr über andere Ethnien, andere Kulturen und andere Kontinente erfahren! Und wenn sie dies tun, erwerben sie zugleich ein viel komplexeres, belebenderes Verständnis von der Welt - und damit auch von sich selbst.

Infolge einiger Übertreibungen hatte der Kult um die ethnische Zugehörigkeit freilich auch negative Folgen. Die neue frohe Botschaft von der Ethnizität weist die vereinheitlichende Vision des Menschen zurück, der, aus allen Nationen kommend, in eine „neue Rasse" (im Sinne Crèvecoeurs, A. d. Ü.) umgeschmolzen wird. Die ihr zugrunde liegende Philosophie besteht darin, dass Amerika keineswegs eine Nation von Individuen, sondern vielmehr eine Nation von Gruppen ist, dass Ethnizität die prägende Erfahrung für Amerikaner ist, dass ethnische Wurzeln dauerhaft und unauslöschlich sind und dass die Aufteilung in ethnische Gemeinschaften die Grundstruktur der amerikanischen Gesellschaft bildet sowie die grundlegende Bedeutung der amerikanischen Geschichte darstellt.

Mit dieser Philosophie verbunden ist die Einteilung aller Amerikaner entlang ihrer ethnischen Unterscheidungsmerkmale. Doch während die ethnische Interpretation der amerikanischen Geschichte, ähnlich wie ihre ökonomische, bis zu einem gewissen Punkt gültig und erhellend ist, so ist sie wiederum vollständig irreführend und falsch, wenn sie sich als das ganze Bild darzustellen versucht. Die ethnische Interpretation macht vielmehr die historische Theorie von Amerika als einem einzigen Volk wieder rückgängig - jene Theorie, der es bis dahin gelang, dass die amerikanische Gesellschaft als Ganzes zusammengehalten werden konnte.

Amerika wird unter dieser Perspektive nicht als eine sich selbst umformende Nation mit einer ganz eigenen Identität betrachtet, sondern als Schutzhülle für verschiedene fremdländische Identitäten. Anstatt sich als eine Nation zu begreifen, die zusammengesetzt ist aus je einzelnen, ihre eigenen Entscheidungen frei treffenden Individuen, sieht Amerika sich selbst in wachsendem Maße zusammengesetzt aus einzelnen Gruppen, die mehr oder weniger unabwendbar von ihrem ethnischen Charakter geprägt sind. Das multiethnische Dogma beendet die gemeinsamen Zielsetzungen unserer Geschichte, es ersetzt Assimilation durch Fragmentierung und Integration durch Separatismus. Es setzt das *Unum* herab und glorifiziert dafür das *Pluribus*.

Auf vielen Gebieten ist die historische Idee einer einheitsstiftenden amerikanischen Identität heute in Gefahr - in unserer Politik, in unseren Freiwilligen-Organisationen, in unseren Kirchen und in unserer Sprache. Doch auf keinem Gebiet ist die Zurückweisung einer alles überwölbenden nationalen Identität entscheidender als in unserem Erziehungssystem.

Unsere Schulen und Gymnasien der Republik bilden die Bürger der Zukunft heran. Insbesondere unsere öffentlichen Schulen sind das vorrangige Instrument der Assimilierung und das wichtigste Mittel zur Heranbildung einer amerikanischen Identität.

> „Der große Schmelztiegel Amerikas", sagte Woodrow Wilson einmal, „der Ort, an dem wir alle zu Amerikanern gemacht werden, ist die öffentliche Schule, wohin Menschen jeglicher ethnischer Herkunft und in jeder Lebensphase ihre Kinder schicken oder hinschicken sollten und wo die Jugendlichen, wenn sie dort zusammengemischt werden, alle vom amerikanischen Geist durchdrungen werden und sich zu amerikanischen Männern und amerikanischen Frauen entwickeln."

Was Schülern in den Schulen beigebracht wird, beeinflusst die Art und Weise, mit der sie später andere Amerikaner sehen und wie sie mit ihnen umgehen werden - letztlich die Art und Weise, wie sie später die gemeinsamen Ziele unseres Gemeinwesens begreifen. Die Auseinandersetzung über das schulische Curriculum ist eine Debatte darüber, was es bedeutet, ein Amerikaner zu sein.

Die Verfechter der Ethnizität behaupten nun, dass ein Hauptziel der schulischen Erziehung in Schutz, Stärkung, Zelebrierung und in der Perpetuierung ethnischer Wurzeln und Identitäten liege. Separatismus freilich nährt Vorurteile, vergrößert Differenzen und wühlt Antagonismen auf. Die daraus resultierende Zunahme ethnischer und rassischer Konflikte steckt hinter dem Wirbel um Multikulturalismus, um politische Korrektheit, um Ungerechtigkeiten des eurozentrischen Curriculums. Sie liegt auch hinter der Vorstellung, dass Geschichte und Literatur nicht so sehr als intellektuelle Disziplinen gelehrt werden sollten, sondern als Therapien, deren Funktion es sei, das Selbstbewusstsein von Minderheiten zu stärken.

Während wir gerade Zeuge werden, wie ein Land nach dem anderen durch ethnische Konflikte auseinandergerissen wird, kann man nicht gleichgültig auf Vorschläge reagieren, die die Vereinigten Staaten in eigenständige und unveränderliche Gemeinschaften entlang von Ethnie und Hautfarbe auseinanderdividieren wollen, von denen jeder beigebracht wird, das jeweils eigene Anders- und Getrennt-Sein[10] von den anderen Gruppen hochzuhalten. Man fragt sich: Wird die Mitte halten - oder wird der Schmelztiegel dem Turm von Babel weichen?

Ich möchte nicht apokalyptisch klingen, wenn ich diese Entwicklungen beschreibe. Erziehung ist immer in Entwicklung begriffen, und das ist auch gut so. Schulen und Gymnasien waren schon immer Kampfstätten für Debatten über Glaubensvorstellungen, Philosophien und Werte. Die Situation in unseren Universitäten - da bin ich zuversichtlich - wird sich bald von selbst berichtigen, sobald die große schweigende Mehrheit der Professoren „Genug!" ruft und all das anficht, von dem sie weiß, dass es zeitgeistiges Geschwätz ist.

Weitaus beunruhigender sind die Auswirkungen des Drucks bezüglich Ethnie und Hautfarbe, der auf unsere Grundschulen ausgeübt wird. Die Bindekräfte nationalen Zusammenhalts sind längst in Gefahr zu zerbrechen. Die schulische Erziehung sollte sich bemühen, diese Bindekräfte zu stärken, anstatt sie zu schwächen. Wenn sich separatistische Tendenzen weiterhin unkontrolliert entwickeln, dann kann das Resultat nur die Fragmentierung, die Re-Segregation und die Tribalisierung des amerikanischen Lebens sein.

Ich bleibe optimistisch. Mein Eindruck ist, dass die geschichtlichen Kräfte, die in Richtung *„one people"* drängen, noch nicht ihre Kraft verloren haben - für die meisten Amerikaner ist es ja genau dies, worum es in unserer Republik eigentlich geht. Im Streit zwischen „Einheit zuerst" und „Ethnizität zuerst" widerstehen sie den

---

10 Im Original „apartness", „Getrenntheit", ein Neologismus, der möglicherweise auf die südafrikanische ‚Apartheid' anspielen soll.

Extremen. „Die meisten Amerikaner", so sagte New Yorks Gouverneur Mario Cuomo[11] zu Recht,

> „können sowohl das Bedürfnis verstehen, eine entwickelte Diversität anzuerkennen und zu fördern, als auch das Bedürfnis, sicherzustellen, dass eine solche, breit angelegte multikulturelle Perspektive zur Einigkeit unter den Amerikanern führt und zu einer umfassenden Besinnung auf das, was es heißt, Amerikaner zu sein, nicht aber zu einer destruktiven Aufspaltung, die uns auseinander reißen würde."[12]

Was immer ihre selbsternannten Sprecher behaupten mögen – die meisten in Amerika geborenen Mitglieder von Minderheitengruppen, gleichgültig, ob von weißer oder nichtweißer Hautfarbe, sehen sich, auch wenn sie ihre Herkunft in Ehren halten, primär jeweils als Amerikaner und nicht in erster Linie als Iren oder Ungarn, Juden, Afrikaner oder Asiaten. Ein beredter Indikator ist die wachsende Anzahl von Eheschließungen über die Grenzen ethnischer, religiöser, ja sogar (in wachsendem Maße) über Grenzen der Hautfarbe hinweg. Der Glaube an eine einzige amerikanische Identität ist alles andere als ausgestorben.

Doch die Bürde, das Land zu einigen, fällt nicht exklusiv allein den Minderheiten zu. Assimilation und Integration sind ein wechselseitiger Prozess. Jene, die sich in Amerika integrieren wollen, müssen durch diejenigen, die meinen, dass sie Amerika schon lange besitzen, empfangen und willkommen geheißen werden. Wie ich schon bemerkte, ist der Rassismus die große nationale Tragödie unseres Landes. In der letzten Zeit hat das weiße Amerika endlich begonnen, sich dem Rassismus zu stellen, der sich so tief und schandbar in unsere Geschichte eingenistet hat. Doch der Triumph über den Rassismus ist nicht vollständig.

Wenn konservative Amerikaner Menschen anderer Nationalität und anderer Hautfarbe etwa so behandeln, als seien sie unverdauliche Elemente, die es zu meiden und auszugrenzen gelte, dann dürfen sie sich nicht wundern, wenn die Minoritäten sich verbittert

---

11 Mario Matthew Cuomo (1932-2015): US-amerikanischer Politiker der Demokratischen Partei. Er war von 1983 bis 1994 Gouverneur des Bundesstaates New York.

12 Mario Cuomo: Erklärung zur multikulturellen Erziehung, 15. Juli 1991.

nur noch auf ihresgleichen beziehen und jeden anderen ausschließen. Nicht nur *diese* müssen die Assimilation und die Integration wollen - auch *wir* müssen das tun! Die Aufgabe, dieses Land zu einem geeinten Land werden zu lassen, liegt in gleicher Weise bei der selbstzufriedenen Mehrheit der Gesellschaft wie bei den bedrängten Minderheiten.

Die amerikanische Bevölkerung hat sich fraglos in jüngster Zeit viel heterogener als je zuvor entwickelt. Doch diese Heterogenität macht die Suche nach einheitsstiftenden Idealen und nach einer gemeinsamen Kultur umso notwendiger. Amerika, so Scott Fitzgerald[13], ist „die freudige Bereitschaft des Herzens". Wir haben es in unserer Macht, dieses Land zu einem fairen und gerechten Land für unser ganzes Volk zu machen.

Erinnern wir uns der Worte Mahatma Gandhis[14], die einst öffentlich auf Plakaten in ganz Indien zu sehen waren - einem Land, das durch ethnische, religiöse, sprachliche und durch Kastengegensätze weitaus heftiger gespalten ist als unser eigenes. „Wir müssen aufhören", sagte Gandhi,

> „ausschließlich Hindus, Muslime oder Sikhs, Parsen, Christen oder Juden zu sein. Wir mögen zwar standhaft an unseren jeweiligen Glaubensbekenntnissen festhalten, aber wir müssen Inder zuerst und Inder zuletzt sein."

Weil Indien diese Lehre Gandhis aufgegeben hat, ist es heute so bitter in sich zerrissen.

Im Geiste Gandhis mögen wir als so gänzlich untereinander verschiedene Amerikaner zwar unerschütterlich an unseren jeweiligen Traditionen und Glaubensbekenntnissen festhalten, sollten aber nicht vergessen, dass wir zueinander gehören: als Amerikaner, zuerst und zuletzt. Oder in den Worten Martin Luther Kings[15]: zusammen eingewoben „in ein einziges Gewand des Schicksals". In einer Welt, die durch Antagonismen entlang von Ethnien und

---

13 Francis Scott Key Fitzgerald (1896-1940): US-amerikanischer Schriftsteller.

14 Mahatma Gandhi (1869-1948): indischer Rechtsanwalt, Publizist, Morallehrer und Pazifist, der zum geistigen und politischen Anführer der indischen Unabhängigkeitsbewegung wurde.

15 Martin Luther King Jr. (1929-1968): US-amerikanischer Baptistenpastor und Bürgerrechtler.

Hautfarbe heftig zerrissen ist, ist es umso bedeutsamer, dass die Vereinigten Staaten als ein Beispiel dafür erhalten bleiben, wie sich eine stark ausdifferenzierte Gesellschaft ihren Zusammenhalt bewahrt.

Arthur M. Schlesinger Jr.

1 „Eine neue Rasse“?

Zu Beginn wurde Amerika als eine ausgerissene Wurzel betrachtet, als die Befreiung von der erdrückenden Vergangenheit, zugleich als Eintritt in ein neues Leben, bei dem sich die Herkunft von ganz verschiedenen ethnischen Gestaden gemeinsam in ein neues nationales Gewand einwebt. „Wir haben es in unserer Macht“, meinte Thomas Paine[16] zu seiner revolutionären Generation, „die Welt noch einmal ganz von vorne zu beginnen.“ Das heimliche Motto lautete: „Schau niemals zurück!“[17] „Die Vergangenheit ist tot“, schrieb Herman Melville[18], „die Vergangenheit ist ein Textbuch für Tyrannen; die Zukunft allein ist die Bibel der Freien.“[19]

I

Die Zukunft – das war Amerika. Nicht so sehr als Nation, wie Melville meinte, sondern als eine Welt an sich.

> „Man kann keinen Tropfen amerikanischen Blutes vergießen, ohne dabei nicht zugleich das Blut der ganzen Welt zu vergießen. Hier, in dieser westlichen Hemisphäre, bilden alle Herkünfte und alle Menschen den Bund eines einzigen Ganzen.“

Auch für Ralph Waldo Emerson[20] war Amerika, so wie für Crèvecoeur und Melville, das Destillat eines vielfältigen Planeten Erde. So, wie einst durch das Niederbrennen des Tempels in Korinth Silber und Gold einschmolzen und sich miteinander vermischten, um schließlich korinthisches Messing daraus entstehen zu lassen, so wird, schrieb Emerson in sein Tagebuch, Amerika,

---

16 Thomas Paine (1736-1809): einflussreicher politischer Intellektueller und einer der Gründerväter der USA im Zeitalter der Aufklärung.

17 Thomas Paine: *Common Sense* (Anhang).

18 Herman Melville (1819-1891): US-amerikanischer Schriftsteller, Dichter und Essayist. Sein Roman *Moby Dick* zählt zu den bedeutendsten der Weltliteratur.

19 Herman Melville: *White Jacket*, Kap. 36.

20 Ralph Waldo Emerson (1803-1882): US-amerikanischer Philosoph, Schriftsteller und Führer der Transzendentalisten in Neuengland. Emerson war vor Ausbruch des Amerikanischen Bürgerkriegs schon eine der wichtigsten intellektuellen und moralischen Stützen Abraham Lincolns.

> „dieses Asyl aller Nationen, die Energie der Iren, Deutschen, Schweden, Polen und Kosaken und aller europäischen Stämme - ebenso der Afrikaner und der Polynesier - einen neuen Typ Mensch[21] entstehen lassen ... so kraftstrotzend, wie das neue Europa aus dem Schmelztiegel des Mittelalters hervorgegangen ist."

Melville war ein Romanautor, Emerson ein Essayist; beide waren Dichter. George Washington[22] jedoch war ein Mann, der ganz der Praxis zugewandt war. Auch er glaubte nicht weniger leidenschaftlich an die Doktrin der „neuen Rasse". „Der Schoß Amerikas", sagte er, „ist bereitet für die Unterdrückten und Verfolgten aller Länder und Religionen." Doch gebe es auch Einwanderer, die es sich in Clan-Strukturen im Schoß des Landes gemütlich machten und ihre „Sprache, ihr Verhalten und ihre Prinzipien (gute und schlechte), die sie mit sich brachten", beibehielten - lasst sie als Individuen sich ansiedeln, vorbereitet für die „Vermischung mit unserem Volk". Dadurch würden sie „an unsere Gewohnheiten assimiliert, an unsere Maßstäbe und Gesetze, in einem Wort: schon bald *ein Volk* mit uns werden".

John Quincy Adams[23], ein weiterer ganz der Praxis zugewandter Mann, bestand ebenfalls auf der Exklusivität der neuen amerikanischen Identität. Als einmal ein deutscher Baron, der über seine eigene Einwanderung nachdachte, den damaligen Außenminister Adams hierzu befragte, warnte dieser seinen Besucher, dass sich Einwanderer für eine Sache zu entscheiden hätten:

> „Sie müssen ihre europäische Haut abstreifen, um nie wieder in sie hinein zu schlüpfen. Sie müssen sich nach vorne orientieren, auf ihre Nachkommenschaft, und nicht so sehr zurückschauen auf die Welt ihrer Vorfahren".

Doch wie konnte Crèvecoeurs „Herkunftsdurcheinander" transformiert werden in eine „neue Rasse"?

Wie konnten die desperaten Elemente aus Emersons „Schmelztiegel" sich zu Washingtons „einer Nation" formen?

---

21 Im Original: „construct a new race"

22 George Washington (1732-1799): erster Präsident der USA.

23 John Quincy Adams (1767-1848): US-amerikanischer Politiker, Diplomat und der sechste Präsident der USA (1825-1829).

Diese Frage beschäftigte einen anderen jungen Franzosen, der Amerika ein Dreivierteljahrhundert nach Crèvecoeur betrat.

> „Stell dir, sofern du, mein lieber Freund, das kannst“, schrieb Alexis de Tocqueville zurück nach Frankreich, „eine Gesellschaft vor, die aus allen Nationen der Welt geformt ist, ... Menschen mit verschiedenen Sprachen, Glaubensvorstellungen, Meinungen. In einem Wort: eine Gesellschaft ohne Wurzeln, ohne Erinnerungen, ohne Vorurteile, ohne Routinen, ohne gemeinsame Ideen, ohne einen nationalen Charakter, doch hundert Mal glücklicher als unsere eigene.“

Welche Alchemie vermöchte dieses bunte Allerlei in eine einheitliche Gesellschaft zu verwandeln?

Die Antwort, so schloss Tocqueville, liegt in der Hingabe der Amerikaner an die Demokratie und an die Selbstregierung. Bürgerbeteiligung, so argumentiert Tocqueville in seiner Schrift *Die Demokratie in Amerika*, ist die große Erzieherin und große Einheitsstifterin:

> „Wie kann es sein, dass in den USA, in dem Land, in das die Einwohner erst kürzlich immigriert sind, das sie jetzt besetzen und in das sie weder ihre Sitten noch ihre Traditionen mitbrachten; wo alle sich zum allerersten Male treffen, ohne sich vorher gekannt zu haben; wo – in aller Kürze – eine instinktive Liebe zum Land nur sehr mäßig existiert; wie, kurz gesagt, ist es möglich, dass ein jeder sich hier in die Angelegenheiten seiner Stadt, in die Angelegenheiten seines Landes und in die des Staates so eifrig einmischt, als wären es sein eigenen? Es geschieht deswegen, weil ein jeder in seinem Umfeld aktiv Anteil an den Regelungen des gesellschaftlichen Lebens nimmt.“

Einwanderer, so Tocqueville, werden zu Amerikanern durch die Ausübung politischer Rechte und bürgerlicher Pflichten, die ihnen mit der Unabhängigkeitserklärung und durch die Verfassung übertragen wurden.

Und sie wurden Amerikaner in einem eher technischen Sinne, weil die Staatsbürgerschaft, zumindest für das weiße Amerika, nicht im europäischen Stil durch das *ius sanguinis* – das Gesetz des Blutes – definiert wurde, sondern durch eine Übernahme des *ius soli* - das Gesetz des Bodens, zum Beispiel des Wohnorts[24]. Um Bürger zu werden, mussten Neuankömmlinge lediglich schwören, die Verfassung und die Gesetze des Landes zu unterstützen und zu verteidigen. Menschen, die auf diese Weise ihre Loyalität erklärten, auch wenn sie nicht von den „eisernen Männern" abstammen, die die Unabhängigkeit errungen hatten, waren, mit den Worten Abraham Lincolns[25], gleichwohl Amerikaner, „als wären sie Blut vom Blut und Fleisch vom Fleisch der Männer, die diese Verfassung geschrieben hatten". In der neuen Republik ersetzte das bürgerliche Engagement die Blutlinien als Test für die Staatsbürgerschaft.

Ein halbes Jahrhundert nach Tocqueville schrieb James Bryce[26], der nächste große ausländische Kommentator der amerikanischen Demokratie, sein Buch *The American Commonwealth.* Die Einwanderung hatte sich schon beträchtlich fortentwickelt und entfaltet. Bryces europäische Freunde erwarteten, dass es sehr lange für Amerika dauern würde, diese „heterogenen Elemente" zu assimilieren. Bryce fiel jedoch stattdessen auf, was auch schon Tocqueville bemerkt hatte:

> „Die erstaunliche Lösungsmittelkraft, mit der sich die amerikanischen Institutionen, Umgangsformen und Ideen bei den Neuankömmlingen aller Nationalitäten durchsetzen, ... und wie dabei sich sehr schnell die ausländische Substanz, die in Massen hierher einströmt, auflöst und assimiliert."

Ein ganzes Jahrhundert nach Tocqueville fand ein anderer ausländischer Besucher, Gunnar Myrdal[27] aus Schweden, die Essenz jener „Lösungsmittelkraft" in dem, was er „das amerikanische

---

[24] Nach dem in Europa üblichen *ius sanguinis* („Recht des Blutes", lat. *sanguis* „Blut") vererbt sich Staatsbürgerschaft über die ‚Blutlinie' an die Nachkommen, nach dem amerikanischen *ius soli* („Recht des Bodens", lat. *solum* „Boden") erwirbt, wer auf amerikanischem *Boden* geboren wurde, allein dadurch die amerikanische Staatsbürgerschaft.

[25] Abraham Lincoln (1809-1865): Von 1861 bis 1865 16. Präsident der Vereinigten Staaten von Amerika. Er war der erste aus den Reihen der Republikanischen Partei und der erste, der einem Attentat zum Opfer fiel.

[26] James Bryce, 1. Viscount Bryce (1838-1922): britischer Historiker, Jurist und Politiker.

[27] Gunnar Myrdal (1898-1987): schwedischer Ökonom, der vor allem durch seinen Nobelpreis und als erster Leiter der UNO-Wirtschaftskommission für Europa Bekanntheit erlangt hat.

Credo“ nannte. Amerikaner „aller nationalen Herkünfte, Regionen, Bekenntnisse und Hautfarben“, schrieb Myrdal 1944, haben „das am explizitesten ausformulierte System allgemeiner Ideale“ aller Länder des Westens gemein: nämlich der Ideale der grundsätzlichen Würde und Gleichheit aller Menschen, der unveräußerlichen Rechte auf Freiheit, Gerechtigkeit und Chancen.

Schon die Schulen lehren die Prinzipien dieses Credos, meinte Myrdal. Die Kirchen predigen sie, die Gerichte verkünden Urteile, die ihnen folgen. Myrdal zeigte auf, warum das Credo selbst für jene eine Hoffnung barg, die am brutalsten von der weißen Mehrheit ausgeschlossen wurden, das Credo als der Ansporn, der die weißen Amerikaner unaufhörlich dazu anstachelt, ihren proklamierten Prinzipien gerecht zu werden, das Glaubensbekenntnis als das rechtliche Gerüst, das den Erniedrigten die Mittel in die Hand gibt, für ihre Rechte zu kämpfen. „Amerika“, so sagte Myrdal, „kämpft fortwährend um seine Seele.“

II

Das amerikanische Credo hatte seine Vorläufer, und diese Vorläufer liegen zuallererst im britischen Erbe, das soeben anderthalb Jahrhunderte kolonialer Erfahrungen gemacht hatte. Wie neu war damals die „neue Rasse“ (im Sinne Crèvecoeurs, A. d. Ü.) wirklich? Crèvecoeurs Vision wollte ein gleichmäßiges Gemisch aus europäischen Herkunftsländern. Emersons Schmelztiegel fügte großzügigerweise noch Kosaken, Afrikaner und Polynesier hinzu. In Wahrheit kam die Mehrheit der Bevölkerung in den 13 Kolonien mitsamt dem Gewicht ihrer Kultur aus Großbritannien.

Nachdem die Briten den größten Teil Nordamerikas von ihren französischen, spanischen und holländischen Rivalen befreit hatten, waren sie in der Lage, das Land nun nach ihren Vorstellungen zu formen. Die Sprache ihrer neuen Heimat, ihre Gesetze, Institutionen und politischen Ideen, ihre Literatur, ihre Regeln, Gebräuche und Gebete stammten hauptsächlich aus Großbritannien. Crèvecoeur selbst schrieb sein Buch nicht in seiner französischen Muttersprache, sondern in seinem erworbenen Englisch. Der

„Fluch von Babel", so sagte Melville, wurde in Amerika rückgängig gemacht. „Und die Sprache, die sie sprechen werden, wird die Sprache Britanniens sein."

Daher hatte der Schmelztiegel unmissverständlich und unausweichlich einen anglozentrischen Geschmack. Ob zum Guten oder zum Schlechten, die weiße angelsächsisch-protestantische Tradition besaß für zwei Jahrhunderte den bestimmenden Einfluss auf die amerikanische Kultur und Gesellschaft, und in essentieller Hinsicht besitzt sie ihn immer noch. Diese Tradition bildete den Standard, an welchem sich auszurichten von anderen Einwanderernationalitäten erwartet wurde, die Grundstruktur, in die hinein sie sich assimilieren würden.

Im Verlauf des 19. Jahrhunderts beschleunigte sich allerdings die nicht-angelsächsische Immigration. Europäische Bauern, die es vielleicht niemals gewagt hätten, sich weiter als 20 Meilen von ihrem Geburtsort zu entfernen, stürzten sich nun in das bislang unvorstellbare Abenteuer einer Reise über die gefährliche See, um in einem fremden Land ein neues Leben zu beginnen. Das Land war tatsächlich sehr fremd; es erzeugte in ihnen ein Gefühl und ein Bedürfnis nach Selbstvergewisserung und Sicherheit. Daher tendierten sie zunächst dazu, sich an ihre Landsleute zu klammern und an die Sprache, die Schulen und Kirchen, die sie mitgebracht hatten. Diese ethnischen Enklaven dienten als Sammelpunkte, um sich neu zu orientieren und Grundlagen einzuüben, ehe man sich in das weitere und riskantere amerikanische Leben hineinbegab.

Diese Einwanderer kamen hauptsächlich aus West- und Nordeuropa. Die Angelsachsen mochten diese Neuankömmlinge zumeist nicht, sie verachteten deren grobes Auftreten, fürchteten ihre fremden Religionen und ihre seltsamen Bräuche. Deutsche und Skandinavier wurden als engstirnig in ihrer Treue zu ihrer Sprache und zu den Gebräuchen ihrer alten Heimat betrachtet. Die deutsche Vorliebe für Biergärten und fröhliche Sonntage verursachte puritanische Ablehnung. Die Iren galten als träge und betrunken; außerdem waren sie Papisten, und ihre Treue zu Rom bedeutete, dass sie niemals loyale Amerikaner werden konnten. Sie wurden im Arbeitsleben stark diskriminiert und von der vornehmen Gesellschaft verachtet.

Der schwarze Gelehrte W. E. B. Du Bois[28] konnte, als er in Great Barrington, Massachusetts, in den 1870er-Jahren aufwuchs, bezeugen, dass „der ethnische Blickwinkel viel deutlicher gegen die Iren gerichtet war als gegen mich."

Im gleichen Maße, wie der Zustrom an Einwanderern anschwoll, nahmen auch die Vorbehalte unter den Alteingesessenen zu. In den 1850er-Jahren machten Einwanderer schon die Hälfte der Bevölkerung New Yorks aus, und sie übertrafen die Zahl der eingeborenen Amerikaner auch in Chicago. Alteingesessenen-Organisationen wie der *Supreme Order of the Star-Spangled Banner* und seine politische Front-Organisation, die *American Party*, bildeten sich und forderten einen verlängerten Einbürgerungsprozess sowie die Beschränkung der politischen Rechte für die im Ausland Geborenen. Man bezeichnete sie als die *Know-Nothings*, die *Nichtswisser*, weil sie, wenn sie nach ihren geheimen Eiden und Ritualen gefragt wurden, immer zu antworten pflegten: „Darüber weiß ich nichts."

1856 stellten die *Know-Nothings* sogar mit Millard Fillmore[29] einen einstigen Vorsitzenden ihrer Organisation als Kandidaten für die US-Präsidentschaft.

> „Unser Degenerationsfortschritt", so bemerkte damals Abraham Lincoln, „scheint sich mir ganz deutlich zu beschleunigen. Als Nation begannen wir mit der Erklärung, dass ‚alle Menschen gleich geschaffen sind'. Jetzt lesen wir das gewissermaßen als: ‚Alle Menschen sind gleich geschaffen - mit Ausnahme der Schwarzen'. Wenn die *Know-Nothings* die Herrschaft übernehmen, dann wird der Satz lauten: ‚Alle Menschen sind gleich geschaffen - mit Ausnahme der Schwarzen, der Ausländer und der Katholiken'".

Doch die *Know-Nothings* verschwanden so schnell wieder, wie sie aufgetaucht waren. In den anderthalb Jahrhunderten seither hat keine politische Autochthonen-Partei mehr versucht, ihren Platz

---

28 W. E. B. Du Bois (1868-1963): Soziologe und führender US-amerikanischer Vertreter der schwarzen Bürgerrechtsbewegung.

29 Millard Fillmore (1800-1874): US-amerikanischer Politiker der Whig Party und 1850 bis 1853 der 13. Präsident der USA.

einzunehmen, trotz wiederholter fremdenfeindlicher Ausbrüche. Wie vorurteilsbehaftet weiße Angelsachsen in der Praxis auch waren, so schämten sie sich doch, ihre Vorurteile als Prinzip zu propagieren. Ebenso wichtig war, dass eine expandierende Wirtschaft in einem unterbevölkerten Land eines ständigen Zustroms neuer Hände bedurfte. Einwanderung behob den Mangel an Arbeitskräften - der ökonomische Bedarf überwand moralischen und ästhetischen Widerwillen.

Die Einwanderer vor dem amerikanischen Bürgerkrieg 1861-1865 verwandelten sich konstant in Amerikaner. Die *Frontier* beförderte, mit den Worten ihres großen Historikers Frederick Jackson Turner[30],

> „die Herausbildung einer zusammengesetzten Nationalität ... Im Schmelztiegel der ‚Frontier' wurden die Einwanderer amerikanisiert und befreit, sie verschmolzen zu einer Mischrasse, englisch weder ihrer Nationalität nach noch in ihren charakteristischen Eigenschaften."

Im Schmelztiegel der Städte schritt auch die Assimilation zügig voran. Sogar „der Sohn eines irischen Immigranten", berichtete Bryce 1888, „ist in jeder Hinsicht ein amerikanischer Staatsbürger, auch wenn er, was er selten tut, die erbliche Anglophobie beibehält."

III

Nach dem Bürgerkrieg kam die sog. „neue" Immigration aus Süd- und Osteuropa in die USA. Über 27 Millionen Menschen erreichten das Land in dem halben Jahrhundert seit General Lees Kapitulation bei Appomattox bis zum Eintritt der USA in den Ersten Weltkrieg - mehr als die Gesamtbevölkerung des Landes im Jahr 1850. Die neuen Einwanderer - Italiener, Polen, Ungarn, Tschechen, Slowaken, Russen, Juden - ließen sich hauptsächlich in den Städten nieder, wo ihre bizarren Sitten, Trachten, Sprachen und Religionen neue Animositäten hervorriefen.

---

30 Frederick Jackson Turner (1861-1932): US-amerikanischer Historiker. Er wird mit dem Begriff *Frontierism* in Verbindung gebracht und zählt zu den bedeutendsten Historikern der USA.

Doch hielt sich der alte Glaube an die Kraft von Bryces „wundersamem Lösungsmittel" weiter, der helfen sollte, George Washingtons Vision von „einem Volk" zu erfüllen. So sehr die Neuankömmlinge auch an sozialen Vorurteilen litten, sie wurden nicht von den gesellschaftlichen Beteiligungsmöglichkeiten ausgeschlossen, wodurch sie wiederum an die fundamentalen Werte des „amerikanischen Credos" herangeführt wurden. Gewiss, die Neuankömmlinge änderten die ethnische Zusammensetzung des Landes, sie bewahrten aber auch die alte Ambition, Amerikaner zu werden.

Der anspruchsvolle Henry James[31], der nach vielen Jahren im Ausland im Jahre 1904 sein Heimatland wieder besuchte, war zunächst bestürzt über das befremdliche Gewühl auf der New Yorker Einwanderer-Ankunftsinsel Ellis Island. Aber schon bald verstand und bewunderte er den

> „nahtlosen Prozess der Rekrutierung unseres Menschenschlags, der Auffüllung unseres nationalen Feuertopfs, der Zuführung von frischem ... ausländischem Material in unser so heterogenes System".

Obwohl er sich manchmal fragte, welchen Einfluss Immigration wohl auf die Amerikaner haben mag: „ethnisch und dadurch physiognomisch, sprachlich, ja, und auch ganz persönlich"; und obwohl ihm manchmal „das ethnische Gespenst" geradewegs so vorkam wie ein Skelett auf einem Maskenball, war James doch sehr viel mehr beeindruckt von der „kolossalen" Maschinerie, die so wirkungsvoll die Kinder von Einwanderern zu Amerikanern machte – dem politischen und sozialen Habitus, dem gemeinsamen Schulbesuch, den Zeitungen, kurz allem, was so verlässlich jenes produzierte, was James „die ethnische Synthese" nannte. Durchaus mit Ehrfurcht sprach er dabei vom „Kessel des ‚amerikanischen' Charakters".

‚Neue Rasse', ‚Schmelztiegel', ‚Feuertopf' oder ‚Kessel' – der ursprüngliche Glaube empfing seine berühmteste Metapher einige Jahre nach James' Besuch in der Heimat. Im Jahr 1908 wurde in

---

31 Henry James: (1843-1916): amerikanisch-britischer Schriftsteller. Er war der jüngere Bruder des Philosophen William James.

Washington ein Stück von Israel Zangwill[32] uraufgeführt, einem englischen Schriftsteller russisch-jüdischer Herkunft. *The Melting-Pot* („Der Schmelztiegel") erzählt die Geschichte eines jungen russisch-jüdischen Komponisten in New York. David Quixanos hat den künstlerischen Ehrgeiz, eine Symphonie zu schreiben, die die große, harmonische Verflechtung der verschiedenen Ethnien in Amerika zum Ausdruck bringt. Seine große Hoffnung ist die Überwindung der ethnischen Schranken und Vera zu heiraten, ein wunderschönes christliches Mädchen.

> „Amerika", ruft David aus, „Amerika ist Gottes Schmelztiegel, jener große Schmelztiegel, in dem alle Ethnien Europas sich einschmelzen und sich reformieren! ... Hier steht ihr in euren fünfzig verschiedenen Gruppen, mit euren fünfzig verschiedenen Sprachen ... und eurem fünfzigfachen blutigen Hass. ... Einen Pfifferling auf eure Fehden und Rachefeldzüge! Deutsche und Franzosen, Iren und Engländer, Juden und Russen – ab, in den Schmelztiegel mit euch allen! Gott macht jetzt den Amerikaner aus euch!"

Die Schlüsselszene spielt sich ab auf dem Dachgarten eines Hauses in einer Siedlung in Lower Manhattan. Fern im Hintergrund schimmert die Freiheitsstatue im Sonnenuntergang. Der Komponist, allein mit Vera, gestikuliert in Richtung der Stadt:

> *David:* Dort liegt er, der große Schmelztiegel – hör doch mal! Hörst du nicht das Rauschen und Blubbern? Ah, welch ein Rumoren und Gebrodel! Egal, ob Kelte oder Südländer, Slave oder Germane, Grieche oder Syrer ... ob schwarz oder gelb ...
> *Vera (sich sanft an ihn schmiegend):* Jude oder Nichtjude ...
> *David:* Ja, Ost und West, Nord und Süd, Palme und Kiefer, Pol und Äquator, Halbmond und Kreuz ... Hier sollen alle eins werden, um eine Republik der Menschen und Gottes Königreich zu errichten. Ach, Vera, was ist schon die Herrlichkeit Roms und Jerusalems, wohin alle Nationen und Geschlechter zur Anbetung kommen und doch nur zurückblicken, verglichen mit der Herrlichkeit Amerikas, in das alle Menschen, gespalten nach Ethnien und Nationen, hineinströmen, um zu arbeiten und der Zukunft entgegenzublicken! ... *(Weit in der Ferne, wie ein einsamer Leitstern, funkelt über dem sich verdunkelnden Wasser die Fackel der Freiheitsstatue. Von unten her erhebt sich der gedämpfte Klang von Stimmen und Instrumenten, bis sie sich zur Melodie von ‚My Country, ‚tis of thee' vereinigen. Langsam fällt der Vorhang).*

---

32 Israel Zangwill (1864-1926): Schriftsteller, Essayist, Journalist und politischer Aktivist in der feministischen, pazifistischen und zionistischen Bewegung.

Als in Washington der Vorhang fiel und der Autor schließlich die Bühne betrat, rief Präsident Theodore Roosevelt aus seiner Loge hinunter: „Großartiges Stück, Mr. Zangwill, ein großartiges Stück!" „Ich bin weder ein Bernard-Shaw-Mann noch ein Ibsen-Mann, Mrs. Zangwill", sagte Roosevelt später zur Frau des Dramatikers. „Nein, das ist genau der richtige Stoff." Zangwill widmete das gedruckte Stück daraufhin Roosevelt. *Melting-Pot* tourte vor einem begeisterten Publikum durchs ganze Land. Jane Addams[33] vom Kulturzentrum Hull-House in Chicago bemerkte, dass Zangwill „Amerika einen großen Dienst erwiesen habe, indem er uns an die großen Hoffnungen der Gründer der Republik erinnerte".

IV

Doch selbst als das Publikum *Melting-Pot* bejubelte, weckte Zangwills Schmelztiegel-Metapher Zweifel. Man musste nur durch die großen Städte Amerikas spazieren gehen – etwa so wie Basil March in William Dean Howells'[34] Roman von 1889 *A Hazard of New Fortunes* –, um zu erkennen, dass der Prozess des „Einschmelzens" noch ganz und gar unvollständig war. Ethnische Minderheiten bildeten ihre eigenen Quartiere, in denen sie nach ihrer je eigenen Weise lebten – nicht unbedingt in jener ihrer Herkunftsländer, aber auch nicht gerade in der Art des anglozentrierten Amerikas: also in Little Italy, Chinatown, Yorkville, Harlem usw.

Auch zeigte die weiße, angelsächsische „WASP"-Kultur wenig Neigung, ihnen den Zutritt zu Anglo-Amerika zu erleichtern. Und wenn sie es tat, wenn schließlich Barrieren fielen und neue Einwanderer Akzeptanz durch Geld oder Berühmtheit erlangten, dann lockte die Aussicht auf eine Mischehe. Indem der britisch-jüdisch-russische Schriftsteller Israel Zangwill sein Drama *Melting-Pot* um das Thema der Ehe zwischen Menschen verschiedener Ethnien und Religionen kreisen ließ, betonte der Autor, der selber mit

---

33 Jane Laura Addams (1860 -1935): US-amerikanische Feministin, Soziologin und engagierte Journalistin der Friedensbewegung zu Anfang der 1920er-Jahre. Sie gründete 1889 in Chicago das Hull House, heute ein Museum.

34 William Dean Howells (1837-1920): US-amerikanischer Schriftsteller, Literaturkritiker und Zeitschriftenredakteur.

einer Christin verheiratet war, wohin der „Schmelztiegel" unvermeidlich führen muss - zum Verschwinden unterschiedlicher ethnischer Identitäten in der neugeschaffenenen amerikanischen Ethnie.

War ein solches Ergebnis erstrebenswert? Viele Einwanderer dachten zweifellos so. Ebenso sahen dies im frühen 20. Jahrhundert auch die meisten ihrer Kinder. Doch bald traten einige Sprecher von Volksgruppen auf, die angetrieben wurden durch die authentische Besorgnis um ihre besonderen ethnischen Werte, zugleich aber auch durch echtes, wenn auch unbewusstes Interesse an der Erhaltung ethnischer Wählerschichten. Jüdische Kritiker tadelten Zangwill heftig: „Umso schlimmer für dich und mich, mein Bruder, die wir nun eingeschlossen und aufgelöst werden im Schmelztiegel", schrieb etwa einer. Sogar einige Leute angelsächsischer Herkunft missbilligten die Auslöschung pittoresker ausländischer Stammeseigenschaften zugunsten einer gesichtslosen anglozentrischen Konformität.

Der Eindruck verfestigte sich, dass der Schmelztiegel nur ein Mittel war, um anglozentrische Vorstellungen und Werte auf glücklose Immigranten zu übertragen - ein Eindruck, der durch den Aufstieg der „Amerikanisierungs"-Bewegung verstärkt wurde, die als Antwort auf die neue, polyglotte Einwanderung entstanden war. Gut gemeinte Amerikanisierungsprogramme versuchten, die Assimilation voranzutreiben, indem sie den Einwanderern besondere Kurse in Sprache, Einbürgerung und amerikanischer Geschichte anboten. Der Ausbruch des Ersten Weltkriegs 1914 machte die Amerikanisierung schließlich zu einer zwingenden Angelegenheit. Sogar einwanderungsfreundliche Präsidenten wie Theodore Roosevelt und Woodrow Wilson waren besorgt, ob „Bindestrich-Amerikaner" in einer Krise womöglich stärkere Loyalität zu ihrem Herkunftsland empfinden mochten als zu ihrer neuen Heimat.

Drei Tage nach der Versenkung der *RMS Lusitania* durch ein deutsches U-Boot sprach Wilson in Philadelphia vor einem Publikum von frisch Eingebürgerten.

> „Man kann kein vollständiger Amerikaner sein", so sagte er, „wenn man sich selbst nur in Gruppenzugehörigkeiten betrachtet. Amerika besteht nicht aus lauter einzelnen Gruppen. Ein Mensch, der sich selbst nur als Angehöriger einer besonderen nationalen Gruppe in Amerika sieht, ist noch kein Amerikaner geworden!"

„Wir können keine ‚Fifty-fifty'-Loyalität in diesem Land gebrauchen", sagte Roosevelt zwei Jahre später. „Entweder ein Mensch ist ein Amerikaner und nichts anderes, oder er ist überhaupt kein Amerikaner". Er verurteilte solche Amerikaner, die die Welt vom Standpunkt einer anderen Nation aus betrachteten. „Wir Amerikaner sind Kinder des Schmelztiegels", sagte Roosevelt. „Der Schmelztiegel verrichtet sein Werk nicht, es sei denn, er gibt jene, die in ihn geworfen wurden, in genau einer nationalen Form aus."

V

„Genau eine nationale Form?" Nicht alle waren damit einverstanden. Im Jahre 1915 schrieb Horace Kallen[35], ein jüdisch-amerikanischer Philosoph, einen Essay für die Zeitschrift *The Nation* mit dem Titel *Demokratie contra Schmelztiegel*[36]. Der Schmelztiegel, meinte Kallen, stimme weder als Faktum noch als Ideal. Was ihn im Gegenteil beeindruckte, war das Fortbestehen der ethnischen Gruppierungen und ihrer jeweils unterschiedlichen Traditionen. Anders als frei gewählte Bindungen, so Kallen, war das ethnische Band unfreiwillig und zugleich unabänderlich.

> „Männer mögen ihre Kleidung, ihre Politik, ihre Frauen, Religionen, Philosophien mehr oder weniger oft wechseln; ihre Großväter können sie nicht auswechseln. Juden oder Polen oder Angelsachsen, die aufhören wollten, Juden oder Polen oder Angelsachsen zu sein, müssten aufhören, überhaupt zu sein."

Ethnische Verschiedenartigkeit, so beobachtete Kallen, bereichert die amerikanische Zivilisation. Er betrachtete die Nation nicht

---

35 Horace Kallen (1882-1974): In Schlesien geborener jüdisch-amerikanischer Philosoph.

36 *Democracy versus The Melting-Pot*

als ein Volk - außer im politischen und administrativen Sinne -, sondern eher

> „als ein Bündnis oder eine Gemeinschaft nationaler Kulturen ... eine Demokratie von Nationalitäten, die freiwillig und selbständig miteinander vermittels gemeinsamer Institutionen kooperieren ... eine Vielheit in einer Einheit, eine Orchestrierung der Menschheit".

Diese Auffassung nannte er „kulturellen Pluralismus".

Kallen war sich nicht ganz klar bei der Frage, wie man ethnischen Separatismus befördern könne, ohne dabei zugleich das ursprüngliche Ideal einer einzigen Gesellschaft zu schwächen. Ein Kritiker warnte, dass kultureller Pluralismus letztlich „in die Balkanisierung der Vereinigten Staaten münden" würde. Kallen führte seinen Angriff auf die anglozentrierte Assimilation allerdings zu einer Zeit, als Kritiker des *melting pot* vernünftigerweise noch die Stabilität des umspannenden Rahmens voraussetzen konnten. Weil er die politische Einheit des Landes als gegeben ansah, legte er so viel Wert auf den Schutz kultureller Diversität.

Die frohe Botschaft vom kulturellen Pluralismus beschränkte sich zunächst weitgehend auf Akademiker, Intellektuelle und Künstler. Die Jahre nach dem Ersten Weltkrieg waren durch eine große allgemeine Entzauberung Europas geprägt - die Angst vor der Roten Gefahr, die direkt auf Fremde zielte, das Aufkommen des anti-katholischen Ku-Klux-Klan sowie eine Kampagne, durch die - manifestiert im Einwanderungsgesetz von 1924 - die ethnische Zusammensetzung des amerikanischen Volkes festzementiert wurde. Das neue Gesetz legte Quoten auf der Grundlage der nationalen Abstammungen der Bevölkerung im Jahre 1890 fest, was den Zustrom von Einwanderern aus Süd- und Ost-Europa drastisch verminderte.

Dem fremdenfeindlichen Nationalismus der 1920er-Jahre folgten in den 1930er-Jahren Krisen, die auf einigen strittigen Ebenen nichtsdestotrotz das Gefühl stärkten, dass alle Amerikaner im gleichen Boot sitzen und daher ebenso zusammen an einem Strang ziehen sollten. Die Weltwirtschaftskrise und der Zweite Weltkrieg zeigten die dringende Notwendigkeit eines nationalen Zusammenhalts im Rahmen gemeinsamer nationaler Ideale.

„Das Prinzip, auf dem dieses Land gegründet und durch das es immer regiert wurde", so sagte Franklin D. Roosevelt 1943, „besteht darin, dass der Amerikanismus eine Sache des Herzens und des Verstandes ist; er ist und war niemals eine Sache der Rasse und der Herkunft. Ein guter Amerikaner ist einer, der loyal zu seinem Land steht und zu unserem tiefen Glauben an Freiheit und Demokratie".

VI

1944 zögerte Gunnar Myrdal nicht im Mindesten, dieses „amerikanische Credo" zum gemeinsamen Besitz aller Amerikaner zu erklären, während sein großartiges Buch *An American Dilemma* zugleich eine meisterhafte Analyse des augenfälligsten amerikanischen Verrats unternahm, diesem Glaubensbekenntnis tatsächlich zu entsprechen: der Behandlung der Schwarzen durch das weiße Amerika.

Edle Ideale waren als gültig für alle Amerikaner propagiert worden; doch in der Praxis galten sie nur für die Weißen. Die meisten Interpretationen der nationalen Identität waren seit Crèvecoeurs Zeiten nur auf sie gemünzt. Sogar Horace Kallen, der Vorkämpfer des kulturellen Pluralismus, sah hinsichtlich seiner „Demokratie der Nationalitäten" keine besonderen Bestimmungen für schwarze, rote, braune oder gelbe Amerikaner vor.

Tocqueville war hier insofern eine Ausnahme, als er farbige Menschen in seine amerikanische Gleichung mit einbezog. In seiner gewohnten Voraussicht identifizierte er den Rassismus als den unheilbaren Fehler der amerikanischen Demokratie. Die „atemberaubendste Nation auf diesem Globus" habe den roten Menschen nahezu ausgerottet; die Existenz einer schwarzen Population sei der „schrecklichste all jener Mißstände, die die Zukunft der Union" bedrohen. Die optimistischeren Männer Emerson und Zangwill hatten die nichtweißen Nationalitäten in ihre Schmelztöpfe geworfen; Tocqueville dagegen verstand die rassistische Ausschließung als tief im nationalen amerikanischen Charakter verwurzelt.

Die Geschichte stützt dieses Urteil. Die weißen Siedler hatten die amerikanischen Indianer systematisch zurückgestoßen, ihre Tapfersten getötet, ihr Land besetzt und ihre Stämme abgesondert. Sie hatten Afrikaner, die auf ihren Plantagen arbeiten sollten, und sie hatten für den Bau ihrer Eisenbahnstrecken Chinesen nach Amerika gebracht. Sie hatten einen glitzernden Strauß von Freiheiten versprochen, ihn den Menschen anderer Hautfarbe aber vorenthalten. Ihre Verfassung schützte die Sklaverei, und ihre Gesetze machten Unterschiede auf der Grundlage von „Rasse". Obwohl die Weißen schließlich die Sklaven befreiten, verschworen sie sich gegen sie und entmündigten die Befreiten zu Bürgern dritter Klasse. Ihre Gesetze zur Fernhaltung der Chinesen gipfelten in der totalen Unterbindung asiatischer Immigration im Einwanderungsgesetz von 1924. Nur ganz wenigen weißen Amerikanern kam es in jenen Jahren in den Sinn, dass Amerikaner anderer Hautfarbe, ebenso wie sie selbst, sich im Genuss der gleichen Rechte und Freiheiten befanden, welche die Verfassung versprach.

Doch das, was Bryce „die verblüffende Auflösekraft" der amerikanischen Institutionen und Ideen genannt hat, begründete gerade deren Stärke - sogar bei den am grausamsten Unterdrückten und Ausgestoßenen. Myrdals Umfragen innerhalb Afro-Amerikas zeigten gerade die ungebrochene „Treue" der Afrikastämmigen, „am amerikanischen Credo festzuhalten". Ralph Bunche[37], einer von Myrdals Mitarbeitern, machte die Beobachtung, dass jeder, den er auf der Straße traf, gleich, ob schwarz, rot, gelb oder weiß, Amerika als das „Land der Freien" und als „Wiege der Freiheit" betrachtete. Das amerikanische Credo, so mutmaßte Myrdal, bedeute Schwarzen sogar noch einiges mehr als Weißen, denn es war das wichtigste Mittel, um ihre unerfüllten Rechte einzuklagen. Schwarze, neue Immigranten, Juden und andere benachteiligte Gruppen, so Myrdal, „hätten wahrscheinlich kein geeigneteres System politischer Ideen erfunden haben können, das besser mit ihren Interessen übereinstimmte".

Der Zweite Weltkrieg verlieh dem amerikanischen Credo eine neue Schärfe. Hitlers Rassismus nötigte die Amerikaner, sich konkret und schonungslos mit ihren eigenen rassistischen Vorurteilen zu befassen. Wie konnten Amerikaner an der Doktrin von der Überlegenheit der „weißen Rasse" festhalten und dabei gleichzeitig

---

37 Ralph Johnson Bunche (1904-1971): US-amerikanischer Diplomat und Bürgerrechtler. Er erhielt 1950 den Friedensnobelpreis.

in Übersee gegen Hitlers Vorstellung von einer „Herrenrasse" kämpfen? Wie konnten Amerikaner es Chinesen weiterhin verbieten, Amerikaner zu werden, während China gleichzeitig ein vertrauenswürdiger amerikanischer Alliierter war? Wenn der Krieg schon nicht dem amerikanischen Rassismus ein Ende bereitete, so beförderte er die rassistische Bigotterie doch zumindest in den Untergrund. Das Überdenken von Fragen der „Rasse" forderte das Gewissen der Mehrheit heraus und stärkte zugleich das Selbstbewusstsein der Minderheiten.

Gestärkt durch das amerikanische Credo, begannen die Schwarzen, sich für gleiche Chancen in der Arbeitswelt einzusetzen, bekämpften die Rassentrennung in den Streitkräften und kämpften in ihren eigenen Einheiten an vielen Fronten. Nach dem Krieg stärkte die lange aufgeschobene Bürgerrechtsbewegung das schwarze Selbstvertrauen. Der Zusammenbruch des weißen Kolonialismus in der ganzen Welt und das Erscheinen unabhängiger schwarzer Staaten auf der Landkarte tat ein Übriges.

Überall in Amerika begannen Minderheiten, ihren Stolz zu bekunden und ihre Rechte einzufordern. Auch die Frauen, die eine „Minderheit", die in den USA tatsächlich eine zahlenmäßige Mehrheit bildete, suchten nun politische und ökonomische Gleichheit. Juden fanden neue Solidarität vor dem Hintergrund des Holocausts und angesichts der Errichtung eines jüdischen Staates in Israel. Änderungen in der Einwanderungsgesetzgebung ließen die Zahl jener dramatisch anschwellen, die aus spanischsprachigen und aus Ländern Asiens in die USA gelangten; dem allgemeinen Beispiel folgend, machten sie dabei ihre eigenen Vorrechte geltend. Die amerikanischen Indianer mobilisierten sich, um ihre Rechte und ihr Land zurückzufordern, lange nachdem es vom Weißen Mann in Besitz genommen worden war; ihre Wortführer lehnten sogar die historische Bezeichnung ab, auf die die Indianer stolz gewesen waren, und nannten sich selbst *Native Americans*, eingeborene Amerikaner.

Die Bürgerrechtsbewegung löste bei der mittlerweile schon länger anhaltenden „neuen Einwanderung" aus Süd- und Osteuropa, bei Italienern, Griechen, Polen, Tschechen, Slowaken und Ungarn neue Erklärungen zu ihrer ethnischen Identität aus. Michael Novak[38], ein früher und einflussreicher Theoretiker des Multikulturalismus, behauptete, für die von der Idee des Schmelztiegels geschädigten weißen Minderheiten zu sprechen, und schrieb *The Rise of the Unmeltable Ethnics*. „In Amerika aufzuwachsen", so Novak, „war ein Angriff auf mein Selbstwertgefühl." Um sein Selbstwertgefühl zu verbessern, bekräftigte er die Notwendigkeit einer Identitätspolitik. Gegen die Vorstellung von Amerika als einer Nation aus Individuen begrüßte Novak das, was er „die neue ethnische Politik" nannte, die so Novak, „besagt, dass Gruppen die Regeln, Ziele und Verfahren des amerikanischen Lebens strukturieren können".

Die Leidenschaft für „Wurzeln" wurde unterstützt durch den „Dritte-Generationen-Effekt", auch als „Hansens Gesetz" bekannt nach Marcus Lee Hansen[39], dem großen Pionier der Einwanderungsgeschichte: „Was der Sohn zu vergessen wünscht, dessen wünscht sich der Enkel wieder zu erinnern". Sie wurde zugleich machtvoll verstärkt durch den abnehmenden amerikanischen Optimismus hinsichtlich der Zukunft des Landes. Zwei Jahrhunderte lang waren die Amerikaner zuversichtlich gewesen, dass das Leben für ihre Kinder besser würde, als es für sie selbst gewesen war. In ihrer ausgelassenen Jugendzeit hatten die Amerikaner die Vergangenheit verachtet und sich, wozu sie John Quincy Adams aufgefordert hatte, nach vorn auf ihre Nachwelt konzentriert statt rückwärts auf ihr Vorfahren. Inmitten banger Vorahnungen eines nationalen Niedergangs begannen die Amerikaner nun, weniger nach vorn zu schauen, dafür aber umso mehr zurück. Der anschwellende Kult der Ethnizität war ein Symptom des abnehmenden Vertrauens in die amerikanische Zukunft.

---

38 Michael Novak (1933-2017): US-amerikanischer katholischer Philosoph, Journalist, Erzähler und Diplomat. Starker Gegner des Multikulturalismus und der „Schmelztiegel"-Theorie.

39 Marcus Lee Hansen (1892-1938): US-amerikanischer Historiker, 1941 Gewinner des Pulitzer-Preises für seine *History for The Atlantic Migration, 1607-1860.*

VII

Ethnisch als Wort hat eine lange Geschichte. Ursprünglich bedeutete es „ungläubig“ oder „heidnisch“. Bald jedoch kam es zu einer Bedeutung, die etwas mit „Rasse“ oder „Nation“ zu tun hat. In diesem Sinne waren alle, sogar die Lowells und die Cabots, Angehörige einer ethnischen Gruppe. Damals freilich, als Henry James das Wort in *The American Scene* benutzte, hatte *ethnisch* schon den Beiklang von „Fremdartigkeit“. So, wie es seit den 1960er-Jahren verwendet wird, bezeichnet es definitiv nicht-angloamerikanische Minderheiten – eine Umkehrung der ursprünglichen Bedeutung von etwas völlig Inakzeptablem.

Mittlerweile hat das Hauptwort *Ethnizität* sein modernes Debüt 1940 mit W. Lloyd Warners[40] sogenannten *Yankee-City*-Untersuchungen erlebt. Aus seinen moderaten Anfängen in jenen soziologischen Studien bewegte sich der Begriff *Ethnizität* mit Macht hinauf auf die Haupttribüne des öffentlichen Diskurses. Die 200-Jahr-Feiern zur US-amerikanischen Unabhängigkeit, der 100-jährige Geburtstag der Freiheitsstatue – jeder wandte sich damals ab von der Idee des Schmelztiegels und hin zu den Spektakeln der ethnischen Besonderheit.

Der Druck in Richtung auf den neuen Kult der Ethnizität kam weniger aus Richtung der ethnischen Minderheiten in ihrer Gesamtheit als vielmehr von ihren oft selbsternannten Fürsprechern. Die meisten Angehörigen ethnischer Gruppen, Weiße wie Nicht-Weiße, sahen sich selbst vornehmlich als Amerikaner.

> „Die Begierde nach ‚geschichtlicher Identität‘“, so Gunnar Myrdal auf dem Höhepunkt der ethnischen Begeisterung, „ist in keinerlei Hinsicht eine Volksbewegung. Solche Sehnsüchte wurden durch wenige, gut etablierte Intellektuelle, Professoren und Autoren geweckt – meist, wie ich vermute, solchen der dritten Generation.“

Nur wenige, so Myrdal, machten sich die Mühe, sich direkt an ihre eigene ethnische Gruppe zu wenden. Diese Bewegung, fügte

---

40 William Lloyd Warner (1898-1970): US-amerikanischer Anthropologe und Sozialpsychologe.

Myrdal mit einer gewissen Verachtung hinzu, sei nichts anderes als „intellektueller Oberklassen-Romantizismus".

Ausgerüstet mit ausreichend Öffentlichkeitszugang und Zeit konnten Ideologen sich dennoch ein Publikum schaffen. Mit einem klar umrissenen Interesse an ethnischer Identifikation wiesen Wortführer ethnischer Minderheiten das Ideal der Assimilierung zurück. Der „Schmelztiegel", so hieß es, würde Menschen verletzen, indem er ihr Selbstbewusstsein unterminiere. Helden oder, wie es in ihrem Jargon heißt: *role models*, Vorbilder, aus der eigenen ethnischen Vergangenheit würden ihnen dadurch vorenthalten. Nunmehr wurde Novaks „nicht einschmelzbare Ethnizität" hochgehalten.

Nach einer Anhörung ethnischer Wortführer, die die *Melting-Pot*-Idee als eine Verschwörung zur Homogenisierung Amerikas bezeichneten, verabschiedete der US-Kongress 1974 ein Gesetz zur Untersuchung des ethnischen Erbes[41] - ein Gesetz, das, indem es die ethnische Ideologie auf alle Amerikaner anwendet, das historische Recht der Amerikaner beeinträchtigte, ihre eigene ethnische Identität selbst festzulegen. Das Gesetz ignorierte völlig jene Millionen von Amerikanern - sicherlich eine Mehrheit -, die es ablehnten, sich als einer bestimmten ethnischen Gruppe zugehörig zu identifizieren.

Die ethnische Aufwallung (sie lässt sich kaum als ein Wiederaufblühen bezeichnen, denn sie hatte keinerlei Vorbild) begann als ein Zeichen des Protests gegen die anglo-zentrierte Kultur. Sie wurde inzwischen zum Kult. Heute droht diese Aufwallung zu einer Art Konterrevolution zu werden: gegen die ursprüngliche Theorie von Amerika als *one people* - mit einer gemeinsamen Kultur in einer geeinten Nation.

---

[41] *Ethnic Heritage Studies Program Act*

2 Geschichte als Waffe

Geschichtsschreibung ist eine alte, ehrbare Profession mit besonderen Regeln und Zielen. Die erstrebenswerten Ziele eines Historikers sind Genauigkeit, analytische Durchdringung und objektive Darstellung bei der Aufbereitung der Vergangenheit. Doch Geschichte ist sehr viel mehr als nur eine akademische Disziplin irgendwo oben im Elfenbeinturm. Sie spielt ebenso ihre eigene Rolle für die Zukunft von Nationen.

Geschichte ist für eine Nation ungefähr das Gleiche, was die Erinnerung für das Individuum ist. So, wie ein Individuum, das seiner Erinnerung verlustig gegangen ist, orientierungslos wird und sich verirrt, weil es nicht mehr weiß, wo es gerade war und wohin es gehen will, so wird ein Volk, dem die Vorstellung von seiner Vergangenheit entzogen wird, daran gehindert, sich mit seiner Gegenwart und seiner Zukunft zu befassen. Als ein Mittel, nationale Identität zu definieren, erscheint Geschichte zugleich auch als Möglichkeit, die Geschichte zu formen. Geschichtsschreibung entwickelt sich von der Kontemplation zur Waffe. „Wer die Vergangenheit kontrolliert, kontrolliert die Zukunft", lautet der Parteislogan in George Orwells Buch *1984*, „und wer die Gegenwart kontrolliert, kontrolliert die Vergangenheit."

I

Wir Geschichtswissenschaftler tun unser Äußerstes, um die Standards unseres Geschäfts zu sichern. Der Himmel allein weiß, wie bestürzend oft wir unsere Ideale verfehlen, wie traurig unsere Interpretationen überlagert und verzerrt werden durch unbewusste Voreingenommenheiten und wie ethnische und nationale Vorurteile uns blind machen für die eigene Einseitigkeit. Wir bleiben Geschöpfe unserer jeweiligen Zeit, Gefangene unserer eigenen Erfahrung - wie alle sündigen Sterblichen hin- und hergerissen zwischen Parteinahme, Vorurteil, Dogma, Furcht und Hoffnung.

Der Lichtkegel, den wir in das Dunkel der Vergangenheit richten, wird durch unsere eigenen Besorgnisse gelenkt, die wir aus der

Gegenwart beziehen. Wenn neue Themen sich in unsere Gegenwart und in unser Leben hineindrängen, werfen sie ein scharf konturiertes Licht auf Dinge, die immer schon da waren, die frühere Historikergenerationen aber manchmal aus dem kollektiven Gedächtnis gelöscht haben. In diesem Sinne mag die Feststellung gelten, dass die Gegenwart die Vergangenheit wieder erschafft.

Historiker müssen immer nach dem unerreichbaren Ideal der Objektivität streben. Aber in dem Maße, wie wir auf gegenwärtige Notwendigkeiten reagieren, beuten wir manchmal leider auch die Vergangenheit für nicht unbedingt „historische" Zwecke aus. Wir greifen uns etwas aus der Vergangenheit oder projizieren etwas auf sie, was unsere eigene Gesellschaft oder Ideologie betrifft. Auf diese Weise zurechtgebogen, wird Geschichte weniger ein Instrument interessenfreier intellektueller Untersuchung als vielmehr eines des sozialen Zusammenhalts und der politischen Zweckbestimmung.

Menschen leben vermöge ihrer Mythen, und einige mögen argumentieren, dass man die Fakten zu Recht ausschmücken darf, wenn die Ausschmückung einem höheren Interesse dient, etwa dem Wohlergehen einer Nation oder der Erhöhung eines Volksstammes. Es mag wichtiger erscheinen, auf diese Weise die Fiktion eines Zusatznutzens aufrechtzuerhalten, als sich um die „reine" Geschichte zu kümmern – insbesondere, wenn es ohnehin nirgends so etwas wie eine „reine" Geschichte gibt. Dies könnte Platon gemeint haben, als er in der *Politeia*[42] die „edle Lüge" vorschlug.

Übereifrige sind freilich allzu gerne bereit, „edle Lügen" mit der Wirklichkeit zu verwechseln. Die Korrumpierung von Geschichte durch den Nationalismus ist hier aufschlussreich. Der Nationalismus bleibt auch nach zwei Jahrhunderten die vitalste politische Gefühlsäußerung in der Welt – weitaus vitaler als gesellschaftliche Ideologien wie Kommunismus, Faschismus oder gar die Demokratie. Doch der Nationalismus war nicht das Produkt einer spontanen Erschaffung. „Nationalismus ist nicht das Erwachen von

---

[42] Das politisch-philosophische Hauptwerk des antiken griechischen Denkers (427–347 v. Chr.).

Nationen zu Selbstbewusstsein", wie Ernest Gellner[43] es formulierte, „Nationalismus erfindet Nationen dort, wo keine sind." Nationalismus wurde von Intellektuellen im Interesse von aufstrebenden Eliten entwickelt und danach unter den dafür aufgeschlossenen Massen verbreitet. Und er entwickelt sich kontinuierlich weiter, weil er machtvolle Emotionen aus Geschichte und lokaler Verbundenheit anzapft und dem individuellen Leben in einem zunehmend verwirrend erscheinenden Universum eine Bedeutung verleiht.

Heute ergreift das nationalistische Fieber den gesamten Globus. Im Westen versetzt die nationalistische Ansteckung Irland und Israel in Aufruhr, sie entzweit Belgien, Zypern und Kanada, und sie erhebt sich in Britannien, Korsika und im Baskenland. Der Nationalismus brach den sowjetischen Herrschaftsbereich entzwei und am Ende auch die Sowjetunion selbst. In der Dritten Welt ließ der Nationalismus, indem er den westlichen Kolonialismus überwand, eine ganze Anzahl neuer Staaten entstehen, große und kleine, die sich oftmals bis aufs Messer bekämpfen und alte Streitigkeiten aus grauer Vorzeit wiederbeleben.

Innerhalb von Nationalstaaten bewegt sich der Nationalismus im Gewand von Volkstum oder Tribalismus. Ethnische Gruppen kämpfen in der Dritten Welt Land für Land um Macht und, in verzweifelten Fällen, ums Überleben. Die ethnische Aufwallung in Amerika, weit entfernt davon, einzigartig zu sein, ist ein Teil dieses Fiebers.

II

Die Anrufung der Geschichte ist unverzichtbar für Nationen und Gruppen, die sich anschicken, sich selbst zu finden. Wie anders kann ein Volk die Legitimität seines besonderen Charakters festigen, die Fortdauer seiner Traditionen, die Richtigkeit seines eingeschlagenen Kurses?

---

43 Ernest André Gellner (1925-1995): tschechoslowakisch-britischer Anthropologe, Soziologe und Philosoph.

Geschichte wird oft als Rechtfertigung der herrschenden Klasse heraufbeschworen. „Die Vergangenheit", schreibt der britische Historiker J. H. Plumb[44], „war immer die Dienstmagd der Herrschenden." Das ist Geschichte aus der Herr-im-Haus-Perspektive, geschaffen, um zu zeigen, wie edel, tugendhaft und letztlich unvermeidlich das bestehende Gefüge der Macht ist. Dadurch werden der Status quo bestätigt sowie die Methoden, durch welche die Macht erlangt und bewahrt wird; man könnte es vielleicht „rechtfertigende Geschichte" nennen.

In anderen Fällen wird die Geschichte angerufen, um den Opfern der Macht zu ihrem Recht zu verhelfen oder jene zu rehabilitieren, die sich dem Status quo widersetzt haben. Isaiah Berlin[45] beschrieb, wie die „erniedrigten und besiegten Deutschen" im frühen 19. Jahrhundert schließlich gegen die arroganten Franzosen zurückschlugen:

> Die Deutschen entdeckten bei sich selbst Eigenschaften, die ihre Peiniger weit überragten. Sie kontrastierten ihre eigene tief-innere Spiritualität, ihre wahrhafte Bescheidenheit, ihr selbstloses Streben nach echten Werten - einfach, edel, unvergleichlich - mit den reichen, weltzugewandten, erfolgreichen, oberflächlichen, glatten, herzlosen und moralisch entleerten Franzosen. Diese Einstellung steigerte sich zu einem Fieberanfall während des nationalen Widerstands gegen Napoleon. Sie war in der Tat die ursprüngliche Gestalt der Reaktion von Vielen in einer unterentwickelten, ausgebeuteten oder zumindest bevormundeten Gesellschaft, die, verbittert über ihre offenkundige Unterlegenheit, mit einer Hinwendung zu realen oder eingebildeten Triumphen ihrer Geschichte reagierte oder zu beneidenswerten Attributen ihres eigenen nationalen oder kulturellen Charakters ... Daher auch bei Völkern, die von Minderwertigkeitsgefühlen getrieben werden, die Wertschätzung für ihre wirkliche oder nur imaginierte reiche Vergangenheit, weil diese eine womöglich noch glänzendere Zukunft verspricht.

---

44 Sir John „Jack" Harold Plumb (1911-2001): britischer Historiker und Autor, der zahlreiche Fachbücher insbesondere über die Geschichte Großbritanniens verfasste.

45 Sir Isaiah Berlin (1909-1997): russisch-britischer politischer Philosoph und Ideengeschichtler jüdischer Abstammung.

Das ist Underdog-Geschichte, geschaffen, um das zu zeigen, was Bertrand Russell[46] die „überlegene Tugendhaftigkeit der Unterdrückten" genannt hat, indem man sich eine vergangene Glorie und einstige Ziele herbeierfindet oder sie übertreibt. Man könnte es vielleicht „kompensierende Geschichtsschreibung" nennen.

Sowohl exkulpatorische als auch kompensierende Geschichtsschreibung bedienen sich der Vergangenheit, um die Zukunft zu gestalten. 70 Jahre lang praktizierten sowjetische Gelehrte exkulpierende Geschichtsschreibung, mit der sie unermüdlich jede Windung und Wendung der Parteilinie und jede Laune der Kreml-Diktatoren verteidigten. Dann kam Gorbatschow - und mit ihm *Glasnost,* deren weiterer, überfälliger Verlauf zur Emanzipation der Geschichtswissenschaft führte.

Zum allerersten Male waren sowjetische Historiker frei, Geschichte wahrheitsgetreu wiederzugeben - frei, die Säuberungswellen und die GULAGs zu beschreiben, Stalin und sogar Lenin zu entmythologisieren, Bucharin[47] und selbst Trotzki neu zu bewerten, den Hitler-Stalin-Pakt von 1939 zu verurteilen, Stalins UdSSR einen totalitären Staat zu nennen und selbst die hochheilige Revolution Zweifeln zu unterziehen. „Eine neue Zukunft bedarf einer neuen Vergangenheit", sagte Eric Foner von der Columbia University nach vier Monaten als Dozent an der Moskauer Staats-Universität.

> „Um diese weitreichenden Veränderungen zu legitimieren, zeichnen die Presse und die offiziellen Stellen die Geschichte der Sowjet-Ära jetzt in den düstersten Farben."

So, wie Geschichtsschreibung auf Parteilinie ein Instrument der Diktatur war, so ist historische Debatte ein Instrument der Demokratie.

---

46 Bertrand Arthur William Russell, 3. Earl Russell (1872-1970): britischer Philosoph, Mathematiker und Logiker.

47 Nikolai Iwanowitsch Bucharin (1888-1938): russischer Politiker, marxistischer Wirtschaftstheoretiker und Philosoph. Er nahm an den russischen Revolutionen von 1905 sowie 1917 teil und wurde im Zuge der Stalinschen Säuberungen erschossen.

In Japan lehnte es die Regierung in ihrem Bemühen um eine exkulpatorische Geschichtsschreibung ab, Verantwortung zu übernehmen für Aggressionen und Grausamkeiten, die ein halbes Jahrhundert zurückliegen. Halsstarrig beschreiben japanische Schulbücher die Eroberung Koreas durch Japan und seine Invasion Chinas in derart verniedlichender Weise, dass sie offizielle Proteste von Seoul und Peking provozieren. Jungen Japanern wird beigebracht, ihr Land als Opfer, nicht aber als Verursacher des Krieges im Pazifik zu sehen.

Als der herausragende Geschichtswissenschaftler Prof. Saburō Ienaga[48] versuchte, wie er im Vorwort der englischen Ausgabe seines bemerkenswerten Buches *The Pacific War* schrieb, „dem japanischen Volk die ungeschminkten Realitäten des Krieges zu zeigen", wurde eine offizielle Untersuchung gegen ihn eingeleitet. Japanische Gerichte unterstützten die Zensur, die Ienagas Tatsachenbeschreibung von der japanischen Vergewaltigungsorgie in Nanjing 1937 betraf. Je weniger die japanische Jugend die wahre Geschichte des Krieges gelehrt werde, so beobachtete Ienaga, umso größer erscheine das Risiko einer „vergleichbaren Gefahr" in den kommenden Jahren.

Im Verlauf der 1960er-Jahre gelangten deutsche Historiker zu der Einsicht, die Verbrechen Hitlers als eine einzigartige Verantwortung Deutschlands zu akzeptieren und die Ursprünge des Nationalsozialismus zurückzuführen auf die Geschichte und Kultur Deutschlands im 19. Jahrhundert. Allerdings setzte die Wiederbelebung des deutschen Nationalismus in den 1980er-Jahren eine wissenschaftliche Kampagne in Gang, die die nationale Vergangenheit zu bereinigen versuchte. Hitlers Verbrechen, so argumentierten einige einflussreiche Historiker, seien weder einzigartig noch seien sie besonders deutsch. Alles, was Hitler getan habe, sei eine Art von Nachahmung der von Stalin erfundenen Politik des Genozids, wobei Hitler „Klasse" durch „Rasse" ersetzt habe. Zweifellos habe Hitler schreckliche Dinge getan, aber andere Länder hätten ebenfalls vergleichbare Grausamkeiten begangen, ohne unter der gleichen

---

48 Saburō Ienaga (1913-2002): japanischer Historiker.

internationalen Missbilligung leiden zu müssen. Der Nationalsozialismus sei zwar schändlich, aber nichts Fundamentales, sondern eher eine Sache von Pech und Fehltritten.

Franz-Josef Strauß, der führende konservative Politiker, sagte es einmal so: Die Deutschen dürften sich den Blick auf ihre ruhmreiche Geschichte

> „nicht durch die Sichtblenden dieser verfluchten 12 Jahre zwischen 1933 und 1945 verstellen lassen. Die deutsche Geschichte kann nicht als eine endlose Kette von Verfehlungen und Verbrechen dargestellt werden."[49]

Michael Stürmer, ein konservativer Historiker, kritisiert die deutsche „Besessenheit von ihrer Schuld" und plädiert für eine neue Bejahung nationaler Identität. Stürmer erkennt, was auf dem Spiel steht:

> „Orientierungsverlust und Identitätssuche sind Geschwister. ... Jeder, der glaubt, dass dies keine Auswirkung auf die Politik und auf die Zukunft hat, ignoriert die Tatsache, dass in einem Land ohne Geschichte derjenige die Konzepte definiert, der die Erinnerung besetzt, und der gewinnt die Zukunft für sich, der die Vergangenheit interpretiert."[50]

Geschichtsschreibung ist eine Waffe. Vielleicht hat die Tschechen ihre eigene wechselhafte nationale Geschichte – von der Demokratie zum Nationalsozialismus zum Kommunismus und wieder zurück zur Demokratie binnen eines halben Jahrhunderts – gegenüber manipulativer Geschichtsschreibung besonders empfindlich werden lassen. „Der erste Schritt, ein Volk zu liquidieren, besteht darin, seine Geschichte auszulöschen", sagt ein Historiker in Milan Kunderas Roman *Das Buch vom Lachen und Vergessen*.

> „Zerstöre seine Bücher, seine Kultur, seine Geschichte. Danach lasse jemand anderes neue Bücher schreiben, schaffe eine neue Kultur, erfinde eine neue Geschichte. Binnen Kurzem wird die Nation anfangen zu vergessen, was sie ist und was sie war."

---

49 Rückübersetzung aus dem Amerikanischen. Das deutsche Originalzitat konnte nicht ermittelt werden.

50 Rückübersetzung aus dem Amerikanischen. Das deutsche Originalzitat konnte nicht ermittelt werden.

„Der Kampf des Menschen gegen die Macht", sagt eine andere Romanfigur, „ist der Kampf der Erinnerung gegen das Vergessen."

Vaclav Havel, tschechischer Dramatiker und Präsident des Landes, machte in Gegenwart des österreichischen Bundespräsidenten Kurt Waldheim eine besondere Bemerkung: „Derjenige, der Angst davor hat, sich seiner eigenen Vergangenheit zu stellen", so Havel,

> „muss notwendigerweise das fürchten, was vor ihm liegt. ... Zu lügen kann uns niemals vor der Lüge retten. Diejenigen, die die Geschichte fälschen, schützen die Freiheit nicht, sondern gefährden sie. ... Die Wahrheit macht uns frei von Furcht."

Aufrichtige Geschichtsschreibung ist die Waffe der Freiheit.

III

Amerikanische Geschichte wurde lange im Interesse weißer, männlicher, angelsächsischer Protestanten geschrieben. Mein Vater, der in den 1890er-Jahren in Xenia aufwuchs, einer Kleinstadt in Ohio mit bedeutenden deutschen, irischen und schwarzen Bevölkerungsgruppen, fragte einmal seinen Vater, der als Kind aus Deutschland eingewandert und dessen großes Vorbild der amerikanische Armeeoffizier, Politiker und Reformer Carl Schurz gewesen war, warum die Schulbücher immer nur England als das eine und einzige Mutterland beschrieben. Der trockene Kommentar meines Großvaters war, dass offenbar die einzigen Deutschen, die einer Erwähnung wert seien, „die Hessen sind, die auf der falschen Seite im Unabhängigkeitskrieg gekämpft hatten". Iren und Schwarze kamen in den Schulbüchern noch schlechter weg, und die einzigen guten Indianer waren tote Indianer. Nicht-„WASPs", also Menschen, die weder weiß, angelsächsisch noch protestantisch sind, waren die unsichtbaren Männer (und Frauen) in der amerikanischen Vergangenheit.

Die anglozentrische Dominanz der Schulbücher basierte zum Teil auf unanfechtbaren Tatsachen. Sei es zum Guten oder Schlechten – die amerikanische Geschichte wurde mehr als von irgendetwas anderem durch die britische Tradition und Kultur geformt.

Wie Andrew Hacker, ein Politologe der Queens-Universität, es einmal ausdrückte, mag uns dieser Befund gefallen oder nicht: „Die maßgeblichen Entscheidungen in der Geschichte dieses Landes wurden zum weit überwiegenden Teil von weißen christlichen Männern gefällt." Diese vielleicht beklagenswerte, doch kaum zu bezweifelnde Tatsache zu leugnen würde die Geschichte verfälschen. Doch die Geschichte kann ebenso verfälscht werden durch die Verdrängung der eher hässlichen Aspekte der angelsächsischen Herrschaft - wie kaltschnäuziger Diskriminierung gegenüber späteren Einwanderern, brutaler Rassismus gegenüber nichtweißen Minderheiten - sowie durch die Schaffung von Mythen mit übertriebener Verehrung der eigenen Vorfahren.

Die Mythenbildung begann schon in Parson Weems[51] Biographie über George Washington. Während die anglozentrischen Mythen sich entfalteten, mussten sie manchmal sogar gegen die Briten selbst in Schutz genommen werden. Die Anglophobie starb nur langsam in den USA, und trotz der aktuellen Theorie einer angloschsischen kulturellen Verschwörung gehörten amerikanische „WASPs" - von den Adams im 18. bis zu den Lodges im 20. Jahrhundert - immer zu den führenden Anglophoben.

Nach dem Ersten Weltkrieg wurde gegen pro-britische Propaganda in amerikanischen Unterrichtswerken von Seiten patriotischer Organisationen gehetzt, die davon überzeugt waren, dass die Briten die USA heimtückisch in den Krieg hineingezogen hätten, ähnlich wie 30 Jahre später eine neue Generation von Superpatrioten gegen pro-sowjetische Propaganda zu Felde zog. Gelehrten wurde der Vorwurf gemacht, sich für britisches Gold zu verkaufen und in Verschwörungen verstrickt zu sein, um die Republik wieder in das Empire einzugliedern. Offizielle Untersuchungen wurden gegen „anglisierte" Bücher in New York City, Washington D.C., St. Louis und anderswo eingeleitet. Wisconsin, Oklahoma und Oregon verabschiedeten Gesetze zur „Reinhaltung der Geschichtsschreibung".

51 Parson Weems, eigentlich Mason Locke Weems (1759-1825): Literaturagent und Autor; verfasste die erste Biographie George Washingtons.

Als William Hale Thompson 1927 sich um das Bürgermeisteramt in Chicago bewarb und sich dafür der Unterstützung von Colonel McCormicks anglophober *Chicago Tribune* versicherte, griff er begierig dessen Agitation auf und versprach, Englands „König Georg eines auf die Nase zu geben", wenn er es wagen sollte, nach Chicago zu kommen. In seinem Buch *New Viewpoints in American History* schrieb mein Vater einen ironischen Satz über die Abgeordneten, die gegenüber George V. ihre Reverenz „am Grab George Washingtons, des größten Abtrünnigen und größten Rebellen eines verflossenen Jahrhunderts", ableisteten. Nachdem er *New Viewpoints* auf einer Lektüreliste der Universität von Chicago entdeckt hatte, brandmarkte Big Bill Thompson das „unverschämte Buch" und seinen ebenso infamen Autor dafür, dass er den geheiligten Übervater seines Landes derart charakterisiert hatte. Ein Gefolgsmann Thompsons, ein Mann vom Schlage Damon Runyons mit Namen Sport Herrmann, versuchte, das „mit Verrat befleckte" Buch aus der öffentlichen Bibliothek zu verbannen. Dort wurde er allerdings enttäuscht. Und so kaufte Sport sich selbst ein Exemplar des Buches und verbrannte es in einem patriotischen Freudenfeuer.

Big Bill Thompson, ein früher Multikulturalist, war entschlossen, nicht nur „die Diffamierung amerikanischer Helden zu stoppen", sondern auch dafür zu sorgen, dass den „Heroen irischer, polnischer, deutscher, holländischer, italienischer und anderer Herkunft" Gerechtigkeit widerfahren werde. In gleicher Weise, wie herrschende Gruppen an ihrem Reigen selbstrechtfertigender Mythen festhalten, so suchen ausgeschlossene Gruppen wiederum eine eigene Gegenbestätigung in ihrer besonderen kulturellen und historischen Würde und ihren eigenen Mythen, in denen sie ihre eigenen, verkannten Beiträge zur Entstehung Amerikas feiern und oft auf jene Art und Weise übersteigern, wie es Isaiah Berlin so gut beschrieben hat.

IV

Die ethnischen Enklaven entwickelten dazu eine kompensatorische Literatur. Von Gruppengroll, aber auch von Stolz inspiriert, erliegt diese Literatur sehr häufig der platonischen Versuchung „edler Lügen". Prof. John V. Kelleher, der bedeutende irisch-amerikanische Harvard-Wissenschaftler, lieferte uns ein sanft-satirisches Zeugnis dafür an einem irischen Beispiel:

> Meine erste Begegnung mit irisch-amerikanischer Geschichte in geschriebener Form geschah anhand von Artikeln, wie sie gewöhnlich in kleineren katholischen Magazinen oder in Ausgaben der Bostoner Sonntagszeitungen erschienen. Kleine, aber bombastische Essays über die Tatsache, dass die Kontinentalarmee im amerikanischen Revolutionskrieg zu 76 Prozent aus Iren bestand. Oder dass viele von George Washingtons engsten Freunden Nonnen oder Priester gewesen waren. Oder dass Präsident Abraham Lincoln die wichtigsten Ideen für seine zweite Inaugural-Ansprache vom Ehrenwerten Francis P. Mageghegan aus Alpaca, New York, empfing, einem Pionier der Herstellung gusseiserner Rosenkranzperlen.

Prof. Kelleher hat dies die Es-gibt-immer-einen-Iren-im-Hintergrund-der-die-eigentliche-Arbeit-macht-Einstellung zur amerikanischen Geschichte genannt.

Solcher Ethno-Chauvinismus war allerdings weitgehend begrenzt auf Stammesfeierlichkeiten. Sogar in Boston und Umgebung, wo die Iren die Schulaufsicht und die Aufsicht über die öffentlichen Bücherhallen dominierten, machten sie keinerlei Anstalten, den öffentlichen Schulen ihre kompensatorische Geschichtsbetrachtung in den Curricula aufzudrängen. Je mehr die Iren in der amerikanischen Gesellschaft aufstiegen, so erinnerte sich Kelleher, umso mehr verschwanden die pietistischen Artikel aus der Bostoner Presse. „Heute ist kaum noch einer zu entdecken", schrieb er 1960, „nicht einmal um den 17. März herum, dem St. Patrick's Day. Ich frage mich, wer aktuell das Hauptkontingent der Kontinentalarmee stellt." (Die Antwort wäre wahrscheinlich: Schwarze und Juden.) Kelleher geriet über die Iren ungefähr im Frühling jenes Jahres ins Grübeln, als ein irischer Katholik - John F. Kennedy - zum Präsidenten der USA gewählt wurde - ein Signal schließlich erreichter Akzeptanz, das die Irisch-Amerikaner vom Zwang zur ethnischen Stimmungsmache befreite.

Wer aus einer Gruppe stammt, die einmal ganz unten angefangen hat, der kann, wenn er es zu etwas gebracht hätte, am Ende gar den anglozentrischen Kanon verteidigen. Peggy Noonan, die charmante und witzige irisch-amerikanische Ghostwriterin für den zweiten irisch-amerikanischen Präsidenten Ronald Reagan, drängte 1990 darauf, dass Immigranten nicht etwa über die Heldentaten ihrer eigenen Leute instruiert werden, sondern vielmehr über die „großen, einheitsstiftenden Erzählungen, die die Träume, die charakteristischen Eigenschaften und die besondere Geschichte Amerikas bestimmen." Ansonsten würden wir, so sagte sie,

> „wenn das Wiedererzählen unserer Vergangenheit von dem zwanghaften Skeptizismus des gegenwärtigen Denkens mit seiner schlecht durchdachten Geringschätzung dominiert wird, aufhören, Amerika zu sein".

Keiner hat in den letzten Jahren mit so großem Zorn die akademische Bilderstürmerei angeprangert wie Prof. Allan Bloom, der jüdisch-amerikanische Autor von *The Closing of the American Mind.* „Wir hören für gewöhnlich, wie unseren Gründervätern der Vorwurf des Rassismus gemacht wird, dass sie Mörder der Indianer und Vertreter von Klasseninteressen gewesen seien", schrieb er und verurteilte die Ankläger dafür, dass sie „unsere Überzeugung darüber, was wahr ist, ja, unsere Überzeugung von der Überlegenheit der amerikanischen Prinzipien und unserer Heroen schwächen."

Anklagen sind ein kurzlebiges Phänomen, nichts, worüber man sich erregen sollte. Wenn es irgendetwas Positives anzumerken gibt, tauchen die Ankläger immer zur gegebenen Zeit auf. Der britische Geschichtsjournalist Paul Johnson kann sogar noch aus Präsident Calvin Coolidge[52] einen Helden machen. Geschichte schreitet fort durch kritische Prüfung und Gegenprüfung. Oder, wie es der große niederländische Historiker Pieter Geyl einmal auf den Punkt gebracht hat: „Geschichte ist wahrlich eine Auseinandersetzung ohne Ende."

---

52 John Calvin Coolidge, Jr. (1872-1933): US-amerikanischer Politiker der Republikanischen Partei und von 1923 bis 1929 der 30. Präsident der Vereinigten Staaten.

V

Iren und Juden hatten ihren „Knorpel-Anteil" im amerikanischen Kochkessel, aber letztendlich schafften sie es doch – eben daher auch das Erscheinen von Leuten wie Noonan und Bloom als Verteidiger anglozentrischer Wahrheiten. Ihre Situation ist allerdings grundverschieden von der Situation nicht-weißer Minderheiten. Diese sehen sich nicht mit Snobismus konfrontiert, sondern mit Rassismus.

Im Verlauf beinahe der ganzen amerikanischen Geschichte betrachteten die meisten weißen Amerikaner ihre farbigen Landsleute schlicht als minderwertig und nicht assimilierbar. Erst in der 1960er-Jahren wurde Integration als ein weitgehend akzeptiertes nationales politisches Ziel begriffen. Aber auch damals, als die gesetzlichen Hindernisse für die Integration fielen, blieb es bei sozialen, ökonomischen und psychologischen Widerständen. Schwarze und Indianer konfrontieren die amerikanische Demokratie mit ihrer tragischsten Herausforderung.

Sowohl schwarze als auch rote Amerikaner haben allen Grund, eine historische Wiedergutmachung anzustreben. Den Indianern mangelt es freilich im Gegensatz zu den Afro-Amerikanern an Bevölkerungszahl, politischer Einigkeit, an öffentlicher Sichtbarkeit und an politischem Gewicht. 12 Prozent der Amerikaner sind schwarzer Hautfarbe, und der spürbare Druck, Ungerechtigkeiten in der wissenschaftlichen Forschung der Vergangenheit zu korrigieren, geht meist von ihrer Seite aus. Und tatsächlich: Die Grausamkeit, mit der weiße Amerikaner schwarze Amerikaner behandelten, wurde verschlimmert durch die Ungerührtheit, mit der weiße Historiker die schwarze Geschichte behandelt haben.

Derlei taten sogar die besten Geschichtswissenschaftler wie Frederick Jackson Turner, der das Thema der Sklaverei lediglich als einen „Unfall" abtut, wenn man die amerikanische Geschichte „richtig betrachtet". Oder Charles und Mary Beard, die in ihrem berühmten Buch *The Rise of American Civilization* die Schwarzen als passiv in der Sklaverei und lächerlich in der Wiederaufbauzeit (1865–1877) nach dem amerikanischen Bürgerkrieg beschrieben und nur eine einzige schwarze Leistung anerkannt hatten: die Erfindung des *Ragtime*. Oder Samuel Eliot Morison und Henry Steele Commager, wenn sie über den kindlich-sorglosen Sambo[53] der alten Plantagen schrieben. Man kann durchaus mit W. E. B. Du Bois' Zorn sympathisieren, nachdem dieser die von Weißen geschriebenen historiographischen Darstellungen über die Sklaverei und die Reconstruction[54] nach 1865 gelesen hatte. Er war, so berichtet er,

> „buchstäblich entgeistert darüber, was amerikanische Historiker auf diesem Gebiet angerichtet haben, ... eine der stupendesten Anstrengungen, die die Welt jemals erlebt hat, um Menschen zu diskreditieren."

Das Vorhaben, das Ungleichgewicht zu korrigieren, haben in den vergangenen Jahren sowohl weiße als auch schwarze Historiker auf vorzügliche Weise angepackt. Mit größter Sorgfalt und sehr überzeugend haben Wissenschaftler die hergebrachten Urteile über die Sklaverei, über die Reconstruction und über die Rolle der Schwarzen in der amerikanischen Geschichte revidiert. Nach der Ermordung von Medgar Evers[55] 1963 in Mississippi lud Präsident Kennedy dessen Witwe und Kinder ins Weiße Haus ein. Später sann Kennedy über jene Tage nach, als Radikal-Republikaner[56] wie Thaddeus Stevens[57] sich für eine starke Wiederaufbaupolitik gegenüber dem Süden aussprachen. „Ich komme zu der Überzeugung, dass Thaddeus Stevens Recht hatte", sagte er. „Mir wurde immer beigebracht, ihn als einen Mann voller heimtückischer Vorurteile zu sehen". Heutzutage würde ihm das wohl nicht mehr so beigebracht.

---

53 Afroamerikanischer Junge in einem berühmten US-amerikanischen Kinderbuch.

54 *Reconstruction:* Die Zeitperiode (1865–1877) der Wiedereingliederung der Südstaaten nach dem Sezessionskrieg.

55 Medgar Wiley Evers (1925-1963): ermordeter US-amerikanischer Bürgerrechtsaktivist afroamerikanischer Abstammung.

56 Radikal-Republikaner („Radical Republicans"): Republikaner, die in besonderem Maße für die Sklavenbefreiung waren.

57 Thaddeus Stevens (1792-1868): US-amerikanischer Politiker, Rechtsanwalt und ein außerordentlicher Radikal-Republikaner, bekannt für die Verteidigung geflohener Sklaven.

Der Einstellungswandel sprang über - aus dem Reich der Wissenschaft in die Welt der Populärkultur. *Glory,* Edward Zwicks[58] hervorragender Kinofilm, erzählte für viele weiße Amerikaner zum ersten Male die Geschichte der schwarzen Soldaten im Amerikanischen Bürgerkrieg. Wer hatte je zuvor gewusst, dass 186.000 Schwarze in der „Union Army" des Nordens dienten - ungefähr die gleich Anzahl, wie die gesamte US-Army 1939 an Soldaten besaß?

Doch die Verantwortung von Wissenschaftlern war bloß ein einzelner Faktor bei der Korrekturkampagne. Geschichtsschreibung bleibt eine Waffe. „Die Macht der Geschichte ist stark", schrieb einst Herbert Aptheker[59], der polemische Chronist der Sklavenrebellionen. „Die Unterdrückten brauchen sie für ihre Identität und ihre Inspiration." (Aptheker, ein gläubiger Stalinist, war ein alter Hase im Manipulieren von Geschichte.) „Was die meisten von uns Afro-Amerikanern in dieser Gesellschaft hat verkümmern lassen", sagte Malcolm X[60], „ist unsere komplette Ahnungslosigkeit in Bezug auf die Vergangenheit."

Mehr als Iren, Italiener oder Juden haben schwarze Amerikaner nach Generationen psychologischer und kultureller Lähmung jedes Recht, eine bejahende Bestimmung ihrer Vergangenheit zu suchen. Weit mehr als Weiße nehmen sie sich selbst als Gefangene einer kulturellen „Hegemonie" wahr, die sie überflutet mit weißen Werten und erniedrigenden Selbstbildern. Weiße, so argumentieren einige schwarze Intellektuelle, kontrollieren die „Produktion von Wissen"; die Notwendigkeit besteht darin, die „gesellschaftliche Hegemonie"[61] zu überwinden - also „einen Kanon [zu entwickeln], der die hegemonische Kultur berücksichtigt." Für Schwarze

---

58 Edward Zwick (*1952): US-amerikanischer Filmproduzent, Filmregisseur und Drehbuchautor.

59 Herbert Aptheker (1915-2003): US-amerikanischer Historiker und marxistischer politischer Aktivist. Er schrieb über 50 Bücher, vor allem auf dem Gebiet der Geschichte der Afroamerikaner und der Geschichte der USA im Allgemeinen.

60 Malcolm X (1925-1965): US-amerikanischer Aktivist. Er war ein Anführer der Bürgerrechtsbewegung in den Vereinigten Staaten.

61 „communicentric hegemony"

ist der „amerikanische Traum" ein ziemlicher Alptraum. Weit mehr als Weiße sind sie von einem verzweifelten Bedürfnis getrieben, ihre eigene Identität zu verteidigen.

„Die akademisch-gesellschaftliche Rettung und Wiederherstellung schwarzer Geschichte", so Maulana Karenga[62] in seinem einflussreichen Werk *Introduction to Black Studies* (laut Molefi Kete Asante[63] von der Temple University „ein Wegweiser in der intellektuellen Geschichte der Afroamerikaner"),

> „ist ein unverzichtbarer Teil der Sicherung und Wiederherstellung schwarzer Mitmenschlichkeit. Denn Geschichte ist Substanz und Spiegel des Menschseins eines Volkes in den Augen anderer, aber auch in den eigenen Augen ... nicht nur hinsichtlich dessen, was geschehen ist, sondern auch als Reflektion dessen, was es ist, was es tun kann, und wichtig gleichermaßen für das, was es werden kann...".

VI

Angesichts der amerikanischen Geschichte kann ein Denkansatz kaum überraschen, der da lautet: Immer ist es ein Schwarzer, der eigentlich die ganze Arbeit macht! Ein Mann namens Crispus Attucks führte den Mob an, auf den britische Truppen vor der Revolution während des Boston-Massakers feuerten; er befand sich unter den Getöteten. Er war ein Seemann und von dunkler Hautfarbe, vielleicht ein Mulatte oder ein Inder. Über Crispus Attucks weiß man nicht sehr viel. Aber „ein Buch über Attuck allein nach den Maßstäben wissenschaftlicher Objektivität und historischer Genauigkeit zu bewerten würde den Punkt verfehlen", schrieb ein Kommentator. „Es ignoriert die Notwendigkeit, schwarze Gegenfiguren

62 Maulana Karenga (*1941, urspr. Ronald McKinley Everett): Afroamerikanischer Professor der Afrikanistik, Bürgerrechtler und Autor. Er war führend tätig in the Black-Power-Bewegung der 1960er- und 1970er-Jahre.

63 Molefi Kete Asante, ursprünglich Arthur Lee Smith jr. (*1942): US-amerikanischer Autor und Afrozentrist. Sein Buch *Afrocentricity* prägte den Begriff Afrozentrismus.

zu Nathan Hale[64] und Molly Pitchers[65] aus der weißen Vergangenheit zu schaffen".

Warum ist das notwendig? „In dem Ausmaß", so schrieb der weiße Anthropologe Melville J. Herskovits[66] in seiner Studie über die afrikanischen Vorfahren der Schwarzen Amerikas, „in dem die Vergangenheit eines Volkes für rühmenswert erachtet wird, in diesem Ausmaß steigt sein eigenes Selbstbewusstsein und wird die Meinung anderer vorteilhaft sein." Das Versäumnis, die Vergangenheit zu feiern, sagen heute schwarze Publizisten, so, wie dies britische, irische und jüdische Autoren vor ihnen getan haben, ist ein gewichtiger Grund für ein niedriges Selbstbewusstsein in der Gegenwart. Das Gegenmittel hierzu ist die Wiederentdeckung vergangener Heroen und Herrlichkeiten. „Wir müssen damit aufhören, auf Weiße zu warten, bis sie uns in ihre Geschichtsbücher aufnehmen", meint Professor Jacob Gordon von der Universität Kansas. „Die Juden haben es ganz richtig gemacht. Wir müssen afrozentrierte Studiengänge schaffen und unsere eigenen Geschichtsbücher schreiben".

Die weiße Dominanz in amerikanischen Schulen und Hochschulen, so sagen schwarze Wissenschaftler, resultiert aus eurozentrierter, rassistischer und elitistischer Indoktrination und zugleich aus der systematischen Verneinung schwarzer Werte und Errungenschaften. „Physische Versklavung", so Kofi Lomotey von der State University of New York in Buffalo, wurde abgelöst durch die „psychologische Versklavung". „Innerhalb des Systems der öffentlichen Schulen", schreibt Felix Boateng von der Eastern Washington University, „ist die Orientierungsrichtung so eurozentrisch, dass weiße Schüler ihre Identität für naturgegeben betrachten,

64 Nathan Hale (1755-1776): US-amerikanischer Offizier, Lehrer und einer der historischen Helden der USA.

65 Molly Pitcher (1754-1832): Spitzname von Mary Ludwig Hays, die in einer der Schlachten des amerikanischen Befreiungskrieges gegen die Engländer kämpfte.

66 Melville Jean Herskovits (1895-1963): US-amerikanischer Anthropologe. 1947 verfasste Herskovits einen Aufsatz mit dem Titel *Ethnologischer Relativismus und Menschenrechte,* der von der *Amerikanischen Gesellschaft für Anthropologie* der Menschenrechtskommission der Vereinten Nationen als Stellungnahme zur Kodifizierung einer Menschenrechtserklärung vorgelegt wurde.

während afroamerikanische Studenten vollständig dekulturalisiert sind" – Dekulturalisierung verstanden als „Prozess, in dem das Individuum seiner Kultur beraubt und danach auf andere kulturelle Werte konditioniert wird". Weiße Erziehung, so schreibt Maulana Karenga, verdrängt die Schwarzen als die „Väter und Mütter der Menschheit und der menschlichen Zivilisation", sie ziele darauf ab, schwarze Schüler und Studenten in „obszöne Karikaturen Europas zu verwandeln, in bedauernswerte Nachäffer ihrer Unterdrücker". Ihre Befreiung wäre unmöglich, „solange nicht das weiße Monopol über das schwarze Bewusstsein gebrochen ist." „In gewisser Hinsicht", so Molefi Kete Asante, „tötet das eurozentrische Curriculum unsere Kinder, es löscht ihr Bewusstsein aus".

In Geschichte werden die Kurse zur westlichen Zivilisation als kultureller Imperialismus gesehen, geschaffen, um nicht-westliche Traditionen herabzuwürdigen und Menschen jeglicher ethnischer Herkunft einen westlichen Stempel aufzudrücken. In der Literaturwissenschaft wird der „Kanon", die anerkannte Liste essentiell wichtiger Bücher, als Instrument weißer Machtstrukturen betrachtet. Nirgends können Schwarze eine angemessene Reflexion oder Vertretung ihrer selbst als Schwarze entdecken. Schwarze Schüler und Studenten, so schreibt ein Wissenschaftler, „unterwerfen sich einer Art Gehirnwäsche, die ihnen jene Ichstärke verweigert, die aus Selbstbewusstsein, Selbsterkenntnis und der Sicherheit von Gruppenidentität herrührt". Asante rät schwarzen Studenten, sich zwei Arten von Aufzeichnungen zu machen: eine, die ihnen hilft, das Examen zu bestehen, und eine andere, um sich ihre geistige Gesundheit zu bewahren. „Wenn es heißt, Shakespeare war der größte Autor, der jemals lebte, dann schreib das auf, damit du die Prüfung bestehst. Doch notiere dir zugleich an den Rand: ‚Das ist Unfug.'"

Einige schwarze Lehrer erklären sogar mit Nachdruck, es bestünden ultimative biologische und mentale Unterschiede, und behaupten, dass schwarze Schüler und Studenten nicht auf die gleiche Art und Weise lernen wie weiße und dass der schwarze Verstand in einer genetisch unterschiedlichen Weise funktioniere. Schwarzen Kindern wird im Jargon der Pädagogen nachgesagt, dass sie „Informationen anders verarbeiten". „Es gibt wissenschaftliche Studien, die für die frühen Entwicklungsjahre eine Differenz zwischen weißen und afrikanischen Kleinkindern belegen", sagt Clare Jacobs, eine Lehrerin in Washington, D.C. „Unsere afrikanischen Kinder sind sehr ausdrucksfähig. Jeder unserer Gedanken besitzt eine emotionale Dimension; die westliche Erziehung hat historisch die Gefühle für zweitrangig erklärt." Charles Willie von der Harvard University findet verschiedene einzelne „Intelligenzen", von denen „Kommunikation und Kalkulation", die bei Weißen so geschätzt werden, gerade mal zwei darstellen. Andere Formen von „Intelligenz" sind etwa Singen und Tanzen - in beidem tun sich Schwarze besonders hervor.

Folgt man Prof. Asa Hilliard[67], einem schwarzen Psychologen an der Georgia State University, dann haben schwarze Schüler und Studenten kulturelle Eigenschaften, die Weißen abgehen: „Hochgradige Energie, impulsives Dazwischenreden und lautes Sprechen" (Hilliards Vertrautheit mit Weißen scheint begrenzt zu sein.) Der „Kommunikationsstil" des schwarzen Kindes, so schreibt ein anderer schwarzer Psychologe, Na'im Akbar, schließt eine beträchtliche Körpersprache ein, Bewegungen der Augen, die Positionierung im Raum sowie „Worte, die ihre Bedeutung aus dem Kontext beziehen, aber wenig Bedeutung in sich selber haben", sowie „ein umfassender Gebrauch vieler vorgeprägter Zwischenrufe (manchmal Vulgaritäten)".

Schwarze Kinder anzuleiten, Standard-Englisch zu sprechen, verstärke nur deren Minderwertigkeitsgefühl, so behaupten manche; Schwarze sollten daher, so, wie Hispanoamerikaner in Spanisch, in „schwarzem Englisch" unterrichtet werden - einem Straßen-Slang, auch „Ebonics" genannt, der in den Innenstädten gesprochen wird. Die große Ebonics-Angst von 1996 dramatisierte dieses Thema. Der Schulrat in Oakland, Kalifornien, erklärte Ebonics „nicht zu einem Dialekt des Englischen", sondern zu einer

---

[67] Asa G. Hilliard III (1933-2007), auch als Nana Baffour Amankwatia II bekannt: afroamerikanischer Professor für Erziehungspsychologie, arbeitete über alte afrikanische Geschichte, Kultur, Erziehung und Gesellschaft, insbesondere des alten Ägypten.

Fremdsprache und gewährte den Schulen in Oakland Bundesgelder für Programme, mit denen die „Legitimität und der Reichtum" einer Sprache bewahrt werden sollten. All dies etwa so, als würde man sagen, das Londoner Cockney sei eine Fremdsprache, die von Angehörigen der Londoner Arbeiterklasse gesprochen wird.

Einige Professoren behaupteten sogar, Ebonics sei westafrikanischen Ursprungs, obwohl ein nigerianischer Journalist, der gerade erst in den Vereinigten Staaten angekommen war, Ebonics „völlig unverständlich fand, und diejenigen, die argumentieren, es sei westafrikanischen Ursprungs, erfinden lediglich eine These, um Unsinn zu rechtfertigen." Der Schulrat zog sich unter dem Spott sowohl von Schwarzen als auch von Weißen schnell zurück. Sogar der Pastor Al Sharpton[68] aus New York, der nicht für seine Zurückhaltung in Schwarzenfragen bekannt ist, empfand die Erklärung von Oakland als beleidigend, weil sie impliziere, dass schwarze Kinder nicht in der Lage seien, Standard-Englisch zu lernen.

Der Schulrat von Oakland hatte auch argumentiert, Ebonics sei „genetisch bedingt". Der Besucher aus Nigeria bemerkte hierzu, es liege „sicherlich nicht am afrikanischen Genom". Möglicherweise meinte das Gremium ja nur die genetische „Familie", zu der die Sprache linguistisch gehört.

Andere wiederum behaupteten, die psychologischen Unterschiede zwischen Schwarzen und Weißen besäßen eine organische Grundlage. Weiße müssten, so der schwarze Psychiater Francis Cress, für ihre Überlegenheit kämpfen – als Kompensation für ihre rassische Minderwertigkeit, die in ihrer „genetisch bedingten Unfähigkeit begründet liegt, Melanin-Hautpigmente zu produzieren, die überall für die Färbung der Haut verantwortlich sind." „Schwarze Überlegenheit auf dem Gebiet der mentalen Entwicklung, des neurologischen Zusammenspiels und der psychomotorischen Entwicklung", so meint Amos Wilson, „ist allein dem Besitz eines hohen Melanin-Spiegels geschuldet."

---

68 Al Sharpton (*1954): schwarzer US-amerikanischer Bürgerrechtler, Politiker, Radio- und Fernsehmoderator. Der baptistische Prediger war Kandidat für die US-Präsidentschaftswahlen 2004.

Das Heil liegt in der Verweigerung des weißen, eurozentrischen und rassistischen Zugriffs auf das Curriculum und im Angebot einer Erziehung, die eingeht auf farbige Ethnien, farbige Geschichte und auf farbige Lern- und Verhaltensweisen. Europa hat lange genug regiert; ohnehin ist es die Quelle der meisten Übel in der Welt – die Zeit ist überfällig, die afrikanischen Beiträge zur Zivilisation zu ehren, die so erfolgreich aus den europäischen Curricula ferngehalten werden. Kinder nicht-weißer Minderheiten, die so lange schon durch ihre weißen Hegemone von ihrer Minderwertigkeit überzeugt worden sind, brauchen Unterstützung und Inspiration, die ihnen erst durch die Identifikation mit Rollenvorbildern gleicher Hautfarbe gegeben wird.

„Afrozentrizität" lautet, zumindest für einige, die Antwort, die Asante in seinem gleichnamigen Buch als „das Kernstück der menschlichen Regeneration" beschreibt. Es gibt, behauptet Asante, ein einziges „afrikanisches kulturelles System". Wo immer Menschen afrikanischer Herkunft sich auch befinden, „wir antworten mit dem gleichen Rhythmus des Universums, der gleichen kosmologischen Empfänglichkeit ... Unsere Afrikanität ist unsere höchste Realität." Diejenigen, die sagen, dass Afrikaner und Afroamerikaner, abgesehen von ihrer Hautfarbe, nichts miteinander gemeinsam haben, reden Unsinn. „Es existiert eine emotionale, kulturelle und psychologische Verbundenheit zwischen uns, die den Ozean überspannt." Die menschliche Zivilisation entstammte dem Hochland von Ost-Afrika; „und wahrlich, unsere Vorfahren versammeln sich, um uns zu inspirieren, und bringen uns den Sieg."

VII

Die verspätete Anerkennung des pluralistischen Charakters der amerikanischen Gesellschaft hat eine belebende Wirkung auf das Unterrichten und auf das Schreiben über Geschichte gehabt. Die Frauenbefreiungsbewegung, die Bürgerrechtsbewegung, die ethnischen Revolten und andere Formen von Gruppen-Selbstbehauptungswillen drängten die Historiker, auf die Vergangenheit mit neuen Augen zu schauen. Heute untersuchen Wissenschaftler lange vernachlässigte Forschungsbereiche wie die Geschichte der Frauen, der Einwanderung, der Schwarzen, der Indianer, der Hispanics und der Homosexuellen. Seit langem verstummte Stimmen bringen sich aus dem Dunkel der Vergangenheit erneut zu Gehör.

Das Resultat ist eine Rekonstruktion amerikanischer Geschichte, teils als Verdienst von ethnischem und Gender-Druck, teils als Reaktion darauf. 1987 übernahmen die beiden Bundesstaaten mit den größten und meistdiversifizierten Bevölkerungen – Kalifornien und New York – neue Schul-Curricula für die Klassen 1 bis 12. Beide Curricula erweiterten den stofflichen und den Zeit-Anteil für die Behandlung außereuropäischer Kulturen.

Das New Yorker Curriculum ging bei der Zurückdrängung westlicher Traditionen noch weiter. Ein auf zwei Jahre angelegter Kurs in „Global Studies" teilte die Welt in sieben Regionen auf: Afrika, Südasien, Ostasien, Lateinamerika, Nahost, Westeuropa und Osteuropa, wobei jeder Region die gleiche Behandlungsdauer im Unterricht zugeteilt wurde. Die Geschichte Westeuropas wurde zurückgeschnitten: von einem vollen Jahr auf ein Viertel des zweiten Jahres. Amerikanische Geschichte wurde reduziert auf ein Kapitel über die Verfassung; danach auf Sprünge zwischen Jefferson[69], Jackson[70], dem Bürgerkrieg und die anschließende Reconstruction bis 1877.

Trotz der Multikulturalisierung des Geschichts-Curriculums im Bundesstaat New York 1987 – einer Änderung, die von Wissenschaftlern wie Eric Foner (Columbia-Universität) und Christopher Lasch (Rochester-Universität) gutgeheißen wurde – gab ein gerade neu berufener Dezernent für Erziehung dem Druck von Minderheiteninteressen nach, noch weitergehende Korrekturen des Curriculums zu erwägen. 1989 legte eine Arbeitsgruppe „Minderheiten:

69 Thomas Jefferson (1743-1826) war einer der Gründerväter der Vereinigten Staaten, von 1801 bis 1809 der dritte amerikanische Präsident und der hauptsächliche Verfasser der Unabhängigkeitserklärung sowie einer der einflussreichsten Staatstheoretiker der USA.

70 Andrew Jackson (1767-1845): US-amerikanischer Politiker und von 1829 bis 1837 der siebte Präsident der Vereinigten Staaten. Ferner ist er einer der Gründer der Demokratischen Partei der USA.

Gleichheit und Exzellenz" einen Bericht vor, der schon im ersten Satz seine zentrale Aussage anklingen ließ:

> Afroamerikaner, Amerikaner asiatischer, puertoricanischer Herkunft (Latinos) und amerikanische Ureinwohner wurden alle zu Opfern einer intellektuell-erzieherischen Unterdrückung, die die Kultur, die Institutionen der USA und der euro-amerikanischen Welt für Jahrhunderte bestimmt hat.

Die „systematische Einseitigkeit hinsichtlich der europäischen Kultur und ihrer Derivate", so behauptet der Bericht, „besitzt eine schrecklich zerstörerische Auswirkung auf die Psyche junger Menschen mit afrikanischer, asiatischer, Latino- und Ureinwohner-Abstammung". Die Dominanz „der euro-amerikanischen monokulturellen Perspektive" erkläre, warum „eine große Anzahl von Kindern nicht-europäischer Herkunft sich nicht so entwickelt wie erwartet". Die Revision des 1987er-Curriculums, räumt der Bericht ein, habe mehr Material zu Minderheitengruppen besessen, doch dabei „nur Randbeispiele ‚anderer' Kulturen zu einer angenommenen dominanten Kultur hinzugefügt", was „tief verwurzelten rassistischen Traditionen" nicht entgegenarbeiten könne. Alles, was damit produziert werde, sei „eurozentrischer Multikulturalismus".

Dr. Leonard Jeffries, der Arbeitsgruppen-Berater zur afroamerikanischen Kultur und ein maßgeblicher Autor des Berichts, erkennt „tief verwurzelte Pathologien rassischen Hasses" sogar im Curriculum von 1987. Jeffries, ein umstrittener Lehrer am City College New York (CCNY), beschreibt Europäer als kalte, individualistische, materialistische und aggressive „Eis-Menschen", die sich in Höhlen entwickelt und der Welt die drei „D's" geschenkt hätten: „Dominierung, Destruktion und Tod (death)". Wohingegen Afrikaner, die sich im Licht der Sonne entwickelten, mit intellektueller und physischer Überlegenheit ausgestattet seien, welche das Melanin ihnen schenke; sie sind für ihn die warmen, humanistischen, kommunitären „Sonnen-Menschen". Seinen Klassen am CCNY vermittelt er zugleich, dass „reiche Juden" den Sklavenhandel finanziert hätten.

Der Berater für asiatisch-amerikanische Kultur wiederum forderte mehr Bilder von asiatischen Amerikanern, während der Berater für Latino-Kultur verdammenswürdige Hinweise auf ethnozentrische Vorurteile in der weißen Behandlung etwa des Mexikanischen Krieges oder des Spanisch-Amerikanischen Krieges fand. Die ethnisch korrekte Bezeichnung hätte „Amerikanisch-Mexikanischer Krieg" bzw. „Spanisch-Kubanisch-Amerikanischer Krieg" sein sollen. Ein weiterer Kommentator widersetzte sich dem Terminus „Sklave" allein aus dem Grund, weil es „die Unterdrückung eines Volkes entpersonalisiere. Wenn ein Text dagegen den Terminus ‚versklavte Personen' verwenden würde, dann würde der Akt der Versklavung noch deutlicher hervortreten". Der Berater für Indigene amerikanische Kultur schließlich wünschte sich mehr Berücksichtigung von Indianern sowie eine zweisprachige Erziehung in Irokesisch.

Würde ein neues Curriculum den vier anderen erwähnten Zivilisationen eine gleichwertige Behandlung zuteilwerden lassen, dann, so schlussfolgerte der Bericht der Kommission, würde dies für die

> „Kinder von indigenen Amerikanern, Puertoricanern bzw. Latinos sowie denen von asiatisch-amerikanischer und afroamerikanischer Herkunft ... einen höheren Grad an Selbstwertgefühl und Selbstrespekt vermitteln, während Kinder aus europäischen Kulturen eine weniger arrogante Perspektive gewönnen".

Der Bericht betrachtet die Aufteilung in ethnische Gruppierungen als analytischen Rahmen, um amerikanische Geschichte richtig zu verstehen. Sein Interesse an Geschichte ist weniger eine intellektuelle Disziplin als vielmehr eine soziale und psychologische Therapie mit dem vorrangigen Zweck, das Selbstbewusstsein von Kindern ethnischer Minderheitengruppen anzuheben. Überhaupt nicht bezieht sich der Bericht auf die US-Verfassung oder auf das amerikanische Credo als Mittel und Möglichkeit zur Verbesserung dieses Selbstbewusstseins. Vielmehr verhöhnt Jeffries die Verfassung, indem er es „irgendwie vulgär und abstoßend" findet, „einen Prozess zu glorifizieren, der einem Teil der Bevölkerung unverdiente Belohnungen zuschustert, während der andere Teil, die Mehrheit, unterdrückt wird." Die Vorstellung von der einheitsstiftenden Kraft demokratischer Ideale findet in dem Bericht keinen

Widerhall; ohne Zweifel aufgrund der eurozentrischen Wurzeln, die diese Ideale disqualifizieren. Tatsächlich interessiert sich der Bericht nicht für das Problem, wie sich eine Republik der Vielfalt zusammenhalten lässt. Seine Wirkung ist letztlich, ethnische Spannungen zu billigen und sie zu vertiefen.

VIII

Die jüngste Verbreitung afrozentrierter Programme in öffentlichen Schulen ist ein Spiegelbild der Ideologie des erwähnten New Yorker Projektarbeitsstabes. Diese Programme basieren größtenteils auf einer Serie mit dem Titel „Afroamerikanische Grundlagen-Essays", konzipiert vom afroamerikanischen Erziehungspsychologen Asa Hilliard.

Hilliards Text zur Bild-Serie „Befreie dein Denken - zurück zu den Quellen: Der afrikanische Ursprung der Zivilisation" verweist auf seinen Denkansatz: „Afrika", so schreibt er, „ist die Mutter der westlichen Zivilisation" - ein Argument, das an die Behauptung anknüpft, dass Ägypten ein schwarzafrikanisches Land gewesen sei und der eigentliche Ursprung von Wissenschaft und Philosophie, die westliche Historiker Griechenland zuschreiben. Afrikaner, fährt Hilliard fort, erfanden auch die Geburtenkontrolle und den Karbonstahl. Sie brachten Wissenschaft, Medizin und die Künste nach Europa; tatsächlich seien viele europäischen Künstler, etwa Browning[71] oder Beethoven, in Wahrheit „Afro-Europäer". Sie hätten auch Amerika lange vor Kolumbus entdeckt, und der ursprüngliche Name des Atlantischen Ozeans sei *Äthiopischer Ozean*.

1987 wurden Hilliards *Afroamerikanische Grundlagen-Essays* im Schulsystem von Portland, Oregon, eingeführt. In der Folge wurden sie zur Inspiration für die afrozentrierten Curricula in Milwaukee, Indianapolis, Pittsburgh, Washington DC, Richmond, Atlanta, Philadelphia, Detroit, Baltimore, Camden und in anderen Städten. Während ich diese Zeilen schreibe, werden seine Essays Schulverwaltungen und -administratoren fortgesetzt aufgenötigt, die bemüht sind, bloß das Richtige zu tun.

---

71 Gemeint ist offenbar Robert Browning (1812-1889): englischer Dichter.

John Henrik Clarkes[72] *Grundlagen-Essay zur Sozialkunde* beginnt mit der These, dass „afrikanische Wissenschaftler die letztgültige Autorität zu Afrika“ darstellen. „Ägypten“, so fährt er fort, „war die Geburtsstätte dessen, was später als Westliche Zivilisation bekannt wurde, lange bevor Griechenland und Rom Bedeutung erlangten.“ „Große Zivilisationen“ existierten in ganz Afrika, wo „große Könige mit Stärke und Weisheit über ausgedehnte Imperien“ herrschten. Nach dem Niedergang Ägyptens stiegen großmächtige Imperien in Westafrika auf - in Ghana, Mali und Songhai -, allesamt durch die Brillanz und die Aufgeklärtheit ihrer Verwaltung ausgezeichnet und durch die hohe Qualität ihrer Bibliotheken und Universitäten. Maurische Eindringlinge aus dem Norden plünderten die schwarzen Imperien und verursachten dadurch Westafrikas Niedergang. Europäische Sklavenhändler erfanden danach „fantastische Märchen von Grausamkeiten unter den Afrikanern“, damit der Sklavenhandel wie ein Akt christlicher Nächstenliebe erscheinen konnte. Clarke räumt ein, dass Sklaverei in Westafrika schon vor der Ankunft der Europäer existierte, doch es war, so glaubt er, bloß eine humane, freundliche Art der Leibeigenschaft. Die danach folgende Zerstörung Afrikas wurde dagegen durch „Raffgier und imperialistische Zielsetzungen der europäischen Länder“ verursacht.

Andere *Grundlagen-Essays* argumentieren mit ähnlicher Tendenz, dass Afrika die Geburtsstätte von Wissenschaft, Mathematik, Philosophie, Medizin und Kunst sei und Europa seine Zivilisation von Afrika gestohlen und sich dann in „der böswilligen Entstellung von Afrikas Gesellschaft und Menschen“ engagiert habe, um die enorme Ertragskraft der Sklaverei zu unterstützen. „Das geschah nicht aus reiner Zufälligkeit“, fügt Leonard Jeffries hinzu. „Es geschah als Teil einer Verschwörung, um uns vom Erleben einer Gemeinschaftserfahrung abzuhalten.“ Der Koordinator der multi-kulturellen und multi-ethnischen Erziehung in Portland meint sogar,

---

72 John Henrik Clarke (1915-1998): „pan-afrikanischer“ Autor, Historiker, Professor und Pionier der „Africana studies“ in der Wissenschaft ab Ende der 1960er Jahre.

dass Napoleon persönlich die Nase der ägyptischen Sphinx weggeschossen habe[73], damit die Sphinx nicht als afrikanisch identifiziert werden könne.

Wie andere ausgeschlossene Gruppen vor ihnen beschwören auch schwarze Amerikaner angeblich vergangene Ruhmestaten, um sich für frühere tatsächliche und für noch immer stattfindende Ungerechtigkeiten zu entschädigen. Da ihre Ausgrenzung viel tragischer und schrecklicher gewesen ist als die von weißen Einwanderern, ist ihr Bedürfnis nach Selbstbestätigung ungleich intensiver und leidenschaftlicher. Im Bestreben, afro-zentrierte Curricula etwa an öffentlichen Schulen einzuführen, gehen sie weiter als ihre weißen Vorläufer. Verspätete Anerkennung der Ungerechtigkeiten, die das weiße Amerika so hinterhältig am schwarzen Amerika begangen hat, führte zum Phänomen des weißen Schuldgefühls – in vielerlei Hinsicht keine schlechte Sache, allerdings auch eine Schwachstelle, die zu zynischer schwarzer Ausbeutung und Manipulation einlädt.

Das schwarzamerikanische Dilemma ist eine andere Variante des landläufigen Nationalismusthemas. Kein amerikanischer Wissenschaftler hat profunder über das arabische Bedürfnis nach Identität geschrieben oder schärfer den Westen für seinen Imperialismus und Rassismus angeklagt als der aus Palästina stammende Amerikaner Edward W. Said[74] von der Columbia-Universität. Doch Said erblickt in seinem geliebten arabischen Nahen Osten „das Pathos eines gekränkten, unerfüllten Nationalismus, von Verschwörungsideen befallen". Er warnt vor

> „der provinziellen, sich selbst bemitleidenden Haltung, die beklagt, dass ein weitgehend eingebildeter, monolithischer Westen uns Araber verachte ... Es gibt viele ‚Westen', einige sind uns feindselig gesinnt, andere nicht."

Said warnt ebenso vor

---

73 Aus Anlass der Schlacht bei den Pyramiden seines ägyptischen Expeditionsheeres am 21. Juli 1798.

74 Edward William Said, eigentlich Edward Wadie Saïd (1935-2003): US-amerikanischer Literaturtheoretiker und -kritiker palästinensischer Herkunft. Er galt als Fürsprecher der Palästinenser in den USA.

> „Denkern, die ganz von vorne anfangen möchten und die begeistert, um nicht zu sagen blindwütig die Dinge auf irgendeinen reinen, geheiligten Ursprung zurückführen wollen. Dies hat allerlei Pathologien Zeit und Raum gegeben, sich breit zu machen."

Ernstzunehmende schwarze Wissenschaftler betrachten das schwarze Dilemma mit der gleichen Klarheit.

Geschichtsschreibung als Waffe ist ein Missbrauch der Geschichte. Der hehre Zweck von Geschichtsschreibung ist nicht die persönliche Selbstdarstellung oder das Geltendmachen von Identität, sondern vielmehr die Anerkennung der Komplexität und das Streben nach Wissen. „Wir brauchen Oden nicht des Blutes, an die Mythologie oder an entwurzelte, beklagte oder tote Pflanzen", schreibt Said, „sondern Oden auf lebende Geschöpfe und tatsächliche Begebenheiten."

3 Der Kampf der Schulen

Es ist für schwarze Amerikaner das Selbstverständlichste auf der Welt - so, wie es alle tief verletzten ethnischen Gruppen in der Geschichte immer wieder getan haben-, sich ihres Stolzes zu versichern und Identität zu reklamieren - und das mit tragischer Intensität, weil schwarze Verwundungen so viel tiefer gehen als weiße. Genauso selbstverständlich ist es für großzügig und mitfühlend eingestellte Menschen, seien sie schwarz oder weiß, beim Afrozentrismus mitzuziehen - aus einem Gefühl honoriger Sympathie für jene heraus, die durch die amerikanische Gesellschaft beleidigt und verletzt wurden, aber auch im angemessenen Bestreben, die zugefügten Wunden zu heilen. Doktrinäre Ethnizität im Allgemeinen und ihre dogmatische schwarze Ausprägung im Besonderen werfen nichtsdestotrotz Fragen auf, die einer sorgfältigen und nüchternen Erörterung bedürfen.

I

Kultureller Pluralismus ist in einer ethnisch vielfältigen Gesellschaft eine Notwendigkeit. Die Motive hinter einer Reform der Curricula liegen aber manchmal weit jenseits des Bedürfnisses nach einer angemesseneren Abbildung der Vergangenheit. „Multikulturalismus" entsteht als Reaktion auf den Anglo- oder Eurozentrismus; doch an welchem Punkt geht er über in einen Ethnozentrismus eigener Prägung? Anstatt sich wie erwartet auf alle Kulturen gleichermaßen zu beziehen, wird der Begriff selbst mittlerweile nur auf nicht-westliche, nicht-weiße Kulturen angewandt. Der Vorsitzende der „*Modern Language Association*" fragt sich gar, warum „wir nicht gleichzeitig Studenten westlicher Kultur und des Multikulturalismus sein können".

Ich habe das starke Gefühl, dass der Kult der Ethnizität im Allgemeinen und die afrozentrische Kampagne im Besonderen kein gutes Omen darstellen - weder für die amerikanische Erziehung noch für die Zukunft unserer Republik. Einige der Fragen, die mich umtreiben, möchte ich hier formulieren.

Es gibt dieser Tage kaum etwas, über das man mit größerer Schwierigkeit offen und ehrlich sprechen kann, als „Rasse" und Ethnizität. Zu viele Empfindlichkeiten werden hierbei berührt, zu viele Gelegenheiten für Missverständnisse bieten sich an. Mir mag man vielleicht verzeihen, wenn ich zu erklären versuche, woher ich komme. Meiner Herkunft, aber auch meiner Überzeugung entsprechend glaube ich an den pluralistischen Ansatz beim Schreiben über Geschichte und in der universitären Lehre zur Geschichte. Mein Vater war für seine Generation ein großer Vorkämpfer für Sozialgeschichte, für Stadtkulturgeschichte und für die Geschichte der Immigration. Er war ein aktives, eigentlich sogar das letzte weiße Mitglied des Exekutivrats der *Association for the Study of Negro Life and History* und ein treuer Freund des berühmten schwarzen Historikers Carter G. Woodson[75], aber auch anderer schwarzer Gelehrter wie Charles Wesley, W. M. Brewer, Rayford W. Logan[76], Alruthius Taylor und John Hope Franklin[77].

Ich selbst war zeitweilig Mitglied des Exekutivrats des *Journal of Negro History*. Vor 20 Jahren schrieb ich in dieser Zeitschrift, dass „schwarze Geschichte grundlegend wichtig ist, wenn wir die wirkliche Geschichte der USA in ihrer Großartigkeit, aber auch in ihrem Schrecken begreifen wollen." Ich glaube fest daran, dass es wichtig ist, Amerikaner die Geschichte anderer Kulturen zu lehren: diejenige Ostasiens, Lateinamerikas, des Nahen Ostens, Afrikas und Polynesiens. Ich bin mein ganzes Leben lang ein Verteidiger der Bürgerrechte gewesen.

Kultureller Pluralismus ist aber nicht das Problem und auch nicht der Unterricht in afroamerikanischer oder afrikanischer Ge-

---

75 Carter G. Woodson (1875-1950): US-amerikanischer Historiker. Er erhob als einer der ersten Gelehrten das Studium der afroamerikanischen Geschichte zu einer Fachdisziplin der Geschichtswissenschaft. Daher ist er auch als „Vater der Schwarzen Geschichte" bekannt.

76 Rayford Whittingham Logan (1897-1982): Afroamerikanischer Historiker und pan-afrikanischer Aktivist.

77 John Hope Franklin (1915-2009): US-amerikanischer Historiker und Professor für Geschichte an der Duke University. Bekannt wurde er für seine 1947 veröffentlichte Arbeit *From Slavery to Freedom*. Er war Träger der höchsten zivilen Auszeichnung der USA, der Presidential Medal of Freedom.

schichte. Natürlich sind dies legitime Unterrichtsstoffe. Das Problem ist die ethnozentrische Geschichte, die die New Yorker Arbeitsgruppe, die Grundlagen-Essayisten in Portland und andere afrozentrische Ideologen den amerikanischen Kindern empfehlen. Das eigentliche Problem ist der Unterricht in *schlechter* Geschichte, unter welchem ethnischen Banner ein solcher auch immer geschieht. Kann irgendein Historiker den Plan rechtfertigen, dass die fünf ethnischen Bevölkerungsgruppen, in die die Arbeitsgruppe des Staates New York das ganze Land aufgeteilt wissen will, einen gleichgewichtigen Einfluss auf die Entwicklung der USA insgesamt haben sollen? Ist es eine Aufgabe des Schulsystems, ethnischen und rassischen Stolz zu unterrichten? Ab wann erwächst aus der Obsession um ethnische Unterschiede eine Gefahr für die Idee einer alles überspannenden amerikanischen Nationalität?

Ein Argument für die Etablierung eines Schul-Curriculums zum Thema Afrika besteht darin, dass Schwarzafrika die Geburtsstätte für Wissenschaft, Philosophie, Religion, Medizin, Technologie, kurz all jener großen Errungenschaften sei, die immer fälschlicherweise der westlichen Zivilisation zugeschrieben werden. Aber ist das tatsächlich richtig? Viele Historiker und Anthropologen erachten Mesopotamien als die Wiege der Zivilisation (Beachten Sie zu dieser Diskussion etwa Charles Keith Maisels' Buch *The Emergence of Civilisation* [„Die Entstehung von Zivilisation", A. d. Ü.].). Gäbe es so viele irakische Amerikaner, wie es schwarze Amerikaner gibt, dann hätten wir ohne Zweifel schon längst eine Kampagne für ein Irak-zentriertes Curriculum. Aber es gibt nicht genug irakische Amerikaner, und mit Saddam Hussein hätten sie wahrlich auch andere Sorgen.

Die Sache der Afrozentristen beruht weitgehend auf der Behauptung, dass das alte Ägypten im Wesentlichen ein schwarzafrikanisches Land gewesen sei. Ich bin beileibe kein Experte in ägyptischer Geschichte, aber das sind, so wäre hinzuzufügen, auch die Pädagogen und Psychologen nicht, die den Afrozentrismus propagieren. Ein Buch, das sie oft zitieren, ist Martin Bernals[78] *Black*

---

[78] Martin Bernal (1937-2013): britischer Sinologe, Historiker und Politikwissenschaftler.

Athena [„Schwarze Athene"; Athene, Namensgeberin und Schutzpatronin Athens, ist die antike Göttin der Weisheit, A. d. Ü.], der energische Versuch eines Professors der Cornell-Universität[79], den Einfluss Ägyptens auf das antike Griechenland zu belegen. Bernal stellt tatsächlich keine tiefergehenden Behauptungen über die Pigmentierung der Ägypter an. Allerdings zitiert er Herodot und meint, dass verschiedene ägyptische Dynastien „von Pharaonen geprägt wurden, die man sinnvollerweise schwarz nennen kann."

Frank M. Snowden Jr.[80], der hervorragende schwarze Altphilologe an der Howard-Universität und Autor von *Blacks in Antiquity* [„Schwarze in der Antike", A. d. Ü.], ist dagegen in höchstem Maße skeptisch, die alten Ägypter als schwarz zu bezeichnen. Bernals Annahme, dass Herodot „schwarz" mit der im zwanzigsten Jahrhundert geläufigen Bedeutung gemeint habe, findet seinen Widerspruch, wie Snowden darlegt, „durch Herodot selbst und umfassende Belege bei anderen klassischen Autoren." Frank J. Yurco, ein Ägyptologe am Chicagoer *Field Museum für Naturgeschichte*, kommt, nachdem er Belege hierfür durch Untersuchungen von Mumien, Zeichnungen, Statuen und Reliefs zusammengetragen hat, in der *Biblical Archeological Review* zu dem Schluss, dass die alten Ägypter, ähnlich ihren modernen Nachfahren, in ihrer Hautfarbe variierten: vom hellen mediterranen Typ zum dunkelbraunen Oberägyptens bis hin zum noch dunkleren nubischen Typ der Gegend um Assuan. Die alten Ägypter hätten diese Frage selbst wohl als völlig bedeutungslos empfunden, fügt Yurco hinzu, überrascht über die Anmaßung, „unsere primitiven rassischen Etikettierungen" so ohne weiteres auf eine so beeindruckende Kultur zu übertragen.

---

79 US-amerikanische Privatuniversität mit Hauptcampus in Ithaca, New York. Sie ist eine der acht Universitäten der *Ivy League* und zählt zu den renommiertesten Universitäten der Welt.

80 Frank M. Snowden Jr. (1911-2007): US-amerikanischer Professor für Alte Geschichte an der Howard University. Er galt als größte nationale Sachautorität, was das Leben der Schwarzen in der Antike anbetraf.

Yurcos Urteil über die von John Henrik Clarkes im *Grundlagen-Essay* formulierte Ausarbeitung des Afrozentrismus ist umfassend:

> „eine Mischung aus Falschinformation, Widersprüchlichkeit, absolut irrigen, überholten Informationen und Halbwahrheiten ... wissenschaftlich gesehen nahezu wertlos. ... Es liest sich in Teilen eher wie eine mittelalterliche Chronik anstatt wie eine aktuelle Untersuchung der Geschichte."

Die Altphilologin Mary Lefkowitz in ihrem Buch *Not Out of Africa* [„Nicht aus Afrika", A. d. Ü.] und die Historiker, die in dem von ihr zusammen mit G. M. Rogers herausgegebenen Buch *Black Athena revisited* [„Neubetrachtung der schwarzen Athene", A. d. Ü.] versammelt sind, haben afrozentrische Geschichtsphantasien einer fachkundigen Demontage unterzogen. „Dieses Buch", schreibt der ghanaische Gelehrte K. Anthony Appiah[81] über „*Not Out of Africa*", „ist das bisher Beste, was in der Debatte über den Einfluss Ägyptens auf die klassische griechische Philosophie gesagt wurde." Das Buch hat viel zur Beilegung der Debatte beigetragen.

II

Nicht nur von Ägypten, auch von den ruhmreichen Herrschern Westafrikas erzählen Afrozentristen den Kindern, von den riesigen Gebieten, die diese beherrschten, und von den Zivilisationen, die sie geschaffen hatten – aber natürlich erzählen sie nichts von ihrer tyrannischen Herrschaft, der Grausamkeit ihrer Kriege, den tribalistischen Massakern, dem elenden Los der einfachen Leute, nichts von den in die Sklaverei verkauften Gefangenen, von ihrer Komplizenschaft mit dem atlantischen Sklavenhandel oder dem Fortdauern der Sklaverei in Afrika, auch nachdem sie im Westen bereits abgeschafft worden war.

Was den Tribalismus betrifft, so kommt das Wort *Stamm* [engl. *tribe*, von lat. *tribus „Bezirk"*; A. d. Ü] im afrozentrischen Lexikon

---

81 Kwame Anthony Akroma-Ampim Kusi Appiah (*1954 in London) ist ein analytischer Philosoph, der unter anderem zu Fragen der Semantik, Ethik, Politik sowie interkulturellen Philosophie arbeitet und neben umfangreicher Herausgebertätigkeit Romane schreibt. Er ist Professor an der New York University.

kaum vor. Doch wer kann die Hoffnung hegen, afrikanische Geschichte zu verstehen, ohne ein Verständnis für die Praktiken, die Loyalitäten, Rituale und Blutfehden des Tribalismus zu haben? Schwarze Historiker aus einer früheren Generation wie Carter Woodson schrieben von den „Orgien des Krieges und der Opferung menschlichen Lebens" in westafrikanischen Gesellschaften. Eine solche Bemerkung findet sich nirgends im afrozentrierten Curriculum wieder.

Man kann ewig weitermachen mit dem Zitieren zweifelhafter Behauptungen, die von afrozentrischen Ideologen als Fakten ausgegeben werden – etwa, dass Pythagoras und Aristoteles ihre mathematischen und philosophischen Erkenntnisse von schwarzen Wissenschaftlern aus Ägypten gestohlen hätten. Doch es gibt keinen verlässlichen Beweis dafür, dass Pythagoras oder Aristoteles jemals Ägypten besucht haben. Im Falle von Pythagoras, so Professor L. Pearce Williams, ein Wissenschaftshistoriker der Cornell-Universität, waren die Babylonier und die Ägypter vertraut mit dem Satz des Pythagoras, doch der Beweis seiner Richtigkeit war griechisch. Und im Fall von Aristoteles[82] spottet die Darstellung, Alexander der Große habe die Bibliothek von Alexandria im Auftrag seines alten Lehrers geplündert, jeder Beschreibung – es *gab* kein Alexandria, bevor Alexander die Stadt gegründet hatte! Es ist unter Wissenschaftlern völlig unstrittig, dass die Bibliothek erst ein halbes Jahrhundert nach Alexanders und Aristoteles' Tod eingerichtet wurde. Ideen können grundsätzlich kaum „gestohlen", also vollständig dem eigentlichen Besitzer weggenommen werden, als wären es Juwelen. Und so fragt Diane Ravitch[83] denn auch vernünftigerweise: Wie um alles in der Welt „verliert man Wissen, indem man es teilt?"

Der *Grundlagen-Essay* zu Wissenschaft und Technologie enthält Biografien schwarz-amerikanischer Wissenschaftler, unter

---

82 Aristoteles (384-322), Philosoph und Lehrer Alexanders des Großen (356-323 v. Chr.), der 331 Alexandria gründete.

83 Diane Ravitch (*1938): US-amerikanische Erziehungswissenschaftlerin und stellvertretende US-Erziehungsministerin von 1991-1993.

ihnen Charles R. Drew[84], der als erster das Verfahren zur Konservierung von Blutplasma entwickelte. Drew wurde 1950 bei einem Unfall in North-Carolina schwer verletzt und verlor große Mengen an Blut. „Kein einziges der weißen Hospitäler in der Nähe wollte die dringend benötigte Bluttransfusion ausführen", heißt es im *Grundlagen-Essay*, „und unterwegs zu einem Krankenhaus, das Schwarze behandelte, verstarb er schließlich." Eine abenteuerliche Geschichte - der Erfinder der Blutplasma-Konserve kam ums Leben, weil rassistische Weiße ihm seine eigene Erfindung nicht verabreichen wollten. Nur: die Geschichte ist nicht wahr! Wie Spencie Love in ihrer Biographie *One Blood: The Death and Resurrection of Charles R. Drew* [„*Ein* Blut: Tod und Wiederauferstehung Charles R. Drews", A. d. Ü.] schlüssig zeigt: „Drew wurde umgehend in ein Krankenhaus gebracht und dort von drei weißen Chirurgen angemessen behandelt. Er starb in der Notaufnahme." (Sie weist auch darauf hin, warum sich die Legende verbreitete: Selbst wenn Dr. Drew nicht die Notfallversorgung verweigert wurde, so wurde sie doch vielen anderen schwarzen Amerikanern verweigert.)

Ist es wirklich eine gute Idee, Kindern von Minderheiten Mythen zu erzählen - oder Mythen als Fakten auszugeben? Ein Reporter für den *Oregonian* beschreibt, was sich dieser Tage in den Klassenräumen von Portland, Oregon, abspielt: „[Schwarze Schüler] haben beispielsweise gelernt, dass Afrikaner die beiden Amerikas lange vor Kolumbus entdeckt haben und dass Kleopatra eine Schwarze war." Ist afrozentrischer Chauvinismus so ganz anders als die irisch-amerikanische Legendenbildung, wie sie John V. Kelleher karikiert hat? Führt uns diese unkritische Glorifizierung nicht zurück zu den „edlen Lügen" Platons?

III

Der tiefere Grund für die afrozentrische Kampagne besteht in der Annahme, dass der Zweck von Geschichtsunterricht in der Schule im Wesentlichen therapeutischer Natur ist - nämlich dazu dient,

---

84 Charles Richard Drew (1904-1950): US-amerikanischer Chirurg und Transfusionsmediziner.

ein Selbstwertgefühl unter Kindern von Minderheiten aufzubauen. Dadurch, dass Eurozentrismus nicht-weißen Kindern jede Vergangenheit abspreche, auf die sie stolz sein könnten, sei er die Ursache für schlechte akademische Leistungen. Ethnisches Bewusstsein und Stolz auf die eigene Gruppe sollen hingegen den Sinn für Identität und Selbstachtung unter den nicht-weißen Schülern und Studenten stärken.

Wir alle sind besorgt über den Zustand des amerikanischen Schulsystems, besonders in unseren Städten. Uns allen ist es wichtig, dafür Abhilfe zu finden, insbesondere solche, die kein Geld kostet und nicht zu Steuererhöhungen führt. Ein Überarbeiten der Curricula, der Lehrpläne, kostet nur wenig; es beruhigt militante nicht-weiße Minderheiten, und es mildert die Schuldgefühle der weißen Mehrheitsgesellschaft. Es könnte sogar funktionieren. Aber wird es das auch? Hat der Afrozentrismus ein großes Potenzial zu funktionieren, gerade auch nach seinen eigenen Maßstäben?

Werden schwarze Kinder wirklich besser in der Schule, wenn ihnen beigebracht wird, dass alles, was die Welt an Gutem hervorgebracht hat, letztlich aus Afrika stammt? Diese Behauptung stellt eine lebendige Beziehung her zwischen Schwarz-Amerika und Afrika, speziell zu Ägypten als dem vorrangigsten Beweisstück des Afrozentrismus. Doch jeder Konnex zu den Ägyptern, welcher Hautfarbe sie auch immer gewesen sein mögen, und schwarzen Amerikanern ruht auf sehr fragiler Grundlage.

Schwarze Amerikaner führen ihre Wurzeln nicht zurück auf das alte Ägypten. Die große Mehrzahl ihrer Vorfahren kam aus Westafrika, insbesondere von der Küste Guineas. Sie entstammten einer Vielzahl von Stämmen und sprachen eine Vielzahl von Sprachen. Prof. Ali Mazrui[85] gibt an, dass Afrika etwa 850 eigene ethnische und sprachlich unterscheidbare Gruppen umfasst. Jegliche Homogenität unter den Sklaven ist nicht auf die afrikanische Stammesherkunft zurückzuführen, sondern auf die Bedingungen auf den amerikanischen Plantagen.

---

85 Ali Al'amin Mazrui (1933-2014): In Kenia geborener US-amerikanischer Professor und politischer Autor zu Afrikanistik, Islamwissenschaft und Nord-Süd-Beziehungen.

Doch wie steht es um den Afrozentrismus und die Vorstellung, dass das schwarze Hirn in genetisch distinktiver Weise funktioniert? Könnte es da nicht doch noch besonders exklusive psychologische und biologische Verbindungen zu Afrika geben? Der „einzigartige Status" der schwarzen Psychologie, so behauptet der schwarze Psychologe Wade Nobles[86], stamme von einer „grundlegenden afrikanischen Philosophie, die die Werte, Sitten, und Verhaltensweisen von Afrikanern sowohl in Afrika als auch in der Neuen Welt bestimmt." Dieses Gedankenkonzept hat offensichtlich eine starke Affinität zu Léopold Senghors[87] Konzept der *„Negritude"*, die in ihrer ursprünglichen Gestalt Schwarze überall als genetisch mit ganz besonderen menschlichen Werten, besonderem psychologischen Erbgut und einem eigenen kulturellen Stil ausgestattet sah. „Emotion ist negrid", sagte Senghor, „so, wie die Vernunft hellenisch ist."

Doch ist, außer man hat sich dem biologischen Determinismus verschrieben und akzeptiert, dass der Besitz einer schwarzen Haut eine einzigartige schwarze Mentalität und einen einzigartigen schwarzen Charakter herausbildet, kaum zu erkennen, welche lebendige Verbindung zwischen amerikanischen Schwarzen heute und ihren doch sehr verschiedenen westafrikanischen Vorfahren drei Jahrhunderte zuvor besteht. Und biologischer Determinismus - die Theorie, dass Hautfarbe die Mentalität bestimme - ist natürlich nur ein anderes Wort für Rassismus. Biologischer Determinismus ist exakt die Theorie, die die Verfechter der Sklaverei im Süden der USA vor dem Bürgerkrieg heranzogen. Es ist grotesk zu hören, dass Schwarze sich heute auf dieselbe Theorie berufen.

Bis vor Kurzem hätten nur sehr wenige schwarze Amerikaner ihre afrikanische Verbundenheit als ein wichtiges Thema in ihrem Leben betrachtet. David Walker[88] sagte 1829 über Amerika in seinem *Appell an die farbigen Bürger dieser Welt*: „Dieses Land, das wir

---

86 Wade W. Nobles: Professor emeritus im „Department of Africana Studies" an der San Francisco State University, Pionier des „African-American Psychology Movement".

87 Léopold Sédar Senghor (1906-2001) war ein senegalesischer Dichter und Politiker und von 1960 bis 1980 der erste Präsident des Senegal.

88 David Walker (1785-1830) war ein schwarzer, US-amerikanischer Abolitionist.

mit unseren Tränen und unserem Blut bewässert haben, ist nun unser Vaterland." „Keine einzige Idee hat den Farbigen dieses Landes mehr Unterdrückung und Verfolgung eingebracht", schrieb der große Frederick Douglass[89], „als jene, die Afrika und nicht Amerika zu ihrer Heimat machen will. Es ist diese wölfische Idee, die uns vom Bürgersteig abdrängen will und die uns unsere Bürgerrechte beschneiden will." Als die befreiten Sklaven sich nach der Emanzipationsperiode ihre Nachnamen wählten, da suchten sie keine afrikanischen Namen aus, sondern die Namen amerikanischer Helden: Washington, Jefferson, Jackson, Clay oder Lincoln. „Jahrhunderte der Sesshaftigkeit, der mühseligen Arbeit und des Leidens haben uns zu Amerikanern gemacht", sagte 1874 ein schwarzer High-School-Direktor in Ohio: „In Sprache, Zivilisation, in Ängsten und Hoffnungen sind wir Amerikaner."

„Weder mein Vater noch mein Großvater haben Afrika jemals gesehen, noch waren sie sich seiner Bedeutung bewusst oder kümmerten sich besonders um diesen Kontinent", erinnert sich W. E. B. Du Bois. Seine eigenen schwarzen Mitarbeiter in der *National Association for the Advancement of Colored People*, so erinnert sich Du Bois weiter, „hatten eine starke Abneigung gegenüber allem Afrikanischen ... Sie fühlten sich als Amerikaner, nicht als Afrikaner. Sie verbaten sich ängstlich alles, was mit Afrika zu tun hatte". Obwohl Du Bois selbst seine letzten Jahre in Westafrika verbrachte, hatte er doch früher den Bezug zu Afrika zurückgewiesen:

> „Ein für allemal: Lasst uns uns klar darüber werden, dass wir Amerikaner sind, dass wir mit den frühesten Siedlern hierher gebracht wurden und dass die besondere Art der Zivilisation, aus der wir kamen, es für unser aller Überleben zwingend erforderlich machte, die westlichen Sitten und Lebensweisen vollständig zu übernehmen; kurz: *Es gibt nichts, das so indigen, so vollständig ‚made in America' ist wie wir.*"

---

89 Frederick Douglass (1817 oder 1818-1895): ehemaliger Sklave und späterer Abolitionist und Schriftsteller. Er galt als einflussreichster Afroamerikaner des 19. Jahrhunderts.

Von Zeit zu Zeit weckten schwarze Führer, etwa Martin Delany[90] in der Mitte des 19. Jahrhunderts oder Marcus Garvey[91] in den 1920er-Jahren, ein vorübergehendes Interesse an Afrika. Doch Delanys Kampagne scheiterte am Bürgerkrieg, und Garvey war ein Jamaikaner, der seine Zurück-nach-Afrika-Visionen in England entwickelte; sein amerikanischer Einfluss war nur von kurzer Dauer. Mussolinis Angriff auf Äthiopien 1935 setzte noch einmal ein anfallartiges Interesse frei, das jedoch ebenfalls nur kurzlebig war.

Ich erinnere mich noch an den Präsidentschaftswahlkampf 1956. Adlai Stevenson[92], für den ich damals arbeitete, hatte nur eine schwache Agenda, was die Bürgerrechte in Amerika betraf, aber eine starke in Bezug auf den afrikanischen Nationalismus. Ich schlug daher einer Gruppe schwarzer Sympathisanten Stevensons vor, dass dieser vielleicht vor einem schwarzen Auditorium über das Thema „Afrika den Afrikanern" sprechen und er damit sein Defizit bei Bürgerrechtsthemen ausgleichen könnte. Meine so angesprochenen Freunde lachten nur und meinten, dass schwarze Amerikaner nichts weniger interessiere als Afrika.

„In keiner logischen Hinsicht kann der amerikanische Neger noch als Afrikaner betrachtet werden", schrieb der radikale schwarze Ökonom Abram L. Harris. Der schwarze Pädagoge Horace Mann Bond[93] sprach 1959 von der „traditionellen Aversion des amerikanischen Negers gegenüber Afrika und afrikanischen Angelegenheiten". 1964 schrieb der Soziologe Milton Gordon[94] über

---

90 Martin Robison Delany (1812-1885): US-amerikanischer Arzt, Journalist und Autor, mutmaßlich erster Vertreter eines schwarzamerikanischen Nationalismus.

91 Marcus Mosiah Garvey (1887-1940): jamaikanischer Politiker, Publizist und radikaler Panafrikanist, Gründer der Universal Negro Improvement Association (UNIA).

92 Adlai Ewing Stevenson (1900-1965): US-amerikanischer Politiker der Demokratischen Partei, zwischen 1949 und 1953 Gouverneur von Illinois. Er war 1952 und 1956 Kandidat seiner Partei für die Präsidentschaftswahl.

93 Horace Mann Bond (1904-1972): US-amerikanischer Universitätspräsident (Lincoln University).

94 Milton Myron Gordon (*1918): US-amerikanischer Soziologe, bekannt durch seine Theorie von den „Sieben Stadien der Assimilation".

schwarze Amerikaner: „Ihr Sinn für die Identifikation mit den afrikanischen Nationalkulturen ihrer Vorfahren ist praktisch nicht vorhanden." „Der Neger ist ein Amerikaner", sagte Martin Luther King Jr. zu Robert Penn Warren[95]. „Wir wissen nichts über Afrika."

Countee Cullens[96] Gedicht fasst es zusammen:

What is Africa to me:
Copper sun or scarlet sea,
Jungle star or jungle track,
Strong bronced men, or regal black
Women from whose loins I sprang
When the birds of Eden sang?

One three centuries removed
From the scenes his fathers loved,
Spicy grove, cinnamon tree,
What is Africa to me?

Was ist noch Afrika für mich:
Kupfersonne? Scharlachrotes Meer?
Dschungelstern oder Urwaldpfad?
Starke Männer, bronzehäutig? Königliches Schwarz?
Frauen, deren Lenden ich entsprungen
Als die Vögel Edens sangen?

Ein, ja drei Jahrhunderte entfernt
Von geliebten Bildern meiner Väter,
Gewürzhain oder Zimtbaum?
Was ist noch Afrika für mich?

IV

Offensichtlich haben sich die Einstellungen gegenüber Afrika in den letzten 25 Jahren stark verändert. Amerikanischer Afrozentrismus ist wirklich ein Fall von „Erfindung einer Tradition", wie es

---

95 Robert Penn Warren (1905-1989): US-amerikanischer Schriftsteller und Literaturkritiker.

96 Countee Cullen, (1903-1946): US-amerikanischer Autor, führender Dichter der „Harlem Renaissance".

der englische Historiker Eric Hobsbawm[97] ausdrückte. Alex Haleys[98] überzeugender Roman *Roots* half, die Aufmerksamkeit des Publikums für die Tradition zu wecken; wäre Harley allerdings, wie Ishmael Reed[99] später beobachtete, mehr den Herkunftsspuren seines Vaters als denen seiner Mutter gefolgt, „dann wäre er wohl 12 Generationen zurückgereist - nicht nach Gambia, sondern nach *Irland*".

Der große Stimulus hierfür war weniger die Bürgerrechtsrevolution, die sich stürmisch ohne Begünstigung des Afrozentrismus entwickelt hatte, als vielmehr der Stolz, der dem Entstehen unabhängiger afrikanischer Staaten folgte - für viele schwarze Amerikaner ein Beweis für ethnische Virilität, ähnlich jener, die die Gründung Israels für viele amerikanische Juden besaß. Die Analogie ist freilich nicht ganz stimmig. Wo jüdische Amerikaner noch mit Stolz auf die Leistungen Israels schauen können (oder konnten, jedenfalls bis vor kurzem), müssen Afroamerikaner, denen nur schwerlich gelingt, etwas Bewunderungswürdiges im gegenwärtigen Liberia, Uganda oder Ghana zu finden, stattdessen sich nach Momenten des Ruhmes in der dunklen Vergangenheit umsehen.

Die Glorifizierung einer afrikanischen Vergangenheit wurde begleitet durch eine Kampagne zur Ersetzung englischer „Sklaven"-Namen durch afrikanische Namen, zum Tragen afrikanischer Kleidung und zur Wiedererweckung afrikanischer Rituale. LeRoi Jones[100], der 1962 sagte, dass „Geschichte für den Neger, vor Amerika, eine emotionale Abstraktion bleiben musste", sah Afrika jetzt viel konkreter und änderte seinen Namen um in Amiri Baraka. Aus Arthur Smith wurde Molefi Kete Asante, der andere dazu aufrief, sich ebenfalls afrikanische Namen zu geben: „Nur solche Namen spiegeln unser Bewusstsein wider."

---

97 Eric John Ernest Hobsbawm (1917-2012): britischer Universalhistoriker mit sozial- und wirtschaftshistorischen Schwerpunkten.

98 Alexander Haley (1921-1992): schwarzer US-amerikanischer Schriftsteller. Bekannt wurde er weltweit durch seinen Roman *Roots*, der zur Vorlage einer erfolgreichen TV-Serie wurde.

99 Ishmael Reed (*1938): US-amerikanischer Schriftsteller.

100 LeRoi Jones (1934-2014): US-amerikanischer Lyriker, Dramatiker, Musikkritiker und Prosa-Autor.

Während Asa Hilliards Konferenz über die „Einfügung afrikanischer und afroamerikanischer Bildungsinhalte ins Schul-Curriculum" wurde John Henrik Clarke durch eine Ashanti-Inthronisierungszeremonie geehrt: zuerst durch das Blasen eines Muschelhorns, danach durch Schlagen der Trommeln, schließlich durch die dreimalige Herabsenkung Clarkes auf einen Ehren-Sessel. „Fünf Männer in Schärpen und mit nacktem Oberkörper, um ihre Köpfe goldene Armreifen, schritten herein", berichtete Andrew Sullivan in der *New Republic*. „Sie trugen einen riesigen gelben Sonnenschirm, auf dessen Spitze sich ein kleiner Elfenbein-Elefant befand".

In einer weiteren zeremoniellen Sitzung meinte Abena Walker, dass afrozentrische Erziehung in Washington, D.C., sich ganz und gar auf Riten, Musik und Mantras stütze; Kinder würden „durch Rhythmus und Rappen lernen". Wade Nobles, in eine lilablaue Robe gehüllt, trug einen Fetisch nach vorne aufs Podium, um alle Übel zu bannen, und beachtete dabei sorgfältig die afrikanische Sitte, zunächst um Erlaubnis bei den Ältesten zu bitten, bevor man zu sprechen beginnt.

> „Wenn wir anderer Leute Theorien annehmen", fuhr Nobles fort, „dann sind wir wie Frankenstein [er meinte Frankensteins Monster, A.S.] und folgen einem fremden Willen. Es ist so, als ob jemand wirklich gutes Zeug trinken und es danach ausspucken würde und wir dann das Ausgespuckte auffangen und es unsererseits trinken müssten .... Werdet keine Kotzeschlürfer!"

Auch jenseits des vulgären Ausbruchs, der das europäische intellektuelle Erbe als Erbrochenes ablehnt, hat das alles etwas Trauriges an sich. Es gibt allerdings kaum Hinweise darauf, dass diese Erfindung einer Tradition sehr viel mehr ist als der Zeitvertreib von ein paar zornigen, ehrgeizigen, vielleicht verzweifelten Eiferern und Gaunern. Deren Wirkung ist allerdings bedeutsamer für das Schuldgefühl von Weißen als für das Alltagsdenken der schwarzen Bevölkerung.

Die Afrikanisierung der schwarzen Amerikaner ist nicht besonders weit gediehen. Vielleicht weil, wie der schwarze Historiker

Nathan Huggins[101] schrieb, „ein Afroamerikaner und der Enkel eines polnischen Immigranten sehr viel mehr miteinander gemeinsam haben als der Erstgenannte mit einem Nigerianer oder letzterer mit einem Arbeiter aus Warschau." Wenn schwarze Amerikaner Afrika besuchen, dann nehmen Afrikaner sie, was sogar Asante zugibt, vollständig als Amerikaner wahr und praktisch überhaupt nicht als Afrikaner.

Wer auch nur irgendetwas über Afrika weiß, so schrieb der schwarze Kolumnist der *Washington Post* William Raspberry, der weiß, dass es keine einheitliche „afrikanische" Kultur gibt, von der schwarze Amerikaner abstammen:

> „Während einige Afrikaner eine Universität in Timbuktu gründeten, waren andere mit Sklavenhandel, Stammeskriegen oder mit Kannibalismus beschäftigt. Einige Afrikaner waren Monotheisten, andere wiederum Animisten. So, wie ihr europäisches Gegenüber auch, haben einige von ihnen brillante Philosophien entwickelt, während andere Wilde waren."

Hinsichtlich des afrozentrischen Curriculums, fügt Raspberry hinzu, ist es „eine fragwürdige Annahme, dass schwarzen Kindern, die nur eine vage Vorstellung von ihrer afrikanischen Herkunft haben, afrikanische Kultur leichter eingeimpft werden könne als amerikanische Kultur, der sie sich tagtäglich ausgesetzt sehen."

Schwarze Peace-Corps-Freiwillige in Afrika, so beobachtete David Riesman, Soziologe und Peace-Corps-Berater, kehrten vom Pfad ihrer Vorfahren in ihre „reale" Heimat zurück – mit einem neuen Bewusstsein ihres „fundamentalen Amerikanertums". Am Ende fanden sie sich – Mitwirkende und Opfer zugleich – als Kinder der amerikanischen Kultur wieder, nicht der afrikanischen.

V

Selbst wenn Amerika tatsächlich eine spontane und authentische Beziehung zu Afrika hätte: würde dann das Lernen über Afrika das Selbstbewusstsein schwarzer Kinder verbessern?

---

101 Nathan Irvin Huggins (1927-1989): Professor an der Harvard University, führender Wissenschaftler auf dem Gebiet der African-American Studies.

Die New Yorker Arbeitsgruppe zur Überarbeitung des Curriculums behauptet, die monokulturelle eurozentrische Ausrichtung habe „eine schrecklich zerstörerische Auswirkung auf die Psyche von jungen Menschen afrikanischer, asiatischer, Latino- und Ureinwohner-Herkunft". Die Idee, dass Europa eine einzige, homogene Kultur hervorgebracht habe, erscheint ziemlich verrückt. Was ist so „monokulturell" an der wilden Mixtur von Menschen aus Reykjavik bis Athen, von Lissabon bis Omsk? Können Henry Adams[102] und jene Person, die er einmal als „einen verstohlenen Jakob oder Isaak" beschrieb, „der noch immer nach Ghetto stinkt und in ulkigem Jiddisch die Zollbeamten an der Grenze anknurrt", im Ernst als Produkt einer einzigen Kultur angesehen werden? Churchill und Hitler, Franz von Assisi und Machiavelli, Perikles und Dracula – monokulturell?

Auf jeden Fall bietet der Bericht der New Yorker Curriculums-Arbeitsgruppe keinerlei Beweis für die Behauptung, dass eine eurozentrische Ausrichtung die Psyche von Kindern aus Minderheitengruppen zerstört. Soweit ich es recherchieren konnte, gibt es keine empirische Studie, die zeigen würde, dass ein hohes Selbstwertgefühl zu besseren akademischen Leistungen führt. Tatsächlich geht ein hohes Selbstwertgefühl oft mit geringen Leistungen einher. Experten der berühmten kalifornischen Arbeitsgruppe zum Thema Selbstwertgefühl kamen zu dem Schluss, dass „der Zusammenhang zwischen Selbstwertgefühl und den erwarteten Folgen durchmischt, ohne Signifikanz oder nicht vorhanden ist".

Der Theorie nach überwindet das Eintauchen in die Geschichte der eigenen ethnischen Gruppe die Gefühle von Unterlegenheit durch das Erzeugen von Stolz auf vergangene ethnische Errungenschaften und durch das Anbieten ethnischer Vorbilder zur Inspiration für künftige Leistungen. Schwarzen Kindern zu erzählen, wie wundervoll das alte Afrika gewesen ist, bringt sie dazu, härter und besser zu arbeiten. Aber verbessert die Kenntnis vom Ruhm des alten Griechenland oder die von der Größe Roms die

---

102 Henry Adams (1838-1918): US-amerikanischer Historiker und Kulturphilosoph.

akademischen Leistungen von griechisch- oder italienischstämmigen amerikanischen Kindern? Anscheinend wohl nicht so sehr, als dass man davon gehört hätte. Warum soll es dann schwarzen Kindern helfen, die von ihren ursprünglichen Wurzeln nicht erst seit 50, sondern schon seit 300 Jahren getrennt sind?

Auch zwei weiteren Gruppen der amerikanischen Gesellschaft scheint die Abwesenheit von historischen Vorbildern nicht geschadet zu haben: den jüdischen Amerikanern und den Amerikanern asiatischer Herkunft. Es gibt keine Curricula an öffentlichen Schulen, die semitozentrisch oder asiatozentrisch wären und die Zivilisationen ihrer Vorfahren feierten. Und doch haben jüdische Amerikaner und, in noch stärkerem Maße, insbesondere Amerikaner asiatischer Herkunft – sie stellen 3 Prozent der Gesamtbevölkerung und 30 Prozent der Studenten an der Universität Berkeley – akademischen Erfolg, der weit überproportional zu ihrem Anteil an der Gesamtbevölkerung ist.

Nach dem ursprünglichen, maßlosen New Yorker Arbeitsgruppen-Bericht setzte der Schulbevollmächtigte ein neues Komitee ein, das zu gegebener Zeit einen seinen Argumenten nach erheblich maßvolleren Bericht vorlegte, dessen Implikationen dennoch spaltende Tendenz besitzen. Schüler sollten, so empfahl der Bericht, „kontinuierlich" ermuntert werden, sich selbst auf ihr kulturelles Erbe hin zu befragen und warum sie stolz auf dieses Erbe sein sollten: „Warum ich Verständnis und Respekt für meine eigene(n) Kultur(en), Sprache(n), Religion und meine nationale Herkunft entwickeln sollte."

Wäre es für Studenten aber nicht sehr viel angemessener, „kontinuierlich" ermuntert zu werden, die amerikanische Kultur zu verstehen, in der sie aufwachsen und in der sie sich auf eine aktive Rolle vorbereiten, um diese Kultur zu formen? „Wenn ich ein Neuankömmling in Eurem Land bin", sagt der mexikanisch-amerikanische Schriftsteller Richard Rodriguez,

> „warum mich dann über meine Vorfahren belehren? Ich muss etwas über die Puritaner des 17. Jahrhunderts wissen, um einen Sinn für jene Rebellion zu bekommen, die ich überall in der amerikanischen Stadt bemerkt habe. Bringt mir etwas über die verrückten britischen Könige bei, damit ich die

> amerikanische Vorliebe für Bilderstürmer verstehe. Dann lehrt mich etwas über Cowboys und Indianer; ich sollte wissen, dass Tragödien dieses Land geschaffen haben, das mich erschaffen wird."

Sollte das öffentliche Schulsystem nach Ethnie und Hautfarbe getrennte Subkulturen stärken und perpetuieren? Oder sollte es nicht vielmehr versuchen, unsere Jungen und Mädchen dazu zu bringen, eine gemeinsame amerikanische Kultur mitzugestalten?

Lassen Sie mich hier eine Ausnahme von meinem allgemeinen Vorschlag machen – es geht um den Fall der amerikanischen Indianer. Denn diese sind die Erben und Hüter einzigartiger Kulturen, deren alleinige Besitzer sie sind. Wenn die Italo-Amerikaner zum Beispiel die Verbindung zur Kultur ihrer Ahnen verlieren, bedeutet das nicht das Aussterben der italienischen Kultur. Schließlich wird Italien immer noch da sein. Aber wenn die Indianer die Verbindung zu ihren Kulturen verlieren, dann verschwinden diese Kulturen für immer, die Menschheit verarmt. 1996 gab es auf der Nachrufseite der *New York Times* eine melancholische Schlagzeile: „Red Thunder Cloud, 86, stirbt und die Catawba-Sprache mit ihm." Für den Sonderfall der amerikanischen Indianer scheint der Schutz getrennter Communities daher gerechtfertigt.

Im Allgemeinen aber bekommt man den Eindruck des Fehlens von Authentizität, wenn öffentlichen Schulen die Aufgabe aufgebürdet wird, Kinder von den Schönheiten ihrer jeweiligen ethnischen Herkunft zu überzeugen. Ethnische Subkulturen würden, wenn sie echte Vitalität besäßen, von Familie, Kirche und der jeweiligen Gemeinschaft schon hinlänglich an die Kinder herangetragen. Es ist sicherlich nicht die Funktion des öffentlichen Schulwesens, künstlichen ethnischen Chauvinismus zu befördern.

VI

Warum eigentlich sollte man annehmen, dass Stolz und Inspiration nur von Menschen mit gleicher Ethnizität erhältlich sind? Können nur Verwandte Vorbilder sein? Offensichtlich ist dies nicht der Fall. Im Alter von 12 Jahren entdeckte Frederick Douglass ein Buch mit dem Titel *The Columbian Orator*[103], das Reden von Burke, Sheridan, Pitt und Fox enthielt. „Zu jeder Gelegenheit, die sich mir bot", sagte Douglass später, „pflegte ich in diesem Buch zu lesen." Die dort versammelten Reden

> „verliehen wichtigen meiner eigenen Gedanken Worte – Worte für Gedanken, die mir häufig blitzartig durch den Kopf geschossen, aber aufgrund von fehlender Möglichkeit, ihnen Ausdruck zu verleihen, wieder abgestorben waren. ... Was ich Sheridan verdanke, ist eine kraftvolle Zurückweisung der Sklaverei und eine ebenso starke Bekräftigung der Menschenrechte. Diese Schriften zu lesen versetzte mich in die Lage, meine eigenen Gedanken zum Ausdruck zu bringen."

Douglass empfand die Tatsache, dass die Redner Weiße waren, nicht als ein unüberwindliches Hindernis.

Auch W. E. B. Du Bois ließ der Kontakt mit eurozentrischer Tradition nicht kleiner werden.

> „Ich sitze mit Shakespeare, und er zuckt nicht zurück. Ungeachtet unserer verschiedenen Hautfarben schreite ich mit Balzac und Dumas zusammen in güldenen Hallen, wo Männer lächeln und Frauen uns willkommen heißen. ... Ich rufe mir Aristoteles und Marc Aurel herbei und wen auch immer ich möchte, und sie kommen alle – freundlich, weder herablassend noch geringschätzend. Der Wahrheit verbunden, lebe ich auf diese Weise oberhalb des Schleiers."[104]

Oder man höre Ralph Ellison[105]:

> „In Macon County, Alabama, lese ich Marx, Freud, T. S. Eliot, Pound, Gertrude Stein und Hemingway – in Büchern, die selten, wenn überhaupt, Neger erwähnten und die doch geschrieben waren, um mich von welcher ‚segregierten' Idee auch immer zu befreien, die ich von meinen menschlichen Möglichkeiten gehabt haben mochte."

---

103 *The Columbian Orator*: „Enthält eine Vielzahl von originalen und ausgewählten Stücken, zusammen mit Regeln, die darauf abzielen, die Jugend und andere in der ornamentalen und nützlichen Kunst der Beredsamkeit zu verbessern" („Containing a variety of original and selected pieces, together with rules, calculated to improve youth and others in the ornamental and useful art of eloquence.") By Caleb Bingham, 1757-1817. http://digital.library.pitt.edu/cgi-bin/t/text/text-idx?c=nietz;cc=nietz;view=toc;idno=00acf6728m

104 Original: „So, wed with Truth, I dwell above the veil."

105 Ralph Waldo Ellison (1914-1994): US-amerikanischer Schriftsteller afroamerikanischer Herkunft.

Er wurde, fuhr Ellison fort, nicht durch das Beispiel Richard Wrights oder das anderer schwarzer Autoren befreit, sondern durch Künstler, die einen weiten Begriff vom Leben und seinen Möglichkeiten hatten. „Man muss schon eine ziemlich armselige Vorstellungskraft haben, um anzunehmen, dass sich dies einem Neger nur durch das Beispiel anderer Neger vermittelt." Oder, wie er viele Jahre später hinzufügte, als der schwarze Autor Charles Johnson[106] den *National Book Award* für seinen Roman *Middle Passage*[107] erhielt: „Himmelherrgott, man schreibt nicht mit seiner Hautfarbe, man schreibt mit seiner Vorstellungskraft!"

Als Sterling Brown, Arthur P. Davis und Ulysses Lee 1941 ihre einflussreiche Anthologie schwarzer Literatur *The Negro Caravan* herausbrachten, lehnten sie den Gedanken ab, dass diese Literatur

> „einem speziellen kulturellen Muster folgt. ... Viele schwarze Autoren von heute stehen eher O. Henry, Carl Sandburg, Edgar Lee Masters, Edna St. Vincent Millay, Waldo Frank, Ernest Hemingway und John Steinbeck nahe als sich selbst untereinander. Die Bande der literarischen Tradition scheinen doch stärker zu sein als jene der Rasse."

Martin Luther King Jr. fuhr recht gut mit Thoreau[108], Gandhi und Reinhold Niebuhr[109] als Vorbilder – und man beachte bei allem auch, nach wem King (und sein Vater) ihren Namen erhielten. Die Fakten zeigen jedenfalls, dass eine „eurozentrische" Erziehung kaum die behauptete und schrecklich zerstörerische Auswirkung auf die Psyche berühmter amerikanischer Schwarzer gehabt hat. Warum soll man das gegenüber schwarzen Kindern heute verheimlichen? Warum nicht mit Du Bois alle Grenzziehungen ignorieren? Ist Lincoln eine Ikone allein für jene mit englischen, Jackson eine für schottisch-irische und Douglass nur eine Ikone für

---

106 Charles Richard Johnson (*1948): afroamerikanischer Roman- und Kurzgeschichtenautor, Essayist und Hochschulprofessor.

107 Dt.: *Die Überfahrt* (Suhrkamp, 2002).

108 Henry David Thoreau (1817-1862): US-amerikanischer Schriftsteller und Philosoph.

109 Reinhold Niebuhr (1892-1971): einflussreicher US-amerikanischer Theologe, Philosoph und Politikwissenschaftler.

schwarze Vorfahren? Große Künstler, Denker und politische Führer sind nicht nur Besitztum ihres eigenen ethnischen Clans, sondern gehören der ganzen Menschheit.

Was das Selbstbewusstsein angeht – ist es wirklich das Produkt ethnischer Vorbilder und das von Phantasien einer glorreichen Vergangenheit? Resultiert es nicht eher aus dem Glauben an sich selbst, der wiederum aus eigenen Leistungen erwächst und weniger aus rassischem Stolz? Untereinander zusammenhaltende asiatisch-amerikanische und jüdisch-amerikanische Familien flößen ihren Kindern einen starken Sinn für Selbstachtung ein und ebenso für ihre Bestimmung, hart zu arbeiten. Aus historischen Gründen halten schwarze Familien oft weniger stark zusammen. Infolgedessen wachsen viele schwarze Kinder in eine Welt voller Misstrauen hinein, mit geringem Selbstwertgefühl und wenig Selbstvertrauen. Von Afrika zu hören, würde daran nichts ändern.

VII

Geschichtsschreibung als Therapie zu verwenden bedeutet, die Geschichtsschreibung als solche zu korrumpieren. Alle bedeutenden Ethnien, Kulturen und Nationen haben zum einen oder anderen Zeitpunkt Verbrechen und Grausamkeiten begangen und Schrecken verbreitet. Jede Zivilisation hat Leichen im Keller. Aufrichtig betriebene Geschichtsschreibung verlangt unbereinigte Berichte. Wie stark würde ein ausführlicher Bericht über afrikanische Despotien, Massaker und Sklavereien das Selbstbewusstsein schwarzer Studenten stärken? Aber welche Art von Geschichtsschreibung bliebe noch übrig, wenn man alle schlechten Dinge wegließe?

Selbst wenn man die Geschichte bereinigt, damit sich die Leute gut fühlen, gibt es doch keinerlei Beweise dafür, dass solche Wohlfühl-Geschichtsschreibung ethnisches Selbstbewusstsein stärkt und Schüler und Studenten dazu bringt, mit ihrem Leben besser zurechtzukommen. Afrozentrische Erziehung wird, wie

William Raspberry[110] schrieb, schwarze Kinder im Gegenteil „weniger befähigen, in der Kultur zu bestehen, in der sie sich behaupten müssen." Und welchem Zweck soll es eigentlich dienen, wenn junge schwarze Amerikaner sich afrikanische Namen zulegen, afrikanische Kostüme tragen, afrikanische Rituale imitieren, zu afrikanischer Musik, afrikanischen Mantras, Rhythmen und Rap lernen und das Standard-Englisch ablehnen - und hören, dass eine erstklassige Erziehung nichts für sie sei, weil ihr Hirn anders arbeite? Soll eine solche Ausbildung sie dazu bringen, die Demokratie besser zu verstehen und sich besser ins amerikanische Leben zu integrieren? „General Colin Powell[111]", daran erinnert uns Jacques Barzun[112], „erlangte seine Position nicht, weil er glaubte, dass ‚Black English' für die Karriere ausreichen würde, die er sich vorgenommen hatte."

In der Tat ist kaum eine Art von Schulbildung vorstellbar, die geeigneter wäre, eine „schrecklich zerstörerische Auswirkung auf die Psyche zu haben" als gerade der Afrozentrismus. Die beste Methode, die Menschen genau dort unten zu belassen, wo sie sind, ist, ihnen die Mittel zu versagen, sich zu vervollkommnen, etwas zu leisten und sie von den Chancen fernzuhalten, die das Leben in unserer Gesellschaft bietet. Wenn ein Führungsoffizier des Ku-Klux-Klans ein Bildungs-Curriculum ersinnen wollte, das spezifisch zu dem Zweck gedacht ist, um schwarze Amerikaner zu behindern und in ihren Möglichkeiten zurückzuhalten, dann könnte er kaum auf etwas kommen, das in teuflischerer Art und Weise effektiv ist als der Afrozentrismus.

Überdies: Wird es wohl das Selbstbewusstsein schwarzer Kinder stärken, wenn sie erwachsen werden und herausfinden, dass vieles von dem, was ihnen Afrozentristen beigebracht haben, nicht wahr ist? Schwarze Wissenschaftler versuchen schon seit Jahren, die schwarze Geschichte vor chauvinistischen Übertreibungen zu

---

110 William Raspberry (1935-2012): afro-amerikanischer Pulitzer-Preisträger, Professor für Journalismus an der Duke Universität und Kolumnist.

111 Colin Powell (*1937): ehemaliger General der US Army und Außenminister unter Präsident George W. Bush.

112 Jacques Barzun (1907-2012): US-amerikanischer Historiker und Hochschullehrer.

bewahren. Arturo Alfonso Schomburg[113], der bekannte Chronist schwarzer Geschichte, drückte schon vor langer Zeit seine Verachtung für jene aus, die „spitzfindig zu beweisen versuchen, dass die Hälfte der genialen Geister in der Welt Schwarze seien und die Amerikaner des 19. Jahrhunderts alle von der Königin von Saba abstammten."

Der schwarze, 1940 geborene Soziologe Orlando Patterson[114] schreibt mit ähnlicher Geringschätzung über schwarze Pädagogen, die

> „Ausschau halten nach der großen Zivilisationsepoche - nach Karthago, Ägypten, Nubien und dem ganzen Rest der ‚großen' Zivilisationen des antiken Nord-Afrika. ... Die Rolle des Schwarzen Historikers ist es, den Schwarzen Mann zurück in die wundervolle Story der ‚Geburt der Zivilisation' zu führen, um zu beweisen, dass die weiße Geschichte eine große Lüge ist und dass der Schwarze Mann überall dort war, wo sich die Großereignisse der ‚Weltgeschichte' abspielten."

Patterson nennt das den „3-P-Ansatz" der schwarzen Geschichte: Prinzen, Prunk und Pyramiden.

Der Nestor der schwarzen Historikerzunft im heutigen Amerika ist John Hope Franklin. „Während ein schwarzer Wissenschaftler", so schreibt er,

> „eine klare Verantwortung hat, die Gesellschaft, in der er lebt, zu verbessern, so muss er doch auch den Unterschied zwischen zupackender Parteinahme auf der einen und den höchsten Wissenschaftsstandards auf der anderen Seite verstehen."

Ernstzunehmende schwarze Wissenschaftler wie Henry Louis Gates Jr.[115] und die Gruppe, die er an der Harvard-Universität in

---

113 A. A. Schomburg (1874-1938): puertorikanischer Historiker, Schriftsteller und Aktivist in den USA.

114 Orlando Patterson (*1940 in Jamaika): jamaikanisch-US-amerikanischer Soziologe und Autor. Sein Buch *Freedom, Volume One, or Freedom in the Making of Western Culture* wurde mit dem U.S. National Book Award (Sachbuch) ausgezeichnet.

115 Henry Louis Gates Jr. (*1950): US-amerikanischer Literatur- und Kulturwissenschaftler. Herausragender Vertreter der African-American Studies zur Erforschung der Geschichte und Kultur der schwarzen Amerikaner.

der Abteilung für Afro-Amerikanische Studien um sich versammelt hat, weisen den Afrozentrismus jedenfalls zurück.

Afrozentristen sind nicht etwa Fürsprecher des Multikulturalismus, sondern des schwarzen Ethnozentrismus. Sie unternehmen auch wenige Anstrengungen, ihre politischen Motive zu verschleiern. Asa Hilliard macht sich bei Kritikern aus dem Wissenschaftsbereich nicht etwa die Mühe, ihnen etwas auf ihre Kritik zu entgegen, sondern indem er jeglichen Angriff auf das afrozentrische Curriculum als „einen Angriff auf die Beschäftigung mit afrikanischen Menschen generell" bezeichnet. Indem er den Bericht des erwähnten New Yorker Projektarbeitsstabes verteidigte, nannte einer seiner Autoren die vorgeschlagene Revision des Curriculums

> „ein machtvolles Instrument der kulturellen und politischen Ermächtigung. Ich sehe eine deutliche Verbindung zwischen dem Bemühen, uns schwach zu halten, und der Anerkennung dessen, dass wir [die Nicht-Weißen] die Mehrheit im 21. Jahrhundert sein werden."

Es ist bemerkenswert, dass nur sehr wenige respektable schwarze Wissenschaftler 1990 an Hilliards Tagung zur „Einfügung afrikanischer und afroamerikanischer Inhalte in das Schul-Curriculum" teilnahmen.

VIII

„Wenn erst einmal ethnischer Stolz und ethnisches Selbstbewusstsein zum Kriterium geworden sind, um Geschichte zu unterrichten", so führt Diane Ravitch aus, „dann können bestimmte Dinge nicht mehr gelehrt werden." Die Leichen müssen im Keller bleiben, damit sie bei den Nachfahren kein Missfallen erregen.

Kein Geschichts-Curriculum in diesem Land ist sorgfältiger gearbeitet und besser in seinem kulturellen Pluralismus ausbalanciert als das von Kalifornien. Anhörungen vor dem kalifornischen Schulamt *State Board of Education* zeigen jedoch, was passiert, wenn die ethnische Zugehörigkeit auf Kosten der Wissenschaftlichkeit entfesselt wird. Zur Debatte standen Lehrbücher, die gemäß dem neuen Curriculum verfasst waren. Amerikaner polnischer Herkunft verlangten, dass jede Erwähnung von Hitlers Holocaust begleitet werde von gleichrangigen Berichten über den Genozid an polnischen Christen. Armenische Amerikaner forderten Berichte über türkische Massaker, wogegen türkische Amerikaner wiederum Einspruch erhoben. Obwohl schwarze Historiker bekundeten, dass die Behandlung der schwarzen Geschichte beispielgebend gelungen sei, behaupteten Afrozentristen, dass die Schulbücher einen „Lehrbuch-Genozid" beförderten. Moslems wiederum beschwerten sich, dass die bildliche Darstellung eines islamischen Kriegers mit einem gezückten Krummsäbel Moslems als „Terroristen" stereotypisieren würde.

„Eine Gruppe nach der anderen", erinnert sich Ravitch, „bestand darauf, dass ihre Vorfahren mehr gelitten hätten als sonst irgendjemand in der Geschichte." Amerikanische Ureinwohner, Hispanics, chinesische Amerikaner, Homosexuelle, wiedergeborene christliche Fundamentalisten, Atheisten - sie alle protestierten, dass die Schulbücher nicht weit genug dabei gegangen seien, ihre besonderen Kulturen und Sichtweisen hervorzuheben. „Das einzige Thema, das sich konstant durch die Anhörungen hindurchzog", schreibt Ravitch,

> „war, dass die Kritiker nichts im Unterricht haben wollten, das Mitglieder ihrer eigenen Gruppe kränkt. Was immer Unterrichtsgegenstand sein sollte, so die Forderung vieler, müsse einen positiven Effekt auf das Selbstbewusstsein oder den Stolz der jeweiligen Gruppe haben. ... Die einzigen Schurken in der ganzen Bewegung ‚Geschichtsschreibung zur Hebung des Selbstbewusstseins' sind weiße Männer; diese haben bislang noch keinen Fürsprecher gefunden."

Das New Yorker Handbuch des Lehrplans zur amerikanischen Geschichte für die 11. Klasse erzählt den Schülern, dass es für die US-Verfassung drei „Fundamente" gebe: die europäische Aufklärung, das politische System der Haudenosaunee-Indianer[116] sowie die vorangegangene koloniale Erfahrung. Nur das politische System der Haudenosaunee enthält erklärende Unterkapitel:

116 Haudenosaunee („Leute des Langhauses"): Eigenbezeichnung der Irokesen, wohnhaft im Gebiet rund um den Ontario-, Huron- und Eriesee in den heutigen

> „a) Einfluss auf koloniale Herrscher und europäische Intellektuelle (Locke, Montesquieu, Voltaire, Rousseau); b) Einfluss auf den Vereinigungsplan von Albany, auf Artikel der Staatenkonföderation und auf die US-Verfassung".

Wie viele Experten der amerikanischen Verfassung würden diesem mitreißenden Tribut an das „politische System der Haudenosaunee" beipflichten? Wie viele haben je von diesem System gehört? Welcher Einfluss des Irokesen-Bundes auch immer auf die Schöpfer der US-Verfassung bestanden haben mag, er war allenfalls marginal. Und auf europäische Intellektuelle war er verschwindend gering bis hin zur Unsichtbarkeit. Kein Curriculum eines anderen Bundesstaats bietet eine derartige Analyse der Entstehungsgeschichte unserer Verfassung. Es hat aber auch kein anderer Bundesstaat eine so wirkmächtige Irokesen-Lobby.

Womöglich inspiriert durch den Erfolg der Irokesen-Lobby, brachte eine irisch-amerikanische Lobby 1996 einen Gesetzentwurf durch die New Yorker Legislative, der eine Unterweisung in den Menschenrechten „unter besonderer Berücksichtigung von ... Völkermord, Sklaverei, Holocaust und Massenhungersnot in Irland von 1845 bis 1850" vorsah - eine Tragödie, die der Gesetzentwurf der britischen Politik zuschrieb. Wie viele andere ethnische Lobbys werden jetzt versuchen, den öffentlichen Schulunterricht für ihre eigenen Zwecke zu gestalten?

Die Debatte über das New Yorker Geschichts-Curriculum bewirkte nachdenkliche Reaktionen bei den Geschichtslehrern des Bundesstaates. Geschichte, so schrieb einer von ihnen,

> „sollte weder ein Vehikel sein, um irgendeine soziale Gruppe zu erfreuen oder zu befrieden, noch sollten Lehrer als PR-Berater für irgendein Anliegen agieren. Um über Geschichte zu schreiben, bedarf es der kritischen Analyse eines Gegenstandes, nicht aber Lobeshymnen über Heldentaten."

US-Staaten New York und Pennsylvania sowie in Teilen von Alabama, Georgia und im südlichen Ontario und Québec (Kanada).

Die Fakultät für Geschichte am College der Universität des Staates New York in Brockport fasste diese Frage in einem Rundschreiben an alle Geschichts-Fakultäten des Bundesstaates so zusammen:

> „Wir bestehen darauf, dass das Curriculum nicht als ein Instrument dafür benutzt wird, um in erster Linie vergangenes Unrecht wiedergutzumachen, wie real es auch sein möge. Es ist vielmehr ein Werkzeug, um der Wahrheit über unsere gemeinsame Vergangenheit nachzuspüren."

Franklyn Jenifer, Präsident der Howard University, sagte einmal, dass „Institutionen mit einer langen schwarzen Geschichte" wie seiner eigenen Institution die Verantwortung haben, jungen Menschen ihre besondere Geschichte und Kultur zu lehren, fügte jedoch hinzu:

> „Man muss vorsichtig sein, wenn man über öffentliche Schulen spricht. ... Öffentliche Schulen sind ihrer Definition nach Schulen, die für alle offen sind, und sie sollten sich der Bedürfnisse aller Menschen bewusst sein. ... Es sollte dort keine Geschichte kreiert werden, die es nie gegeben hat."

Wenn jede ethnische oder religiöse Gruppe sich das Recht vorbehält, alles, was in öffentlichen Schulen unterrichtet wird, zu billigen oder mit einem Veto zu belegen, dann wird kultureller Pluralismus zum Ethnozentrismus. Ein offenkundiges Opfer ist die alte Idee, dass wir - mit welcher ethnischen Grundlage auch immer - alle zusammen Amerikaner sind.

Zudem ist Wohlfühl-Geschichtsschreibung ein Verrat an einem ehrwürdigen Berufszweig. „Was ich hasse", sagte Gore Vidal[117] einmal zu Recht,

> „ist Geschichtsschreibung, die uns zu guten Staatsbürgern erziehen soll. Daran ist noch jedes Geschichtsbuch gescheitert. Stattdessen bekommen wir Erkenntnisse mitgeteilt wie die, dass ‚die Hispanoamerikaner herzenswarm und fröhlich sind und uns solche Wunder in unser Leben gebracht haben', nicht wahr, und vor ihnen die Juden, und wiederum vor diesen die Schwarzen. Und die Frauen. Macht Schluss damit, sage ich!"

---

117 Gore Vidal (1925-2012): US-amerikanischer Schriftsteller, Drehbuchautor, Schauspieler und Politiker.

Lasst uns unbedingt schwarze Geschichte vermitteln, afrikanische Geschichte, die Geschichte der Frau, hispanische Geschichte, asiatische Geschichte. Lasst sie uns als Geschichte lehren, nicht als liebedienerische Gedenkfeier zelebrieren. Der Zweck von Geschichtsschreibung ist nicht die Beförderung von Gruppenselbstbewusstsein, sondern die Welt und ihre Vergangenheit zu verstehen, leidenschaftslose Analysen, Urteile und Perspektiven hervorzubringen, Respekt für unterschiedliche Kulturen und Traditionen zu zeigen und unbeirrbar für den Schutz der einheitsstiftenden Ideen von Toleranz, Demokratie und Menschenrechten einzutreten, die freies historiographisches Forschen erst möglich machen.

4 Der Zerfall Amerikas

Niedriges Selbstbewusstsein ist ein viel zu schweres Leiden, als dass es allein dadurch geheilt werden könnte, dass man jemandem nette Dinge über seine eigene ethnische Vergangenheit zu Gehör bringt. Wo die Seelenheilkunde versagt, wird die Geschichtsschreibung wahrscheinlich auch keinen Erfolg haben. Gerade Afrozentrismus ist eine Flucht vor den großen, kostspieligen Herausforderungen unserer Gesellschaft: dem Bedürfnis nach sichereren Schulen, besseren Lehrern, besserem Lehrmaterial, umfangreicheren Investitionen in die Bildung; ebenso das Bedürfnis nach stabilen Familien, die Selbstdisziplin und Leistungswillen fördern; nach Jobs und Einkommen, die gefestigte Familien fördern; das Bedürfnis, dem verheerenden Wüten von Drogen und Verbrechen entgegenzutreten; und das Bedürfnis, den Rassismus zu überwinden, der noch immer in den Fugen der amerikanischen Gesellschaft lauert. „Es ist nicht so sehr nötig", stellte William Raspberry mit Blick auf seine Leute fest, „dass wir uns auf eine Kultur zurückbesinnen, die wir nie kennen gelernt haben, sondern dass wir uns ganz und gar der Kultur annehmen, in der wir existieren."

I

Der Ethnizitätswahn im Allgemeinen und der Afrozentrismus im Besonderen lenken nicht nur von den echten Bedürfnissen ab, sie verschärfen die Probleme auch noch. Die kürzlich erfolgte Apotheose der Ethnizität, ob schwarz, braun, rot, gelb oder weiß, hat die bestürzende Aussicht wiederbelebt, von der die Amerikaner in den Tagen des *melting pot* einmal glaubten, dass die Republik sich sicher davon entfernen würde - nämlich eine Gesellschaft, die in getrennte ethnische Gemeinschaften aufgespalten ist. Der Ethnizitäts-Kult überhöht Differenzen, verstärkt Ressentiments und Antagonismen. Er treibt die schrecklichen Keile zwischen den Ethnien und Nationalitäten noch tiefer. Am Ende beschert er uns nur Selbstmitleid und Selbstghettoisierung.

Nun gibt es im Fall der Schwarzen allerdings ein vernünftiges Argument, sich als Teil der Vorbereitung für den Eintritt in eine integrierte Gesellschaft auf ebenbürtiger Basis umzugruppieren und mehr Eigenständigkeit anzustreben. Integration auf jeder anderen Grundlage, so wird argumentiert, würde die totale Kapitulation gegenüber weißen Standards bedeuten. Ein Bekenntnis zu ethnischem und kulturellem Stolz sei daher entscheidend für wirkliche Integration. Als psychologisches Argument lässt sich das vielleicht hinnehmen. Aber stimmt es auch in kultureller Hinsicht?

Über Generationen hinweg wuchsen Schwarze in einer amerikanischen Gesellschaft auf, auf die sie einen beträchtlichen Einfluss ausübten und für die sie bedeutsame Leistungen erbrachten. Selbst-Afrikanisierung nach 300 Jahren in Amerika ist jedoch Schauspielerei. Afrozentriertheit, wie sie von ethnischen Ideologen dargelegt wird, beinhaltet Europhobie, Separatismus, Entfremdungsgefühle, Viktimisierung und Paranoia. Am seltsamsten und unerwartesten ist, dass von schwarzer Seite die Forderung nach einer Rückkehr zur Segregation nach Schwarz und Weiß erhoben wird.

„Wenn man schwarze Kinder von anderen Kindern gleichen Alters und gleicher Qualifikation allein aufgrund ihrer Hautfarbe trennt", so schrieb der Präsident des Obersten Gerichtshofs Warren im Schul-Integrations-Fall,

> „dann erzeugt dies ein Gefühl der Minderwertigkeit hinsichtlich ihrer Stellung in der Gemeinschaft, das sich auf ihre Herzen und Köpfe in einer Art und Weise auswirken kann, die wahrscheinlich niemals wieder ungeschehen gemacht werden kann."

Nach 40 Jahren hat die Lehrmeinung eine 180-Grad-Wende gemacht. Nun wird Integration dafür verantwortlich gemacht, Minderwertigkeitsgefühle zu erzeugen, und Segregation soll die Heilung davon bringen.

Die Wiederbelebung des Separatismus soll, wenn es nach dem schwarzen Erziehungsexperten Felix Boateng geht, bereits in den untersten Schulklassen beginnen. „Der Gebrauch des Standard-Englisch als einziger Unterrichtssprache", so Boateng, „verschärft den Prozess der kulturellen Entfremdung [„deculturalization", A.

d. Ü.[118]]." Ein „kulturell relevantes Curriculum" für Kinder von Minderheiten würde stattdessen „den gewohnten heimischen bzw. den Dialekt ihrer ethnischen Gruppe" berücksichtigen, „den sie mit in die Schule bringen." (Nicht alle schwarzen Pädagogen, so muss man freilich sagen, teilen diesen Wunsch, schwarze Kinder schon im Kindesalter zu behindern. „Eines ist klar", bemerkt Janice Hale-Benson von der Cleveland State University: „Standard-Englisch zu sprechen ist eine Fähigkeit, die schwarze Kinder für ihr Aufwärtskommen in der amerikanischen Gesellschaft benötigen, und sie sollte ab der frühen Kindheit vermittelt werden.")

Wenn irgendeine Bildungseinrichtung die Menschen als Individuen in freundlicher und zivilisierter Gemeinschaftlichkeit zusammenbringen soll, dann sollte dies die Universität sein. Doch die universitären Campusse sind in den vergangenen Jahren in geradezu spektakulärer - und beunruhigender - Weise zersplittert in eine Vielzahl ethnischer Organisationen.

Man stößt auf schwarze Studentenwohnheime, schwarze Studentengewerkschaften, schwarze Studentenverbindungen [*Fraternities* und *Sororities*, A. d. Ü], schwarze Handels- und Anwaltskammern, schwarze Schwulen- und Lesbengruppen, schwarze Esstische in den Mensen. Die Universität von Pennsylvania hat für Schwarze - die nur 6 Prozent aller Immatrikulierten stellen - ein eigenes Jahrbuch. Der Campus besitzt heute, so ein Professor der dortigen Universität,

> „die kulturelle Diversität von Beirut. Es gibt unterschiedlich bewehrte ethnische Lager. Die schwarzen Kids mischen sich nicht mit den weißen. Die Asiaten sind ganz für sich selbst. Unterdrückt zu sein gilt als das große Statussymbol."

1994 suspendierte die Brown University die Verbreitung von „Themenhäusern". „Wir wollen keine Balkanisierung des Campus", so der Exekutiv-Vizepräsident.

---

118 „Dekulturalisierung ist der Prozess, durch den eine ethnische Gruppe gezwungen wird, ihre Sprache, Kultur und Sitten aufzugeben. Sie ist die Zerstörung der Kultur einer dominierten Gruppe und ihre Ersetzung durch die Kultur der dominierenden Gruppe.". (Vgl. Wikipedia/engl.: Deculturalization).

Das Oberlin College[119] war für anderthalb Jahrhunderte das Modell einer ethnisch integrierten Ausbildungsstätte. „In zunehmendem Maße", so berichtet Jacob Weisberg, ein Redakteur der Zeitschrift *The New Republic,* „denken, handeln, studieren und leben die Oberlin-Studenten getrennt." Asiaten leben im „Asia House", Juden im „,J' House", Latinos im „Spanish House", Schwarze im „African-Heritage House", ausländische Studenten im „Third World House". Sogar die *„Lesbian, Gay, and Bisexual Union"* hat sich in ein ethnisches und ein Gender-Lager gespalten. „Das Ergebnis sind getrennte Welten."

Sich eng zusammenzuschließen ist eine nachvollziehbare Reaktion bei jeder Minderheitengruppe, die mit neuen und angsteinflößenden Herausforderungen konfrontiert wird. Aber institutionalisierter Separatismus erzeugt nur ethnische Differenzen und verschärft die Spannungen unter den Ethnien. „Bestimmte Aktivitäten werden als ,weiß' oder ,schwarz' gekennzeichnet", meint ein schwarzer Student der Central Michigan University. „Wenn man nicht nur an ,schwarzen' Aktivitäten teilnimmt, wird man ausgegrenzt." Eine neuere Studie der schwarzen Anthropologin Signithia Fordham von der Rutgers University kommt zu dem Schluss, dass ein Hauptgrund für schwarzen Leistungsrückstand in der Furcht darüber besteht, dass akademischer Erfolg als Verrat an die Weißen verstanden wird. „Was sich anscheinend in einigen Teilen der schwarzen Community entwickelt", so Fordham, „ist eine Art kultureller Orientierung, gemäß der akademisches Lernen an den Schulen als ,weißes Verhalten' definiert wird."

Militante Schwarze argumentieren zudem, dass, weil nur Schwarze die schwarze Erfahrung wirklich verstehen könnten, allein Schwarze schwarze Geschichte und Literatur unterrichten sollten – etwa so, wie nur Frauen, nach Meinung einiger Feministinnen, weibliche Geschichte und Literatur unterrichten sollten. „Wahre Vielfalt", so der Budget-Ausschuss der kalifornischen Universität von Berkeley, erfordere, dass die unterrichteten Kurse mit

---

[119] Privates Kunst-College in Oberlin, Ohio, gegründet 1835.

den ethnischen und den Gender-Identitäten der Lehrenden übereinstimmten.

Der Grundsatz, dass ausschließlich Menschen schwarzer Hautfarbe schwarze Geschichte lehren und zu Papier bringen könnten, führt unweigerlich nicht nur zu der Auffassung, dass Schwarze eben nur über schwarze Geschichte dozieren und schreiben könnten, auch die Folgeerscheinungen sind damit schon vorgezeichnet: Chinesen bleiben auf chinesische Geschichte beschränkt, Frauen auf die Geschichte der Frauen - und so weiter. Henry Louis Gates kritisiert „ghettoisierende Lehrprogramme, bei denen Studenten und Fakultätsmitglieder herumsitzen und darüber debattieren, ob eine weiße Person einen schwarzen Gedanken denken kann." Hinsichtlich des Gedankens, dass es etwas „Mystisches" bei den *„Black Studies"* gebe, für das ein Mensch mit schwarzer Haut benötigt werde, um ihm nachzuspüren - dies, so bringt es John Hope Franklin kurz und bündig auf den Punkt, ist „Voodoo".

Das Voodoo-Prinzip ist inzwischen aus dem Wissenschaftsbetrieb in den Bereich der Künste vorgedrungen. Eine aktuelle Forderung im Theater ist, dass die Schauspieler die gleiche ethnische Zugehörigkeit haben müssen wie die Rollen, die sie übernehmen. So versuchte die *Actors' Equity Association*, die Gewerkschaft der Theaterschauspieler, den britischen Schauspieler Jonathan Pryce daran zu hindern, in New York die Rolle zu spielen, die er in London in *Miss Saigon* verkörpert hatte, und kündigte strenggläubig an, dass sie „die Besetzung eines weißen Schauspielers in der Rolle eines Eurasiers" nicht dulden könne. Shirley MacLaine, die in dem Film *Used People* eine jüdische Frau spielt, berichtet, dass ihre Freundin Bella Abzug „wütend auf mich war. ... Sie meinte, eine Jüdin sollte die Rolle spielen."

Das ethnische Verwandtschaftsprinzip wird auch auf Regisseure ausgedehnt. So wurde gegen Norman Jewison als Regisseur von *Malcolm X* ein Veto eingelegt, weil er die falsche Hautfarbe hatte. Spike Lee, der die richtige Farbe hatte, bekam den Job und führte die Regel dann noch so weit, dass er eine Vorliebe für schwarze Interviewer erklärte. Der großartige schwarze Stückeschreiber August Wilson[120] besteht auf einem schwarzen Regisseur für die Verfilmung seines Theaterstücks *Fences*.

> „Wir gehen unterschiedlich damit um, auf die Welt zu reagieren", erläutert Wilson. „Wir haben unterschiedliche Vorstellungen über Religion und unterscheiden uns in unseren Gewohnheiten des sozialen Umgangs miteinander. Wir haben unterschiedliche Vorstellungen von Stil und Sprache. Wir besitzen eine unterschiedliche Ästhetik. ... Für den Job wird jemand benötigt, der die Besonderheiten der schwarz-amerikanischen Kultur teilt. ... Daher lautet die Regel: Schwarze führen keine Regie in italienischen Filmen, Italiener keine in jüdischen. Und Juden sind keine Regisseure in schwarz-amerikanischen Filmen."

Gemäß der Wilson-Regel wäre es also nur Norwegern erlaubt, bei Ibsen-Stücken Regie zu führen, und nur Dänen dürften Hamlet spielen. Was für eine furchtbare Regel wäre das! Wie Jonathan Pryce während der *Miss-Saigon*-Kontroverse bemerkte: „Ich würde, sollte sich der Grundsatz der ethnischen Verwandtschaft durchsetzen, für den Rest meines Lebens darin feststecken, Waliser zu spielen." Sogar die selbstgerechte Gewerkschaft der Theaterschauspieler wandte dieses Prinzip nicht auf die schwarzen Schauspieler Morgan Freeman und Denzel Washington an, als diese auf dem Höhepunkt des *Miss-Saigon*-Streits in New York Shakespeare (nicht *Othello*) spielten. Gallig schlug das *Wall Street Journal* vor, dass, wenn kontrollieren zu wollen das Prinzip sei, dann nicht nur Weiße, sondern noch viel spezieller die Behinderten gegen die Besetzung des nicht-behinderten Denzel Washington als Richard III. demonstrieren sollten; denn schließlich sei Richard III. ja ein Buckliger gewesen.

Man sympathisiert mit dem Groll chinesisch-amerikanischer Schauspieler, die schwedischen Schauspielern (wie z.B. früher Warner Oland und Nils Asther) beim Darstellen chinesischer Rollen zusehen, und man freut sich über den Durchbruch nicht-weißer Schauspieler heutzutage auf der Bühne und im Film. Allerdings: Gibt es da nicht etwas an dem Prinzip der Blutsverwandtschaft, das

---

120 August Wilson (1945-2005): US-amerikanischer Dramatiker und Bühnenautor sowie zweifacher Pulitzer-Preisträger.

der Kunst des Schauspielers grundsätzlich feindlich gegenübersteht? Denn was ist Schauspielerei denn anderes als eine Übung in der Verstellung?

Die Herausforderung für Schauspieler besteht darin, auf der Bühne Charaktere zu erschaffen; und diese Charaktere können sich sehr von dem unterscheiden, was die Schauspieler im wirklichen Leben sind. Genau das ist der Triumph des Schauspielers. Die ethnische Einschränkung macht das Wesen der Kunst des Schauspielers zunichte. Sie macht auch das Talent der Regisseure zunichte. Die Vorstellung, dass nur Schweden bei Strindberg Regie führen können, nur Russen bei Tschechov, nur Iren bei Sheridan oder Shaw, nur Engländer bei Shakespeare, ist selbstredend lächerlich – und würde, wenn umgesetzt, die Theaterkunst hoffnungslos verarmen lassen. Das Prinzip der ethnischen Verwandtschaft ist eine ausschließende Regel, die genau die Minderheiten benachteiligt, denen sie angeblich zugutekommt.

Der bedeutende schwarze Sozialpsychologe Kenneth B. Clark[121], dessen Untersuchungen die Entscheidung des Obersten Gerichts der USA im Urteil zur Schul-Integration beeinflussten, weist das Argument zurück, Schwarze und Weiße müssten getrennt werden, „weil sie verschiedene Kulturen verträten und weil Kulturen sich wie Öl und Wasser nicht mischen könnten." Genau dies, so Clark, haben weiße Verfechter der Segregation schon seit Generationen behauptet. Und er fügt hinzu:

> „Es gibt keinerlei Anhaltspunkte für die Behauptung, dass der inhärente Schaden für menschliche Wesen infolge primitiver rassischer Ausgrenzung dann weniger schwerwiegend ist, wenn eine solche Ausgrenzung nun ihrerseits von den einstigen Opfern gefordert und durchgesetzt wird und nicht von der dominierenden sozialen Gruppe."

II

Der separatistische Impuls ist keineswegs nur auf die schwarze Community begrenzt. Ein weiterer auffälliger Ausdruck dessen ist

---

121 Kenneth B. Clark (1914-2005): Professor am City College New York, erster schwarzer Präsident der American Psychological Association.

die Zweisprachigkeits-Bewegung – vordergründig in Gang gesetzt im Interesse aller Nicht-Englisch-Sprechenden, vor allem aber ein Projekt von Hispano-Amerikanern.

Zweisprachigkeit oder Bilingualismus ist wahrlich kein neues Thema in der amerikanischen Geschichte. Sieben Jahre nach Annahme der Verfassung wurde im Repräsentantenhaus ein Vorschlag ganz knapp zurückgewiesen, welcher 3000 Gesetzespakete des Bundes sowohl auf Deutsch als auch auf Englisch gedruckt sehen wollte. (Diese Begebenheit stand Pate für den Mythos, der später von US-Nazi-Propagandisten wie Colin Ross ausgeschmückt wurde, demzufolge Deutsch beinahe das Englische als offizielle Sprache Amerikas ersetzt hätte.) Im 19. Jahrhundert blieben frisch im Land eingetroffene Immigranten für eine ganze Weile noch bei ihrer gewohnten Sprache. Sie benutzten sie zu Hause, in den Kirchen, in Zeitungen und nicht selten in bilingualen öffentlichen Schulen, bis durch kulturelle Angleichung der Gebrauch anderer Sprachen jenseits des Englischen zurückging und er im Verlauf des Ersten Weltkriegs schließlich eher verpönt war.

Die Verbindung des Kults der Ethnizität mit dem Einwandererstrom aus spanischsprachigen Ländern hat in den letzten Jahren dem Bilingualismus erneut Auftrieb gegeben. Der vorgebliche Zweck ist nur vorübergehend: Er soll dazu dienen, nicht Englisch sprechende Kinder so schnell wie möglich aus zweisprachigen Klassen in solche Klassen einzugliedern, in denen alle Englisch sprechen. Das Gesetz zur zweisprachlichen Bildung [Bilingual Education Act, A. d. Ü] von 1968 stellt dafür die Richtlinien und die finanziellen Mittel bereit. Die Entscheidung des Obersten Gerichtshofs von 1974 im Fall *Lau vs. Nichols* (es ging hier um eine Chinesisch sprechende Person) verpflichtet zudem die Schulbezirke, besondere Programme für Kinder bereitzustellen, die kein Englisch können.

Leider aber zahlte sich der Bilingualismus nicht so aus wie eigentlich gedacht; vielmehr war das Gegenteil der Fall. Die Zweisprachigkeits-Kampagne schuf einerseits eine Bildungslobby mit eigennützigem Interesse an der Aufrechterhaltung eines Zweisprachigkeits-Imperiums, andererseits eine politische Lobby mit einem

Eigeninteresse an der Aufrechterhaltung einer hispanischen Wählerschaft. Infolgedessen trägt die zweisprachige Bildung in ihrer aktuellen Ausprägung mehr zur Aufrechterhaltung des Spanischen als zur Weitergabe des Englischen bei. Umfragen zeigen jedoch immer wieder das Bestreben lateinamerikanischer Eltern, ihre Kinder auf Englisch unterrichten zu lassen. Viele von ihnen protestieren dagegen, dass für Kinder mit hispanischen Namen spanischsprachige Klassen vorbehalten sind. Wie die Afrozentrik und der Ethnizitätskult, so ist auch die Zweisprachigkeit kein populäres, sondern ein elitäres Anliegen – „romantische Ethnizität" nannte es Myrdal; man könnte auch sagen: politische Ethnizität.

Institutionalisierter Bilingualismus verschließt Türen. Er begünstigt die Selbst-Ghettoisierung, und diese wiederum gibt dem rassistischen Antagonismus Auftrieb. Bilingualismus „fördert Zusammenballungen von Hispanoamerikanern und belässt sie darin, anstatt dass sie sich integrieren", sagt Alfredo Mathew Jr., ein führender Bürgerrechtler der hispanischen Community. Der Bilingualismus könnte

> „einen Typus von Apartheid begünstigen, der zu Feindseligkeiten mit anderen ethnischen Gruppen wie etwa Schwarzen beim Wettbewerb um knappe Ressourcen führt; zugleich könnte er die Hispanoamerikaner immer mehr vom Rest der Gesellschaft entfremden."

Eine andere Sprache außer Englisch zu sprechen verdammt Menschen dazu, in der amerikanischen Gesellschaft Bürger zweiter Klasse zu sein. „Diejenigen, die in einem bilingualen Amerika am meisten zu verlieren haben", meint der aus Mexiko eingewanderte Autor Richard Rodriguez, „sind die eine fremde Sprache sprechenden Armen." Rodriguez erinnert sich an seine eigene Kindheit:

> „Es hätte mir schon gefallen, wenn mich meine Lehrer auf Spanisch angesprochen hätten .... Aber das hätte mich bloß dabei zurückgeworfen, ... die Sprache der Mehrheitsgesellschaft zu erlernen. ... Erst als ich imstande war, mich selbst als Amerikaner zu verstehen und nicht länger als Fremden in einer *Gringo*-Gesellschaft, konnte ich die Rechte und Möglichkeiten wahrnehmen, um mich voll in die Gesellschaft einzubringen."

Einsprachige Erziehung öffnet die Tür zur weiten Welt. „Ich sprach kein Englisch, ungefähr bis ich 8 Jahre alt war", erinnerte sich New Yorks Gouverneur Mario Cuomo vor kurzem, „als ich in die Schule kam, war das ziemlich traumatisch für mich. Mich hat das unglaublich stark geprägt.“ Traumatisch oder nicht, die Schule lehrte Cuomo das schlagkräftigste Englisch unter den Politikern seiner Generation.

Eine Professorin der Universität von Massachusetts meinte freilich zu Rosalie Pedalino Porter[122] – deren lange Erfahrung in bilingualer Erziehung sich in ihrem ausgezeichneten Buch *Forked Tongue* [„Gespaltene Zunge“, A. d. Ü.] niederschlug –, dass Kinder Englisch zu lehren, die in einer anderen Sprache aufgewachsen sind, eigentlich eine Form der politischen Unterdrückung sei. Bewundernswert Porters Erwiderung: „Wenn wir unseren Schülern mit Erfolg dabei helfen, die Mehrheitssprache fließend zu beherrschen, dann ertüchtigen wir sie, aber wir nehmen ihnen keine Chancen.“

Die vermeintliche Bedrohung durch die Zweisprachigkeit führte zur Kampagne für eine Verfassungsänderung, die Englisch zur offiziellen Verkehrssprache der Vereinigten Staaten machen sollte. Bis 1997 hatten 22 Bundesstaaten ein solches Statut; und 1996 stimmte das Repräsentantenhaus tatsächlich für einen Änderungsentwurf (nach einer feierlichen Debatte darüber, ob dies die Entfernung des *E pluribus unum* von den amerikanischen Münzen erfordern würde).

Eine Verfassungsänderung ist eine schlechte Idee. Offensichtlich sollten alle amerikanischen Bürger Englisch sprechen. Es wäre auch eine gute Sache, wenn alle amerikanischen Bürger noch eine zweite Sprache beherrschten. Aber Englisch ist keine Sprache auf dem Rückzug, die um ihr Leben kämpft und drastische Verteidigungsmaßnahmen erfordert. Es ist eine rund um den Globus triumphierende Sprache. Zu Shakespeares Zeiten sprachen 4 Millionen Menschen Englisch, heute ist es 1 Milliarde. Es werden mehr Bücher auf Englisch veröffentlicht als in jeder anderen Sprache. Iro-

122 Dr. Rosalie Pedalino Porter (*1931): 2011 zur Vorsitzenden von ProEnglish gewählt, einer gemeinnützigen Lobbyorganisation, die Englisch als einzige offizielle Sprache der USA erhalten wissen will. (s. www.proenglish.org)

nischerweise wird Englisch die Verkehrssprache des 21. Jahrhunderts sein. Die Vorstellung, dass Englisch in den Vereinigten Staaten gesetzlich geschützt werden müsse, ist ein erschreckendes Eingeständnis des mangelnden Vertrauens in die Zukunft der Sprache. „Anzunehmen, dass die Sprache Shakespeares Hilfe von der Regierung benötigt, um zu überleben", sagte ein Kongressabgeordneter, „ist eine Beleidigung für die Sprache." Die Kampagne für die Verkehrssprache schafft nur eine zusätzliche Quelle für ethnische Spannungen und Ressentiments.

Nichtsdestotrotz ist eine gemeinsame Sprache ein unverzichtbares Band des nationalen Zusammenhalts in einem Land, das sich so heterogen zeigt wie die USA. Politiker, denen die Zukunft des Englischen wirklich am Herzen liegt, sollten sich nicht auf die Änderung der Verfassung konzentrieren, sondern auf die Beschleunigung von Programmen, um Neuankömmlingen Englisch beizubringen. Die meisten wollen Englisch so schnell lernen, wie sie können. Wenn sie es nicht tun, tun es ihre Kinder. Aber die Englischkurse in unseren großen Städten sind überlaufen. Einige haben rund um die Uhr geöffnet. Nach Angaben des New Yorker Zentrums für Alphabetisierungshilfe waren im März 1997 35.000 New Yorker in Englisch-Sprachprogramme eingeschrieben, während weitere 30.000 auf Wartelisten standen und sich lautstark um Aufnahme bemühten. Der Druck zwingt die öffentlichen Bibliotheken New Yorks dazu, Teilnehmer an Englischkursen per Losverfahren auszuwählen.

Darüber hinaus bleibt jedoch das Grundproblem bestehen, Analphabeten, Neuankömmlingen und Bürgern gleichermaßen Lesen und Schreiben beizubringen. Im Jahr 1900 waren die Vereinigten Staaten die am meisten alphabetisierte Nation der Welt. Heute stehen wir in den Vereinten Nationen an 45. Stelle – und das in einer Zeit, in der Alphabetisierung wichtiger ist als je zuvor. Natürlich wird die Ausweitung der Sprachprogramme Geld kosten, während die Forderung nach Englisch als Verkehrssprache nur Worte kostet. Die Wahl zwischen diesen beiden Ansätzen ist ein guter Prüfstein gesetzgeberischer Verantwortung.

III

Als höchst unheilvoll hinsichtlich separatistischer Anwandlungen erweisen sich die Gemeinheiten, die entstehen, wenn eine Gruppe gegen eine andere in Stellung gebracht wird. „Die Hauptquelle unmenschlichen Verhaltens von Menschen gegenüber Menschen", schrieb der große Theologe Reinhold Niebuhr, „sind wohl die vom Stammesdenken seinem Pflichtgefühl gegenüber anderen Menschen gesetzten Grenzen." Stammesgegensätze haben seit jeher mehr Dominanz, Angst, Hass und Tötungen bewirkt als jedes andere Einzelmotiv.

Schwarze haben, weil sie - zumindest in Amerika - am schwersten unter Verfolgungen zu leiden hatten, wahrscheinlich die größte Anfälligkeit für Paranoia; immer eingedenk dessen, dass sogar Paranoiker reale Feinde haben können. Doch wenn man bedenkt, was wir heute über die Verschwörungen gegen schwarze Amerikaner wissen, die von J. Edgar Hoover[123] ausgeheckt und von seinem FBI ausgeführt wurden - wer möchte Schwarzen dann noch Vorwürfe dafür machen, dass sie weißen Absichten für immer misstrauen?

Dennoch ist die Umfrage erschreckend, die von der *New York Times* und *WCBS-TV* unter New Yorkern im Jahr 1990 durchgeführt wurde. Sechzig Prozent der schwarzen Befragten hielten es für wahr oder möglicherweise wahr, dass die Regierung Drogen in schwarzen Wohnquartieren verfügbar macht mit dem Ziel, Schwarzen zu schaden. Neunundzwanzig Prozent meinten, es sei wahr oder möglicherweise wahr, dass das AIDS-Virus von rassistischen Verschwörern erfunden wurde, um Schwarze zu töten.

Als New Yorks Bürgermeister Edward Koch den unverwüstlichen Leonard Jeffries[124] vom City College New York (CCNY) einmal zum Frühstück einlud, um mit ihm die Theorie von „Menschen des Eises - Menschen der Sonne" zu diskutieren, nahm Jeffries die

---

[123] John Edgar Hoover (1895-1972): ab 1924 der sechster Direktor des Bureau of Investigation (BOI) und vom 23. März 1935 bis zu seinem Tod der erste Direktor des nunmehr umbenannten Federal Bureau of Investigation (FBI).

[124] Leonard Jeffries (*1937): Afro-Amerikanischer Professor für „Black Studies" am City College von New York, NY (CCNY).

Einladung zwar an, „sagte aber, er werde nichts essen, da Weiße versuchen würden, ihn zu vergiften. Als er eintraf“, so berichtet Koch, „bot ich ihm einen Kaffee und ein Plunderstück an, doch er lehnte ab. Ich erbot mich, sein Vorkoster zu sein, aber er lehnte nichtsdestotrotz ab.“

Bei einer weiteren Gelegenheit bemerkte Jeffries, dass „AIDS, das einem Labor entsprang und sich konzentriert in bestimmten Bevölkerungsgruppen wiederfindet, ganz gewiss als Teil einer Verschwörung betrachtet werden muss.“ Nach einem von Jeffries erteilten Kurs berichteten zehn schwarze Studenten einem Reporter der *Times*, dass AIDS und Drogen tatsächlich Teil einer weißen Verschwörung seien. „Während der Regierungszeit von Präsident Carter“, meinte einer, „gab es mal ein Dokument, das ausführte, dass bis zum Jahr 2000 100 Millionen Afrikaner zu vernichten sind.“ „Aufgrund dessen, wer hier wohl am ehesten vernichtet werden soll, aber auch als jemand, der in den USA aufgewachsen ist und der die Geschichte der Sklaverei und des Rassismus in diesem Lande kennt“, so sagte ein älterer Schwarzer, „kann man nicht einfach schwarz sein und dabei nicht fühlen, dass AIDS irgendeine Art Experiment darstellt, irgendeinen heimlichen Plan, der sich gegen unerwünschte Bevölkerungsminderheiten richtet.“

Solche Spekulationen beschränken sich keineswegs auf die aufgeheizt-nervösen Bürgersteige von New York. „Lasst mich eine Rede vor einem schwarzen Publikum halten“, bekannte William Raspberry, der schwarze Kolumnist der *Washington Post*,

> „und irgendwann, wenn das Publikum Fragen stellen darf, wird mit Sicherheit jemand aufstehen und fragen, ob ich glaube, dass es eine Verschwörung gegen schwarze Amerikaner gibt. Es spielt keine Rolle, ob Drogen oder Arbeitslosigkeit das Thema sind, ob schlechte Leistungen in der Schule, Teenageschwangerschaften, Politik oder Einwanderung. Ich kann jedes Mal darauf wetten, irgendeine Verschwörungstheorie zu hören.“

Was sich hier bei Schwarzen abspielt, ist nur eine extremere Form des Verfolgungswahns – das Gefühl, dass es da draußen etwas gibt, das hinter einem her ist. Bei Gelegenheit werden beinahe alle Minderheiten von derlei Gefühlen erfasst. Gegenseitige Verdächtigungen und Feindschaft entwickeln sich zwangsläufig in einer Gesellschaft, die darauf besteht, sich nach den Bedingungen des Wettbewerbs und miteinander konkurrierender Gruppen zu definieren.

IV

„Die Ära, die mit dem Traum von der Integration begann", so bemerkte Richard Rodriguez, „endete schließlich mit der Verachtung für die Assimilation." Anstatt die fremdländische Hautfarbe abzulegen, wie dies einst John Quincy Adams vorschlug, und niemals wieder auf sie zurückzukommen, ist es Mode geworden, sich seiner Hautfarbe so auffällig wie möglich wieder bewusst zu sein. Der Ethnizitätskult hat die Zielrichtung der amerikanischen Geschichte umgedreht und schafft nunmehr eine Nation von Minderheiten – oder zumindest von Vertretern von Minderheiten –, die weniger daran interessiert ist, sich mit der Mehrheit in gemeinsamer Anstrengung zu verbinden, als vielmehr daran, ihre Entfremdung von einer unterdrückerischen, weißen, patriarchalischen, rassistischen, sexistischen, klassistischen Gesellschaft zu erklären. Die Ideologie der Ethnizität schärft jedem ein, dass die Zugehörigkeit zu dieser oder jener ethnischen Gruppe die Grundlage der amerikanischen Erfahrung darstellt.

Die meisten Amerikaner sehen sich jedoch weiterhin zuallererst als Individuen und nur in zweiter Linie und trivialerweise als Angehörige einer Gruppe. Schaden angerichtet wird nicht schon dadurch, dass ethnische Gruppen sich stolz auf ihre historische Vergangenheit oder auf ihre Beiträge zur amerikanischen Gegenwart zeigen. Die Spaltung der Gesellschaft in festgelegte Ethnien begünstigt freilich eine Kultur der Viktimisierung und die Ansteckung mit leicht entflammbaren Empfindlichkeiten. Wenn eine lautstarke, deutlich erkennbare Minorität sich zuallererst auf die Loyalität zu ihrer Gruppe einschwört, sei diese ethnisch, sexuell, religiös oder – seltener – politisch (kommunistisch, faschistisch) bestimmt, dann bedeutet dies eine Bedrohung der zerbrechlichen

Bande nationaler Identität, die unsere so diverse und störrische Gesellschaft zusammenhalten.

Ein ganz besonders hässliches Gefühl scheint sich auf jenem Feld ausgebreitet zu haben, in welchem die Freiheit der Forschung und der freien Meinungsäußerung eigentlich am wenigsten behindert, das bürgerschaftliche Engagement aber am meisten geschätzt werden sollte - in unseren Colleges und Universitäten. Es macht nicht unbedingt Spaß, dieser Tage eine Universität zu leiten. Studenten können mit ihren Schikanen, Streichen und Beleidigungen schamlos und grausam in ihrem Ausgrenzungsverhalten sein. Studenten aus Minderheitengruppen sind oft aus höchst nachvollziehbaren Gründen verängstigt und eingeschüchtert. Rassistische Sticheleien, Beschimpfungen, Beleidigungen und Verleumdungen verursachen schwerwiegende Probleme. So tauchen derzeit überall auf dem Campus der Universität von Michigan Plakate auf, die den Slogan des *United Negro College Fund* parodieren: „Es ist schrecklich, Verstand zu verschwenden - besonders an einen Nigger." Doch anständige weiße Studenten schließen sich auch schon dem Protest gegen solche weißen Mobber und Schlägertypen an.

Uni-Präsidenten und Dekane beginnen sich zu fragen, was wichtiger ist: der Schutz der freien Meinungsäußerung oder die Verhinderung rassistischer Verfolgung? Die US-Verfassung, sagte Verfassungsrichter Holmes einmal, umfasst „das Prinzip des freien Denkens - nicht des freien Denkens für diejenigen, die mit uns übereinstimmen, sondern die Freiheit für jenes Denken, das wir hassen." Angenommen, das Denken, das wir hassen, untergrübe das Verfassungsideal einer für jeden gleichen, dem Recht unterworfenen Gerechtigkeit: Schützt der erste Verfassungszusatzartikel[125] nicht ebenso die Gleichheit wie die Freiheit? Und wo zieht man dann die klare Linie zwischen Reden und Verhalten?

---

125 „Der 1791 verabschiedete Artikel verbietet dem Kongress, Gesetze zu verabschieden, die die Meinungsfreiheit, Religionsfreiheit, Pressefreiheit, Versammlungsfreiheit oder das Petitionsrecht einschränken. Außerdem verbietet der Artikel die Einführung einer Staatsreligion und die Bevorzugung oder Benachteiligung einzelner Religionen durch Bundesgesetz". (Wikipedia: 1. Zusatzartikel zur Verfassung der Vereinigten Staaten).

Man empfindet Mitgefühl für bedrängte Universitäts-Verwaltungen, die ihr Bestes geben, um Studenten aus der Gruppe der ethnischen Minderheiten zu helfen, und Vorschriften erlassen, um rassistisches und sexistisches Reden vom Campus zu verbannen. Mehr als 100 Institutionen haben bis zum Februar 1991 auf diese Weise gehandelt, so die *American Civil Liberties Union (ACLU).*

Man kann sogar Verständnis dafür haben, warum Universitäts-Verwaltungen, die sich unsicher sind, was das beste Vorgehen zum Minderheitenschutz ist, im Bestreben, dass es auf dem Campus ruhig bleibe, separatistische Maßnahmen akzeptieren und sogar finanziell unterstützen, zu denen sie von militanten Studenten gedrängt werden. Sie könnten allerdings auch mal über diese Bemerkung Kenneth Clarks nachdenken: „Der weiße Liberale ..., der schwarzen Separatismus so eilfertig und wohlwollend nachgibt, sollte auf seine eigenen Gründe achten, die - nicht zum geringsten Teil - in außerordentlicher Erleichterung bestehen mögen." Traurig zu erwähnen, gleichwohl aber erhellend ist, dass die Universitäten, die sich wie Berkeley, Michigan, Oberlin oder die Universität Amherst/Massachusetts am meisten dabei hervortun, ethnische Enklaven zu unterstützen, diejenigen sind, die, wie Dinesh D'Souza ausführt (der selber ein Inder ist), die stärksten ethnischen Spannungen aufzuweisen haben. Troy Duster, ein Berkeley-Soziologe, erkennt seinerseits eine Korrelation zwischen Gruppen-Separatismus und ethnischer Feindseligkeit unter den Studenten.

Moderate, die sich hierzu lieber abwehrend als Individuen verhalten wollen, werden dazu genötigt, sich ihrer jeweiligen Gruppe anzuschließen. Diese Gruppen verpflichten sich auf politische Agenden und zum „Wir-versus-Ihr-Syndrom". Die Fakultätsangehörigen geben dem nach. Es entwickelt sich ein Kodex ideologischer Orthodoxie. Sein Leitprinzip ist, dass nichts gesagt werden sollte, das Anstoß bei Angehörigen von Minderheitengruppen erregen könnte (und offensichtlich auch, dass alles gesagt werden darf, was Anstoß bei weißen Männern europäischer Herkunft erregt).

Das Büro für Studentenangelegenheiten des *Smith College* hat ein Bulletin herausgegeben, in dem für diejenigen, die erst verspätet „bemerken, dass sie unterdrückt werden", Arten von Unterdrückung aufgelistet werden. Hier ein paar Beispiele des *Smith*schen Sündenregisters:

- Ableismus: Unterdrückung anders Befähigter durch temporär Befähigte.
- Heterosexismus: Unterdrückung derer, die anders als heterosexuell orientiert sind, also Schwule, Lesben, Bisexuelle; Heterosexismus kann schon dadurch eintreten, dass die Existenz von Nicht-Heterosexuellen nicht anerkannt wird.
- Lookismus: Der Glaube, dass das äußere Erscheinungsbild einer Person ein Indikator für ihren Wert darstellt; die Konstruktion eines Maßstabs für Schönheit und Attraktivität; ferner die Unterdrückung sowohl derer, die diesem Maßstab nicht entsprechen, als auch derer, die eben dies tun, durch Stereotypisierungen und Generalisierungen.

Machen die etwa Scherze da oben in Northampton?

Der Kodex gibt Standards dessen vor, was – nunmehr eher verächtlich – „politische Korrektheit" genannt wird. Was einst als Hilfsmittel begann, um studentische Unhöflichkeit zu kontrollieren, droht nun – sei es formell oder informell – auch zu einem Instrument der Kontrolle über Curricula und Lehrkörper zu werden. Die *Clark University* bittet ihre Professoren, die Seminare vorschlagen, zu erklären, auf welche Art „pluralistische (in Hinblick auf Frauen, Minderheiten etc.) Sichtweisen und Anliegen in dem Seminar erschlossen werden und in es integriert werden." Ein Philosophieprofessor verweigerte die Unterschrift und meldete Zweifel an, dass die Universität die Professoren auch etwa danach fragen würde, „wie patriotische oder familienfreundliche Werte erschlossen und integriert werden."

Bernard Bailyn und Stephan Thernstrom, zwei hervorragende amerikanische Historiker an der Harvard-Universität, boten einen Kurs in Bevölkerungsgeschichte an unter dem Titel *Die Peuplie-*

rung[126] *Amerikas*. Daraufhin erschienen Artikel im *Harvard Crimson*, die die Professoren für ihren „Mangel an ethnischer Sensibilität" kritisierten. Schwarze Studenten präsentierten hierzu schließlich noch eine Aufstellung mit Einzelangaben. Thernstrom, ein Advokat der ethnischen Geschichtsschreibung und Herausgeber der *Harvard Encyclopedia of American Ethnic Groups*, wurde des Rassismus beschuldigt. Er hatte, wie sich herausstellte, den Begriff „Indianer" anstatt „Native Americans/Amerikanische Ureinwohner" verwendet. Er hatte zugleich auf eine „orientalische" Religion rekurriert - das Adjektiv wurde für „kolonialistisch und imperialistisch" gehalten. Bailyn hatte Tagebücher von Plantagenbesitzern aus den Südstaaten zur Lektüre anempfohlen, ohne dies gleichermaßen für Geschichten von Sklaven zu tun. Und so ging das weiter - auf sechs eng beschriebenen Seiten.

Die Episode erinnert an jene rechtsgerichteten Studenten, die in den Tagen Joe McCarthys[127] bei liberalen Harvard-Professoren (wie mir) die Unterrichtsräume heimzusuchen pflegten in der Hoffnung, ein Rüchlein von Marxismus vom Katheder herab erschnuppern zu können. Thernstrom entschied sich, darauf zu pfeifen, und brach seinen Kurs ab. Eine Siegesfanfare für die politische Korrektheit.

Jene dagegen, die dafür eintraten, woran sie glaubten, zogen Hetzkampagnen auf sich. Ein bevorzugtes Angriffsziel ist in unseren Tagen Diane Ravitch vom *Teachers College* der Columbia-Universität - eine erstklassige Wissenschaftlerin für die Geschichte der amerikanischen Bildung, eine aufgeklärte Fürsprecherin einer Schulreform und eine standfeste Verfechterin des kulturellen Pluralismus. Sie ist vernunftorientierten, wohlabgewogenen Argumenten zugänglich und eher beharrlich konziliant als polemisch in

---

126 „Peuplierung" - im Original „Peopling" - bezeichnet „die planmäßige Besiedlung eines nicht oder vergleichsweise dünn besiedelten Gebietes; sie ist somit eine Maßnahme der Bevölkerungspolitik." (Wikipedia/Peuplierung).

127 Joe McCarthy (1908-1957): US-amerikanischer Politiker der Republikanischen Partei. Er wurde bekannt wegen seiner Kampagne gegen eine angebliche Unterwanderung des Regierungsapparates der USA durch Kommunisten. Nach ihm benannt ist die so genannte McCarthy-Ära der frühen 1950er-Jahre mit ihren antikommunistischen Verschwörungstheorien und Denunziationen.

ihrer Herangehensweise. Vielleicht hat die Tatsache, dass sie eine Frau ist, ethnische Chauvinisten davon überzeugt, ihr drohen zu dürfen. Trotz übler Bemühungen, sie einzuschüchtern, fuhr sie fort, die Risiken des Ethnozentrismus mit ruhiger Klarheit darzulegen.

Ravitchs unentschuldbares Vergehen scheint ihr Interesse sowohl am *unum* als auch am *pluribus* zu sein - ihre Überzeugung, dass Geschichtsschreibung uns verstehen helfen sollte, wie die Bande des Zusammenhalts uns eher zu einer Nation machen als zu einer rasch erregbaren Ansammlung von miteinander unverbundenen Gruppen. Denn letztendlich begreift der Kult der Ethnizität die Republik nicht als Gemeinwesen von Individuen, sondern als eine Ansammlung verschiedenartiger, unantastbarer Kulturen. Als eine Studentin einmal ein Memorandum an das *Diversity Education Committee* der Universität von Pennsylvania schickte, in welchem sie ihre „starke Verpflichtung dem Individuum gegenüber" zum Ausdruck brachte, schickte ihr ein Angestellter der Universität das Papier zurück. Er hatte das Wort *Individuum* unterstrichen und hinzugefügt:

> „Dies ist heutzutage ein Signalwort, das bei vielen als rassistisch gilt. Argumente, die das Individuum über die Gruppe stellen, privilegieren letztendlich jene ‚Individuen', die zur größten, sprich: zur dominanten Gruppe gehören."

Die gegenwärtige Heiligsprechung der Gruppe setzt die alte Idee einer zusammenhängenden Gesellschaft aufs Spiel. Multikulturelle Eiferer lehnen die Idee einer gemeinsamen Bindung an gemeinsame Ideale ab. Wie weit hat sich doch der öffentliche Diskurs schon entfernt von Crèvecoeurs „neuer Rasse", von Tocquevilles staatsbürgerlicher Teilhabe, Emersons „Schmelztiegel", Bryces „erstaunlichem Lösungsmittel" und von Myrdals „amerikanischem Credo"!

Was jedoch, in Ermangelung eines einheitlichen ethnischen Ursprungs, das amerikanische Volk zusammengehalten hat, war genau das gemeinsame Festhalten an den Idealen von Demokratie und Menschenrechten, die zwar in der Praxis viel zu oft missachtet wurden, uns aber immerwährend dazu anspornen, die Kluft zwischen Ideal und Praxis zu verkleinern.

Es gibt schlechthin keine Unvereinbarkeit zwischen der Treue zu den einigenden staatsbürgerlichen Prinzipien, die uns als Amerikaner zusammenhalten, und der Treue, wenn man so will, zu einer bestimmten Gruppe, die der Religion, Ethnie, Hautfarbe oder dem Geschlecht nach besteht. Es ist ein zentraler Aspekt Amerikas, dass die Menschen ihre eigenen Traditionen, Zeremonien, Organisationen, Bräuche, Rituale, Feiertage, Paraden, Küchen pflegen. Es sind diese Stränge der Besonderheit, die den Reichtum und die Struktur unserer Gesellschaft ausmachen.

Die amerikanische Synthese ist unvermeidlich angelsächsisch gefärbt, sie ist aber schon lange nicht mehr die Ausübung angelsächsischer Dominanz. Die Republik verkörpert Ideale, die ethnische, religiöse und politische Grenzen transzendieren. Es handelt sich um ein Experiment, das eine Zeit lang halbwegs erfolgreich war, zur Schaffung einer gemeinsamen Identität für Menschen unterschiedlicher Ethnien, Religionen, Sprachen und Kulturen. Doch kann das Experiment nur so lange erfolgreich sein, wie die Amerikaner auch weiterhin an das Ziel glauben. Wenn das Land sich jetzt abwendet von George Washingtons alter Zielvorstellung des *„one people"* – was ist dann seine Zukunft? Das Auseinanderfallen der nationalen Gemeinschaft? Apartheid? Balkanisierung? Tribalisierung?

„Der einzig absolut sichere Weg, um diese Nation zu ruinieren und sie jeder Möglichkeiten zu berauben, weiterhin eine Nation zu sein", sagte Theodore Roosevelt,

> „bestünde darin, es zuzulassen, dass sie zu einem unentwirrbaren Knäuel sich zankender Nationalitäten wird – ein verworrener Knoten von Deutsch-Amerikanern, Irisch-Amerikanern, Englisch-Amerikanern, Franko-Amerikanern, Skandinavisch-Amerikanern oder Italo-Amerikanern, die alle ihre separate Kultur beibehalten."

Ein Dreiviertel Jahrhundert später müssen wir ein paar weitere Nationalitäten zu Theodore Roosevelts Gebräu hinzufügen – was den von ihm ins Feld geführten Punkt nur bedeutsamer macht. Allerdings ist das, was für Theodore Roosevelt ein Alptraum war, heute der Traum der multikulturellen Ideologen. Würde dieser Traum erfüllt und wäre jede unserer vielfältigen Gruppen in ihre eigene Enklave gedrängt, um sich im heiligen Namen der Diversität von allen anderen abzugrenzen, hätten wir dann wirklich ein gerechteres, friedlicheres, stärkeres, geeinteres und glücklicheres Land?

5 E Pluribus Unum?

Der Angriff auf die gemeinsame amerikanische Identität ist der Gipfelpunkt des Kults um die ethnische Zugehörigkeit. Dieser Angriff wurde zuerst durch europäische Amerikaner nicht-britischer Herkunft - mit ihrer Rede von „unverschmelzbaren Ethnien" - gegen die britischen Grundlagen der amerikanischen Kultur geführt; später dann, und überaus massiv, durch Amerikaner nicht-europäischer Herkunft gegen die europäischen Grundlagen jener Kultur. Den Vorahnungen Theodore Roosevelts entsprechend, erzitterte die europäische Immigration ihrerseits unter inneren Feindseligkeiten, ein jeder lag an der Kehle des anderen - was kaum dem Bild der „monokulturellen" Gruppe entspricht, wie es ethnozentrierte Separatisten zeichnen. Schließlich begannen ja die beiden großen „Welt"-Kriege des 20. Jahrhunderts als Kämpfe zwischen europäischen Staaten. Eine einzige Gesellschaft aus dieser Diversität antagonistischer europäischer Völker zu schaffen ist schon eine schwierige Aufgabe. Das neue Hinzutreten von Menschen nicht-europäischer, nicht-weißer Herkunft erhöht die Herausforderung. Die Nicht-Europäer, zumindest ihre selbsternannten Sprecher, bringen ein Ressentiment - in manchen Fällen auch einen Hass - auf Europa und den Westen mit, hervorgerufen durch generationenlangen westlichen Kolonialismus, Rassismus, westliche Herablassung, Verachtung und grausame Ausbeutung.

I

Wird der wachsende Zustrom nicht-europäischer Immigranten nicht eines Tages eine „Minderheiten-Mehrheit" schaffen, die den Eurozentrismus schon im 21. Jahrhundert beendet? So die Furcht einiger weißer Amerikaner und zugleich die Hoffnung, gelegentlich aber auch die Drohung mancher Nichtweißer.

Einwanderer waren verantwortlich für ein Drittel des Bevölkerungswachstums während der 1980er-Jahre. Mehr Menschen als in irgendeinem anderen Jahrzehnt seit den 1920er-Jahren kamen neu hier an. Die Zusammensetzung der Neuankömmlinge hat sich dramatisch verändert. Im Jahre 1910 kamen fast 90 Prozent der Einwanderer aus Europa. In den 1980er-Jahren stammten mehr als 80 Prozent aus Asien und Lateinamerika.

Dennoch machen im Ausland geborene Einwohner heute nur etwa 10 Prozent der Bevölkerung aus gegenüber den 15 Prozent Bindestrich-Amerikanern, über die sich Wilson und der erste Roosevelt zu ihrer Zeit Sorgen machten. Der bereits erwähnte Stephan Thernstrom bezweifelt, dass eine Minderheiten-Mehrheit jemals erreicht werden wird. Der Anteil Schwarzer an der Bevölkerung ist eher langsam gewachsen: 1920 betrug er 9,9 Prozent, 1950 10 Prozent, 1970 waren es 11,1 Prozent und 12,1 Prozent im Jahr 1990. Weder Amerikaner asiatischer noch hispanischer Herkunft sind bekannt für besonders große Familien – die Familiengröße neigt immer dazu, abzunehmen, sobald Einkommen und Mischehen zunehmen. „Wenn, wie dies gerade zu passieren scheint, die Einwanderer von heute sich so rasch den amerikanischen Gepflogenheiten anpassen, wie dies zu Beginn des Jahrhunderts ihre Vorgänger taten", so schlussfolgert Thernstrom, „dann wird es ohnehin kein Mehrheiten-Minderheiten-Problem mehr geben."

Amerika hat sich so lange als Zufluchtsstätte für die Unterdrückten und Verfolgten gesehen – und dabei sich und der Welt so viel Gutes erwiesen –, dass jede Einwanderungsbeschränkung etwas in der amerikanischen Seele verletzt. Niemand will hier ein *Nichtswisser* [vergl. S. 43, A. d. Ü] sein. Doch unkontrollierte Einwanderung ist eine Unmöglichkeit; daher gehört das Thema der Kontrollkriterien zu den Fragen, denen sich die amerikanische Demokratie stellen muss. Wir haben die Zugangskriterien in diesem [20.] Jahrhundert drei Mal verändert – ausgehend von der nationalen Herkunft 1924 über den Familiennachzug 1965 bis hin zu den benötigten Fähigkeiten 1990. Die Zukunft der Einwanderungspolitik hängt vom Leistungsvermögen des Assimilierungsprozesses ab, das zu bewerkstelligen, was ihm in der Vergangenheit so gut gelang: Neuankömmlinge anzuleiten bei der Annahme der englischen Sprache, unserer Institutionen und der politischen Ideale, die unsere Nation zusammenhalten.

II

Ist Europa wirklich die Wurzel allen Übels? Die gegen jedes Gesetz begangenen Verbrechen Europas an Menschen „minderwertiger Rassen" sind berüchtigt (wobei wir noch schlimmere Verbrechen der Europäer untereinander - Hitlerismus, Stalinismus - noch gar nicht weiter thematisieren). Doch diese Verbrechen ändern nichts an anderen historischen Tatsachen: dass Europa die Wiege der Vereinigten Staaten von Amerika war; dass Europas Ideen und Kultur die Republik formten; dass die USA eine Erweiterung der europäischen Zivilisation darstellen und dass fast 80 Prozent der Amerikaner von europäischer Herkunft sind.

Als Irving Howe[128], den man wohl kaum einen notorischen Konservativen nennen kann, sich zu schreiben erlaubte: „Die Bibel, Homer, Platon, Sophokles, Shakespeare sind von zentraler Bedeutung für unsere Kultur", da antwortete ihm ein Leser (der „gerade dieses Jahr die Universität von Amherst/Massachusetts abgeschlossen hatte") empört: „Wo befinden sich auf Howes Liste der Koran, die Bhagavad Gita, Konfuzius und andere zentrale Kulturzeugnisse der Völker unserer Nation?" Niemand kann die Bedeutung dieser Werke noch den Einfluss bestreiten, den sie auf andere Gesellschaften gehabt haben. Aber auf die amerikanische Gesellschaft? Es mag wirklich zu schlimm sein, dass tote weiße europäische Männer eine so große Rolle dabei gespielt haben, unsere Kultur zu formen. Aber so ist es nun mal. Man kann Geschichte nicht ungeschehen machen.

Diese langweiligen historischen Fakten - und nicht irgendeine feige imperialistische Verschwörung - erklären den europazentrierten Blickwinkel in Amerikas Schulen. Will etwa jemand ernsthaft vorbringen, dass Lehrer die europäischen Ursprünge der amerikanischen Zivilisation zu verbergen hätten? Oder dass Schulen sich allein an den 20 Prozent ausrichten und die 80 Prozent ig-

---

128 Irving Howe (1920-1993): US-amerikanischer Literaturwissenschaftler und Hochschullehrer. Howe erwarb sich große Verdienste um die Herausgabe und Übersetzung jiddischer Literatur ins Englische.

norieren sollten? Natürlich sollten die 20 Prozent und ihre kulturellen Beiträge ebenfalls in das Curriculum integriert werden, denn darum geht es ja beim kulturellen Pluralismus.

Selbsternannte „Multikulturalisten" sind allerdings sehr häufig ethnozentrische Separatisten, die jenseits westlicher Verbrechen nur wenig im westlichen Erbe zu erblicken vermögen. Die westliche Tradition ist in ihrer Sichtweise inhärent rassistisch, sexistisch, „klassistisch" und hegemonisch; unverbesserlich repressiv, unverbesserlich unterdrückerisch. Die Ausbreitung der westlichen Kultur geschah nicht aufgrund einer ihr eigenen Qualität, sondern einfach im Zuge der Ausbreitung der politischen Macht des Westens. So ist auch die Popularität europäischer klassischer Musik rund um den Globus - und, so kann man vermuten, auch von amerikanischem Jazz und Rock - nicht etwa ein Beweis der ihr innewohnenden Anziehungskraft, sondern vielmehr „ein Muster des Imperialismus, bei dem die eroberte Kultur die Kultur des Eroberers annimmt."

Derlei Feindseligkeit gegenüber Europa liegt hinter dem wohlbekannten Kreuzzug gegen die Stanford-Kurse zur westlichen Zivilisation („Hey-hey, ho-ho, Western culture's got to go!" - „Hey-hey, ho-ho, westliche Kultur muss geh'n!"). Nach Angaben der Staatlichen Stiftung für Geisteswissenschaften kann man bei 78 Prozent aller amerikanischen Colleges und Universitäten einen Abschluss machen, ohne je einen Kurs in Geschichte der westlichen Zivilisation belegt zu haben. Eine Reihe von Bildungseinrichtungen - darunter die von Dartmouth, Wisconsin und Mt. Holyoke - verpflichtet zu Kursen in Dritte-Welt- bzw. ethnischen Studien, nicht aber in westlicher Zivilisationsgeschichte. Die Stimmung geht dahin, Amerikanern ihr sündhaftes europäisches Erbe abzunehmen und stattdessen nach erlösenden Infusionen aus nicht-westlichen Kulturen zu suchen.

III

Eine der Kuriositäten der gegenwärtigen Situation besteht darin, dass der Angriff auf die westliche Tradition weitgehend ausgeführt wird mithilfe von analytischen Waffen, die im Westen geschmiedet wurden. Wie lauten denn die Namen, die die Koalition von Neo-Marxisten, Dekonstruktivisten, Poststrukturalisten, Radikalfeministen und Afrozentristen beschwören? Marx, Nietzsche, Gramsci, Derrida, Foucault, Lacan, Sartre, de Beauvoir, Habermas, die „Kritische Theorie" der Frankfurter Schule - allesamt Europäer! Der Blitzkrieg zur „Demaskierung", „Entmythologisierung", „Entkanonisierung" und „Enthegemonisierung" der westlichen Kultur hängt an Methoden kritischer Analyse, die einzig und allein der westlichen Kultur angehören - was tatsächlich Zeugnis ablegt vom inneren Potenzial der westlichen Tradition zur Wiedergutmachung.

Selbst Afrozentristen scheinen unterbewusst alle europäischen Standards zu akzeptieren, von denen sie glauben, dass sie sie eigentlich zurückweisen würden. „Schwarze Intellektuelle verdammen die westliche Zivilisation", so Prof. Pearce Williams[129], „und versuchen dennoch leidenschaftlich nachzuweisen, dass sie von ihren eigenen Vorfahren begründet wurde." Wie Frantz Fanon[130] und Léopold Senghor[131], deren Bücher an vorderster Stelle auf ihrer Lektüreliste stehen, sind afrozentristische Ideologen intellektuelle Kinder eben jenes Westens, den sie ablehnen. Fanon, der eloquente Sprecher der afrikanischen *Verdammten dieser Erde*[132], sprach Französisch als Muttersprache und gründete seine Analysen auf Freud, Marx und Sartre. Senghor, der Vordenker der *„Negritude"*, schrieb auf Französisch, richtete das Bildungssystem des Senegal nach französischem Vorbild ein und lebte schließlich, nach Abgabe seines Amtes als Präsident des Senegal, als Pensionär in Frankreich.

Die Hegemonie des Westens, so scheint es, kann eine Quelle des Protests, aber auch eine der Kraft bedeuten. In der Tat ist die

129 Leslie Pearce Williams (1927-2015): Professor für Geschichte an der Cornell University in Ithaka/New York.

130 Frantz Fanon (1925-1961): französischer Psychiater, Politiker, Schriftsteller und Vordenker der Entkolonialisierung.

131 Léopold Senghor (1906-2001): senegalesischer Dichter und Politiker, von 1960 bis 1980 erster Präsident des Senegal.

132 *Die Verdammten dieser Erde* ist Fanons bekanntestes Werk.

Invasion amerikanischer Schulen durch das afrozentrische Curriculum, ganz zu schweigen von der Eroberung der akademischen Seminare für Englisch und vergleichende Literaturwissenschaft durch Dekonstruktivisten, Poststrukturalisten etc., eine Entwicklung, die durch sich selbst die extreme Theorie der „kulturellen Hegemonie" widerlegt. Natürlich hatte Gramsci recht: Herrschende Werte dominieren und durchdringen jede Gesellschaft. Aber sie besitzen keineswegs den starren und monolithischen Griff auf die amerikanische Demokratie, wie dies die akademische Linke behauptet.

Radikale Akademiker prangern den „Kanon" an als ein Instrument europäischer Unterdrückung, mit dem die Vorherrschaft der weißen „Rasse", des männlichen Geschlechts und der Klasse der Kapitalisten durchgesetzt werden solle. Er wurde geschaffen, um - so die Worte eines Professors - „die Vergangenheit umzuschreiben und die Gegenwart aus der Perspektive der Privilegierten und der Mächtigen neu zu erschaffen." Oder in den Worten eines anderen Gelehrten, eines Professors für theologische Ethik: „Der Kanon der großen Literatur wurde von hohen anglikanischen Arschlöchern geschaffen, um ihre soziale Klasse abzusichern."

Der armselige alte Kanon wird nicht nur als Teil einer Verschwörung, sondern auch als viel zu unbeweglich betrachtet. Doch nichts verändert sich regelmäßiger und verlässlicher als der Kanon selbst. Vergleichen Sie beispielsweise den Kanon der amerikanischen Dichtkunst, wie ihn Edmund Clarence Stedman in seinem Werk *Poets of America* (1885) festgelegt hat, mit dem Kanon von 1935 oder jenem aus dem Jahr 1985 (was ist eigentlich mit Longfellow[133] und Whittier[134]?). Erinnern Sie sich an die Änderungen, die die kanonische Literatur zur amerikanischen Geschichte im letzten halben Jahrhundert erfahren hat - wer liest eigentlich heute noch Beard und Parrington? Tatsächlich haben die Kritiker keinen grundsätzlichen Einwand gegen die Idee eines Kanons. Sie wollen einfach nur eine alte Bande gegen eine neue austauschen. Im Grunde meint

133 Henry Wadsworth Longfellow (1807-1882): US-amerikanischer Schriftsteller, Lyriker, Übersetzer und Dramatiker.

134 John Greenleaf Whittier (1807-1892): US-amerikanischer Dichter.

ein Kanon doch nur, dass man einigen Büchern den Vorzug gegenüber anderen Büchern gibt, weil man schließlich nicht alles lesen kann.

Überaus seltsam ist, dass ernstzunehmende Marxisten - Marx, Engels, Lukacs[135], Trotzki[136], Gramsci[137] - den größten Respekt für das hatten, was Lukacs „das klassische Erbe der Menschheit" genannt hat. Nun, den sollten sie auch haben, denn die meisten der großen Werke der Literatur und der Geschichtsschreibung haben eine fundamental subversive Auswirkung auf alle Orthodoxien. Bedenken Sie den gegenwärtigen amerikanischen literarischen Kanon: Emerson, Jefferson, Melville, Whitman, Hawthorne, Thoreau, Lincoln, Twain, Dickinson, William und Henry James, Henry Adams, Holmes, Dreiser, Faulkner, O'Neill. Sind das Lakaien der herrschenden Klasse? Apologeten der Privilegierten und Mächtigen? Agenten des amerikanischen Imperialismus? Ich bitte Sie!

Es wird Zeit, das Gerede von der Hegemonie auf sich beruhen zu lassen. Wäre Hegemonie so real, wie die Kulturradikalen behaupten, dann stünde der Afrozentrismus nicht da, wo er heute steht, und die Erben von William Lyon Phelps[138] würden immer noch die *Modern Language Association* betreiben.

IV

Ist die westliche Tradition ein Hemmnis für den Fortschritt und ein Fluch für die Menschheit? Täte es Amerika und der Welt wirklich gut, das europäischen Erbe abzulegen?

---

135 Georg Lukács (1885-1971): Ungarischer Philosoph, Literaturwissenschaftler und -kritiker. Lukács gilt als bedeutender Weiterentwickler einer marxistischen Philosophie und Theorie in der ersten Hälfte des 20. Jahrhunderts.

136 Leo Trotzki (1879-1940): Russischer Revolutionär, maßgeblicher Organisator der Oktober-Revolution 1917 und marxistischer Theoretiker. Nach Lenins Tod 1924 von Josef Stalin zunehmend entmachtet, wurde Trotzki 1929 ins Exil gezwungen und 1940 von einem sowjetischen Agenten in Mexiko ermordet.

137 Antonio Gramsci (1891-1937): Italienischer Schriftsteller, Journalist, Politiker und marxistischer Philosoph. Er gehörte zu den Begründern der Kommunistischen Partei Italiens.

138 William Lyon Phelps (1865-1943): US-amerikanischer Schriftsteller und Literaturwissenschaftler (Yale), der vor allem durch sein Buch *Essays on Modern Novelists* bekannt wurde.

Kein Zweifel: Europa hat schreckliche Dinge getan, nicht zuletzt auch gegenüber sich selbst. Doch welche Kultur hat das nicht? Wie Edward Gibbon[139] einst sagte: Geschichtsschreibung ist wenig mehr als das Auflisten von Verbrechen, Torheiten und Unglücksfällen der Menschheit. Die Sünden des Westens sind nicht schlimmer als die Sünden Asiens, des Mittleren Ostens oder Afrikas.

Ein entscheidender Unterschied bleibt aber zwischen westlichen und anderen Traditionen. Im Gegensatz zu anderen Kulturen hat der Westen Ideale entwickelt und umgesetzt, die seine eigenen Missetaten bloßstellen und bekämpfen. Keine andere Kultur hat Selbstkritik in ihr ureigenstes Wesen eingebaut. Die Verbrechen des Westens haben mit der Zeit ihr eigenes Gegengift hervorgebracht. Sie haben große Bewegungen zur Beendigung der Sklaverei, zur Hebung des Status der Frau, zur Abschaffung der Folter, zur Bekämpfung von Rassismus, zur Förderung der religiösen Toleranz, zur Verteidigung der Wissenschafts- und Meinungsfreiheit und zur Verwirklichung der Freiheit des Individuums sowie der Menschenrechte hervorgebracht.

Welche besonderen Verbrechen man Europa auch immer vorhalten kann - dieser Kontinent ist auch die Quelle - *die einzige Quelle* - der befreienden Ideen von der Freiheit des Individuums, der politischen Demokratie, der Gleichheit vor dem Gesetz, der Glaubensfreiheit, der Menschenrechte und der kultureller Freiheit, die unser wertvollstes Erbe darstellen und denen der größte Teil der Welt zustrebt. Diese Ideen sind *europäische* Ideen, nicht asiatische, nicht afrikanische oder nahöstliche Ideen, es sei denn durch Übernahme.

Beispielsweise sind die Freiheit der Wissenschaft, Forschung und Lehre sowie die Kunstfreiheit westliche Werte. Bedenken Sie die unterschiedlichen Reaktionen auf den Fall Salman Rushdie: Was der Westen als einen nicht hinnehmbaren Angriff auf die individuelle Freiheit betrachtete, bewertete der Nahe Osten wiederum

---

139 Edward Gibbon (1737-1794): britischer Historiker in der Zeit der Aufklärung. Sein Hauptwerk ist die 6-bändige *History of the Decline and Fall of the Roman Empire [Aufstieg und Fall des römischen Reiches].*

als eine angemessene Bestrafung für einen Übeltäter, der die Moralvorstellungen seiner religiösen Gruppe verletzte. Den Individualismus als solchen betrachten kollektivistische Kulturen, in denen die Loyalität zur Gruppe Vorrang vor persönlichen Zielen hat, mit Abscheu und Furcht – Kulturen, die, wie uns Sozialwissenschaftler sagen, 70 Prozent der Weltbevölkerung umfassen.

Es gibt für die westliche Zivilisation ganz gewiss keinen Grund, sich auf einen Canossagang zu den Verfechtern von Kulturen zu begeben, die auf Despotismus, Aberglaube, Tribalismus und Fanatismus gründen. In dieser Hinsicht gebärden sich die Afrozentristen besonders absurd. Der Westen benötigt keine Lektionen über die höherwertige Tugend jener „Leute der Sonne", die die Sklaverei aufrechterhielten, bis der westliche Imperialismus sie abschaffte (und die sie bis zum heutigen Tage in Mauretanien und im Sudan aufrechterhalten); die Frauen in Abhängigkeit halten, mehrere heiraten und ihre Genitalien verstümmeln; die rassistische Verfolgung nicht nur gegen Inder und andere Asiaten praktizieren, sondern auch gegen ihre afrikanischen Geschwister, die dem falschen Stamm angehören; die sich entweder als demokratieunfähig oder als demokratischen Ideen gegenüber feindlich gesinnt zeigen; und die mit ihren Tyranneien und Massakern, mit ihren Idi Amins und Bokassas[140], in äußerster Brutalität auf den Menschenrechten herumtrampeln. Keith B. Richburg, ein schwarzer Zeitungsmann, der drei Jahre lang als Bürochef der *Washington Post* in Afrika diente, sah aufgeblähte Leichen einen Fluss in Tansania aus jenem Wahnsinn, der Ruanda mal war, entlangtreiben und dachte:

> „Gott sei Dank bin ich da nicht dabei. Gott sei Dank, dass meine namenlosen Vorfahren, die in Ketten und Fußeisen über den Ozean gebracht wurden, es lebend herausgeschafft haben. Gott sei Dank, dass ich Amerikaner bin."

Gewiss, die europäischen Oberherren taten viel zu wenig, um Afrika darauf vorzubereiten, sich selbst zu regieren. Aber die Demokratie hätte es ohnehin schwer, Wurzeln zu fassen in einer tribalistischen und patrimonialen Kultur, die schon lange, noch ehe

140 Amin und Bokassa: Verflossene Diktatoren des Sudans bzw. der Zentralafrikanischen Republik.

der Westen in Afrika eindrang, die persönliche Autorität von Häuptlingen geheiligt und die Unterwerfung unter den Stammesgehorsam bestimmt hatte. Was man im Westen „Korruption" nennen würde, wird in weiten Teilen Afrikas als nicht mehr als das Vorrecht der Macht angesehen. Miteinander in Wettbewerb stehende politische Parteien, eine unabhängige Justiz, freie Presse oder Rechtsstaatlichkeit sind den Traditionen Afrikas fremd.

Es waren die Franzosen, nicht die Algerier, die die algerischen Frauen vom Schleier befreiten (sehr zur Verärgerung von Frantz Fanon, der die Entschleierung als symbolische Vergewaltigung betrachtete); so, wie es in Indien die Briten, nicht die Inder waren, die die schreckliche Sitte der *Suttee* beendeten - Witwen verbrannten sich selbst bei lebendigem Leibe auf den Scheiterhaufen ihrer verstorbenen Ehegatten. Und es war der Westen, nicht die nicht-westlichen Kulturen, der den Kreuzzug zur Abschaffung der Sklaverei begann - und dabei auf heftigen Widerstand stieß, insbesondere in der islamischen Welt (wo Muslime mit ausgesuchter Vorurteilslosigkeit Weiße genauso wie Schwarze versklavten). Die vielen couragierten und human gesinnten Afrikaner, die in unseren Tagen für eine menschliche Gesellschaft kämpfen, werden von westlichen Idealen dazu animiert, nicht von afrikanischen. Weiße Schuld kann auch zu weit getrieben werden!

Das westliche Engagement in Sachen Menschenrechte war zweifellos lückenhaft und unvollständig. Doch das Ideal bleibt bestehen - und faktisch sind wir ihm nähergekommen, wenn auch sporadisch. Heute ist es die *westliche* demokratische Tradition, die Menschen aller Kontinente, Glaubensrichtungen und Hautfarben anzieht und ermutigt. Als die chinesischen Studenten laut auf dem Tian'anmen-Platz nach Demokratie schrien und für sie ihr Leben hingaben, brachten sie nicht Statuen von Konfuzius oder Buddha mit, sondern ein Modell der Freiheitsstatue.

V

Das große amerikanische Asyllager, wie Crèvecoeur es nannte – nach George Washingtons Worten offen für die Unterdrückten und

Verfolgten aller Nationen –, war von Anfang an ein Experiment in einer multi-ethnischen Gesellschaft, kühner, als wir uns manchmal erinnern. Die Geschichte ist übersät mit den Überbleibseln von Staaten, die unterschiedliche ethnische, sprachliche oder religiöse Gruppen innerhalb einer einzigen Landeshoheit zu vereinigen versuchten. Die aktuellen Schlagzeilen erzählen von einer drohenden Krise oder einer bevorstehenden Auflösung in dem einen oder anderen multi-ethnischen Staatsgebilde. Bis jetzt blieb das amerikanische Experiment davon gottlob verschont, in weiten Teilen dank der Vision vom *Schmelztiegel*. „Keine andere Nation", sagte Margret Thatcher einmal, „hat so erfolgreich Menschen unterschiedlicher ethnischer und nationaler Herkunft innerhalb einer einzigen Kultur miteinander verbunden."

Doch sogar in den USA blieben ethnische Ideologen nicht ohne Wirkung. Sie haben sich gegen das alte amerikanische Ideal der Assimilierung aufgestellt. Sie appellieren an die Republik, nicht in Begriffen des Einzelindividuums, sondern in denen der Gruppenidentität zu denken und das politische System nicht nach individuellen, sondern nach Gruppenrechten auszurichten. Sie haben einen gewissen Fortschritt dabei gemacht, die USA in eine stärker segregierte Gesellschaft zu verwandeln. Sie haben ihr Bestes gegeben, um eine ganze Generation von College-Studenten gegen Europa und die Traditionen des Westens aufzubringen. Sie haben den öffentlichen Schulen ethno- und afro-zentrische und bilinguale Curricula aufgenötigt, bestens dafür geeignet, Kinder aus Minderheitengruppen von der amerikanischen Mehrheitsgesellschaft fernzuhalten. Sie erzählen jungen Leuten aus Minderheitengruppen, dass die westlich-demokratische Tradition nichts für sie sei. Sie ermuntern Minderheiten dazu, sich selbst als Opfer zu betrachten und sich in ihrem Leben mit Ausreden einzurichten, anstatt die Gelegenheiten beim Schopfe zu packen, die sich für sie angesichts der wirkmächtigen Kombination aus Minderheitenprotest und weißer Schuld eröffnet haben. Sie erfüllen die Atmosphäre mit Schuldzuweisungen und Groll und haben auf bemerkenswerte Weise die Fragmentierung des amerikanischen Lebens vorangetrieben.

Dennoch glaube ich, dass die Kampagne gegen die Idee gemeinsamer Ideale und genau *einer* Gesellschaft scheitern wird. Gunnar Myrdal hatte gewiss Recht: Auch wenn der Aufstieg der Ethnizität beträchtlichen Schaden angerichtet hat, so ist es doch nur ein oberflächlicher Enthusiasmus, zusammengerührt von schwärmerischen Ideologen und skrupellosen Profitmachern, deren Behauptung, für ihre jeweilige Minderheit zu sprechen, von den Medien gedankenlos akzeptiert wird. Ich bezweifle, dass die ethnische Begeisterungswelle Ausdruck eines Verlangens nach Apartheid bei den Minderheiten selbst darstellt. Tatsächlich ist es so, dass die Ideologen um so weniger Anklang bei der Mehrheit ihrer eigenen Gruppe finden, je mehr sie sich für die Sache des ethnischen Separatismus stark machen. Sie waren bisher weit erfolgreicher in der Verunsicherung der weißen Mehrheit als in der Bekehrung ihrer eigenen Anhängerschaft.

„Keine Nation", schreibt der Politikwissenschaftler und Immigrationsfachmann Lawrence Fuchs in seinem ausgezeichneten Buch *The American Kaleidoscope*,

> „hat sich in der Geschichte als so erfolgreich erwiesen bei der Beherrschung der ethnischen Diversität wie die Vereinigten Staaten. Keine Nation vor den Vereinigten Staaten hat jemals Diversität selbst zur Quelle der nationalen Identität und Einheit gemacht."

Der zweite Satz erklärt den Erfolg, der im ersten Satz beschrieben wird; und der Mechanismus, der Diversität in Einigkeit verwandelt, ist das amerikanische Credo, sein staatsbürgerlicher Kern - nämlich eben die assimilierende und einheitsstiftende Kultur, die heute durch die Ideologen der Ethnizität so sehr herausgefordert und nicht selten abgelehnt wird.

Es bleibt meine Vermutung als Historiker, dass die Quellen dieses Credos nicht versiegt sind. Viele Söhne und Töchter ethnischer Wohnviertel möchten immer noch ihre ethnische Prägung loswerden und so schnell wie möglich in die Vorstädte umziehen, wo sie mit weitaus größerer Toleranz empfangen werden, als dies 70 Jahre zuvor der Fall gewesen wäre. Andere mögen sich in ihren ethnischen Wohngebieten wohlfühlen und keinen Konflikt zwischen ihrer ausländischen Abstammung und der Loyalität zu Amerika sehen. Anders als die Multikulturalisten feiern sie nicht nur, was aufgrund ihres eigenen ethnischen Hintergrundes Unterschiede konstituiert, sondern auch, was sie mit dem Rest der Bevölkerung an Gemeinsamem teilen. Der Wunsch nach Leistung und Erfolg in der amerikanischen Gesellschaft bleibt eine starke Antriebskraft der Assimilation. Gunnar Myrdals Einschätzung gilt auch heute noch: „Die Minderheitenvölker der Vereinigten Staaten kämpfen um ihren Status in der Mehrheitsgesellschaft; die Minderheiten Europas kämpfen vor allem für ihre Unabhängigkeit von dieser."

Die ethnische Identifikation neigt oft zur Oberflächlichkeit. Eine Studie des Soziologen Richard Alba[141] über die Kinder und Kindeskinder von Immigranten rund um Albany, NY, zeigt, dass die am meisten populäre „ethnische Erfahrung" die Verköstigung mit Gerichten der mitgebrachten heimatlichen Küche war. Dennoch griff weniger als die Hälfte der Befragten noch zu diesen Rezepten, und nur ein Prozent aß die angestammte Kost noch jeden Tag. Nur ein Fünftel besaß noch einen Sinn für eine besondere Beziehung zu Menschen des eigenen ethnischen Hintergrunds; weniger als ein Sechstel machten ihre Kinder noch mit den eigenen ethnischen Wurzeln vertraut. Fast keiner sprach noch fließend die Sprache des alten Heimatlandes. „Es ist schwer, der Schlussfolgerung zu entgehen", schreibt Alba, „dass ethnische Erfahrung für die große Mehrheit der Weißen nur noch sehr gering vorhanden ist."

Wenn die ethnische Erfahrung für Schwarze ein gutes Stück mehr vorhanden ist, dann wegen ihres bitteren Lebens in Amerika, aber nicht wegen ihrer Nostalgie gegenüber Afrika. Doch selbst schwarze Amerikaner, die den stärksten Grund für Zynismus und Verzweiflung haben, kämpfen tapfer und patriotisch für das Land und zögen in die Vorstädte, sofern Einkommen und Rassismus es

141 Richard D. Alba (*1942): US-amerikanischer Soziologe, Professor am Graduate Center der City University of New York, CUNY.

erlaubten. Sie randalieren in den Innenstädten, nicht, weil sie Separatismus anstreben, sondern weil sie die gleichen Annehmlichkeiten und Möglichkeiten wie weiße Amerikaner wollen.

Was die Hispano-Amerikaner betrifft, so spricht nach einer Studie der RAND-Corporation die erste Generation der Hispano-Amerikaner, die in den USA geboren wurde, fließend Englisch; mehr als die Hälfte der Hispano-Amerikaner der zweiten Generation hat ihr Spanisch gänzlich aufgegeben. Eine 1996 durchgeführte Umfrage ergab, dass unter den fünf Bildungszielen 51 Prozent der hispanischen Eltern das Erlernen der englischen Sprache für am wichtigsten hielten, im Vergleich zu 11 Prozent, die sich für Spanisch, und 4 Prozent, die sich für das „Lernen hispanischer Kultur" aussprachen. Auf die Frage, wie rasch hispano-amerikanische Kinder in Englisch unterrichtet werden sollten, sagten 63 Prozent, so bald wie möglich; nur 17 Prozent waren der Meinung, dass ihre Kinder zuerst in Spanisch unterrichtet werden sollten. Als der internationale Schriftstellerband PEN in New York ein Latino-Literaturfestival veranstaltete, kamen die lateinamerikanischen Schriftsteller zu dem Schluss: „Wir wollten keine weitere ‚Barrioisierung'[142], wir sind, so, wie wir es erklärt haben, amerikanische Schriftsteller."

Als *Vista*, eine englischsprachige Monatszeitschrift für Hispano-Amerikaner, seine Leser einmal danach fragte, welche historischen Persönlichkeiten sie am meisten bewunderten, führten George Washington, Abraham Lincoln und Theodore Roosevelt die Liste an, gefolgt von Benito Juárez[143] als Viertem und Eleanor Roosevelt und Martin Luther King Jr. an fünfter Stelle. So viel nur zu den ethnischen Vorbildern. Die Latinos bilden die jüngste Einwanderungswelle und sind auch diejenigen, die am leichtesten in ihr Heimatland zurückkehren können. Dennoch strebt die Mehrheit danach, zuallererst Amerikaner zu sein.

---

142 Spanisch „barrio" – „Nachbarschaft; *barriozation* bezeichnet den Trend zur Anballung von Hispanoamerikanern in einem bestimmten Stadtviertel." (Wikipedia)

143 Benito Juárez García (1806-1872): mexikanischer Staatsmann und Präsident Mexikos von 1858 bis 1872. Er gilt als einer der größten Reformer Mexikos.

Professor Andrew Hacker[144], Autor des wertvollen und mahnenden Buches *Two Nations: Black and White, Separate, Hostile, Unequal* [„Zwei Nationen: Schwarz und Weiß, getrennt, feindlich, ungleich", A. d. Ü.], äußert sich über die Kinder von Neueinwanderern in seinen Klassen am Queens College in New York City: „Die überwiegende Mehrheit der Immigranteneltern beabsichtigt zu bleiben und zu sehen, wie ihre Kinder vollwertige Amerikaner werden. Kaum einer dieser Eltern drängt auf multikulturelle Lehrbücher oder darauf, ihre besondere Nationalität in den Unterricht einfließen zu lassen. Ihr Traum ist es, dass es ihren Söhnen und Töchtern gut geht."

Für die Identitätspolitik und den Kult der Ethnizität noch fataler ist die einfache Tatsache, dass viele, wahrscheinlich die meisten Amerikaner von gemischter Herkunft sind. Sie sehen sich nicht als Angehörige einer einzigen ethnischen Gruppe. Und die Vermischung wird von Tag zu Tag größer. Die Hochzeitsanzeigen in jeder Zeitung zeugen von der Gelassenheit, mit der Menschen Menschen unterschiedlicher Herkunft und Religion heiraten. So viele jüdische Amerikaner heiraten außerhalb ihres Glaubens, dass jüdische Offizielle sich schon um die Zukunft der amerikanisch-jüdischen Gemeinschaft sorgen. Die Mehrzahl der Japanisch-Amerikaner heiratet Kaukasier, nicht andere Japanisch-Amerikaner. Über 70 Prozent der amerikanischen Indianer heiraten Nicht-Indianer. Ehen zwischen Schwarzen und Weißen, die in 19 Bundesstaaten untersagt waren, bis der Oberste Gerichtshof 1967 dieses Verbot aufhob, sind von 2,6 Prozent aller Ehen von Schwarzen im Jahr 1970 auf 12,1 Prozent im Jahr 1993 angestiegen und steigen von Jahr zu Jahr weiter an.

Der multikulturelle Enthusiasmus hat die Einteilung der Amerikaner in Kategorien von Ethnie und Hautfarbe für Zwecke der Demographie sowie der positiven Diskriminierung [*affirmative action*] gefördert. Aber der Vermischungsprozess hat seinerseits zu

---

144 Andrew Hacker (*1929): US-amerikanischer Politikwissenschaftler und Publizist. Derzeit Professor Emeritus des Department of Political Science am Queens College in New York.

Protesten multi-ethnischer Amerikaner geführt, die darauf bestehen, berechtigt zu sein, partikularistische Identitäten abzulehnen. 1996 schlossen sich Tausende gemischt-ethnische Amerikaner dem *Multiethnischen Solidaritätsmarsch* in Washington an, um die Regierung zu drängen, der Volkszählung 2000 eine ethnisch übergreifende Kategorie hinzuzufügen.

Was auch immer das Volkszählungsbüro letztendlich tun wird, der Vermischungsprozess wird weitergehen. Derek Walcott[145], der in seiner Rede zur Nobelpreis-Verleihung 1992 die ethnischen Säuberungen in Europa verurteilte, sprach von Ländern, in denen „die Bürger nach Belieben untereinander heiraten würden, aus dem Instinkt heraus, nicht aus Tradition, bis ihre Kinder es zunehmend sinnlos finden, ihre Genealogie zu verfolgen." Amerika geht mehr und mehr diesen Weg. Tiger Woods - ein Viertel Thailänder, ein Viertel Chinese, ein Viertel Schwarzer, ein Achtel Weißer und ein Achtel Indianer - gibt uns einen Ausblick auf die Zukunft. Wir können, da bin ich mir sicher, auf die Kraft des Sexus - und der Liebe - zählen, um diejenigen zu besiegen, die versuchen, das Land in getrennte ethnische Gemeinschaften zu spalten.

VI

Die ethnische Revolte gegen den Schmelztiegel hat inzwischen den Punkt erreicht - zumindest in der Rhetorik, wenn auch, wie ich meine, noch nicht in der Wirklichkeit –, an dem die Idee einer gemeinsamen Kultur und einer einheitlichen Gesellschaft geleugnet wird. Wenn eine große Anzahl Menschen diese Idee wirklich verneint, dann wäre die Republik tatsächlich in ernsthaften Schwierigkeiten.

„30 Jahre lang", so schreibt der Historiker John Higham[146], „verschwand das Thema *Aufbau von Nationen* [*Nation Building,* A.

---

145 Sir Derek Walcott (1930-2017): Lucianisch-britischer Dichter und Schriftsteller. 1992 erhielt Walcott den Nobelpreis für Literatur.

146 John William Higham (1920-2003) war ein US-amerikanischer Historiker, Gelehrter für amerikanische Kultur, Geschichtsschreibung und Ethnizität. In den 1950er-Jahren war er ein prominenter Kritiker der „Consensus History", wel-

d. Ü.] praktisch von der Tagesordnung akademischer Historiker", und er fordert die Wissenschaftler auf, „die Entwicklung und den Aufbau nationaler und universeller Loyalitäten ernst zu nehmen – wie auch den von Loyalitäten nach Zugehörigkeit zu Ethnie, Hautfarbe und partikularistischen Aspekten." „In der Begeisterung, als wir entdeckten, wie viel es über die Erfahrungen von Völkern zu lernen gab, die früher von der Geschichtsschreibung ausgeschlossen waren", schreibt die Historikerin des US-amerikanischen Westens, Patricia Nelson Limerick[147],

> „haben wir uns von jeder Vorstellung menschlicher Basis zurückgezogen; stattdessen haben wir das amerikanische Leben in eine Ansammlung von Erfahrungen aufgeteilt. ... Haben wir uns aufgrund dieser Betonung unabsichtlich von einem Teil der Basis für Empathie, Mitgefühl, Nachvollzug und Verständnis abgeschnitten? Wäre es vielleicht an der Zeit, etwas von diesem Fundament wieder aufzubauen?"

Die Frage wirft sich von selbst auf: Wie kann man dieses Fundament wieder errichten? Wie lässt sich die Balance zwischen dem *unum* und dem *pluribus* wiederherstellen? Die alte amerikanische Homogenität verschwand vor gut über einem Jahrhundert und kehrte nie wieder zurück. Seither sind wir in der einen oder anderen Weise mit dem Problem beschäftigt, „derlei Einteilungen davon abzuhalten, die Gesellschaft dort, wo sie sich breitmachen, aufzuspalten, und stattdessen eine so stark ausdifferenzierte Gesellschaft von Grund auf gesund- und zusammenzuhalten", wie es Herbert Croly[148] vor 80 Jahren in seinem Buch *The Promise of American Life* [„Das Versprechen des amerikanischen Lebens", A. d. Ü.] beschrieb. Dies erfordere, so glaubte Croly, „ein Höchstmaß an Verbundenheit innerhalb der amerikanischen Union." Es gebe nur eine einzige Möglichkeit, durch die sich Solidarität wiederherstellen ließe, „und das sei mittels eines demokratisch-sozialen Ideals."

---

che die grundlegende Einheit der amerikanischen Werte und des amerikanischen Nationalcharakters betont und Konflikte, insbesondere Konflikte entlang der Klassengrenzen, als oberflächlich und unkomplex herunterspielt.

147 Patricia Nelson Limerick (*1951) ist eine amerikanische Historikerin, Autorin, Dozentin und Lehrerin, die als eine führende Historikerin des amerikanischen Westens gilt.

148 Herbert David Croly (1869-1930): US-amerikanischer Journalist und Autor.

Der Genius Amerikas liegt in seiner Fähigkeit, eine gemeinsame Nation aus Menschen mit höchst unterschiedlichen religiösen und ethnischen Wurzeln zu formen. Amerika schaffte dies, weil die demokratischen Prinzipien beides anbieten: das philosophische Band der Einheit und die praktische Erfahrung staatsbürgerlicher Teilhabe. Das amerikanische Credo will eine Nation, die aus einzelnen Individuen besteht, die ihre eigene Wahl treffen und die sich vor sich selbst verantwortlich fühlen, aber es will keine Nation, die auf unantastbaren ethnischen Communities beruht. Die Verfassung ruht auf individuellen Rechten, nicht auf Gruppenrechten. Das Gesetz hat von Zeit zu Zeit und um die Fehler der Vergangenheit zu berichtigen (nach meiner Auffassung oft zu Recht) die Ansprüche von Einzelgruppen anerkannt; dies aber ist die Ausnahme, nicht die Regel.

Unsere demokratischen Prinzipien setzen eine offene Gesellschaft voraus, die gegründet ist auf der Toleranz gegenüber Unterschieden und auf gegenseitigem Respekt. In der Praxis zeigte sich Amerika zu Einigen offener als zu Anderen. Heute ist es jedoch zu allen offener, als es dies gestern war, und wahrscheinlich ist es morgen noch offener als heute. Die bleibende Konstante des amerikanischen Lebens ist die einer Entwicklung von der Exklusion zur Inklusion.

Historisch und kulturell hat diese Republik eine angelsächsische Grundlage. Doch von Anfang an wurde diese Grundlage modifiziert, bereichert und erneuert durch Transfusionen von anderen Kontinenten und Zivilisationen. Der Trend von der Exklusion zur Inklusion bewirkt eine konstante Korrektur in der Beschaffenheit unserer Kultur. Die ethnischen Transfusionen betreffen alle Aspekte des amerikanischen Lebens – unsere Politik, unsere Literatur, unsere Musik, unsere Malerei, unsere Filme, unsere Küche, unsere Gebräuche und unsere Träume. Insbesondere schwarze Amerikaner haben die in stetiger Wandlung befindliche amerikanische Kultur auf vielfache Art und Weise beeinflusst. „Seit die alten Römer Griechenland erobert haben, um dann in der Folge von dieser Kultur mit ihren griechischen Sklaven und Freien erobert zu werden", so beobachtet Orlando Patterson, „ist es nicht mehr vorgekommen, dass eine die Welt dominierende Zivilisation so umfassend beeinflusst wurde durch eine so kleine Minderheit von Menschen."

Schwarze Amerikaner leben hier seit Jahrhunderten, und wenn man nicht gerade tief im rassistischen Mystizismus steckt, so gehören sie weit mehr zur amerikanischen Kultur als zur Kultur Afrikas. Ihre Geschichte ist Teil der westlichen demokratischen Tradition, nicht eine Alternative zu ihr. Henry Louis Gates Jr. erinnert uns an die Bemerkung von James Baldwin[149] darüber, wie er nach Europa kam, um dort zu entdecken, dass er „so amerikanisch ist wie irgend ein GI aus Texas." Niemand erweist schwarzen Amerikanern einen schlechteren Dienst als jene afrozentrischen Ideologen, die sie gerne aus dem Westen wegdefinieren wollen.

Erst im letzten halben Jahrhundert hat das weiße Amerika begonnen, den Rassismus, der die amerikanische Vergangenheit entstellt hat, anzuerkennen und sich ihm zu stellen. Erst im letzten halben Jahrhundert sind sich die weißen Amerikaner endlich der ethnischen Unterdrückung bewusst geworden, die während des größten Teils der amerikanischen Geschichte so unbewusst praktiziert wurde - praktiziert auf Kosten des Gleichheitsideals, das in unseren heiligen Dokumenten verankert wurde.

Es wurden freilich Fortschritte erzielt, die nicht geleugnet werden können. Wenn - angesichts eines Bevölkerungsanteils von nur 12 Prozent, den schwarze Amerikaner ausmachen - mir jemand vor einem halben Jahrhundert gesagt hätte, dass ich noch zu meinen Lebzeiten einen schwarzen General als Vorsitzenden der Vereinigten Generalstabschefs erleben würde, schwarze Richter am Obersten Gerichtshof, einen schwarzen Gouverneur von Virginia, schwarze Bürgermeister in Atlanta, Birmingham, New Orleans und anderen Städten im Süden (ebenso wie in New York, Chicago, Washington, Los Angeles, Philadelphia, Detroit, Seattle, St. Louis, Kansas City), ganz zu schweigen von Schwarzen, die in den Spitzen-Ligen spielen - wenn mir jemand all das erzählt hätte, so hätte

149 James Baldwin (1924-1987): einer der bedeutendsten afroamerikanischen Schriftsteller des 20. Jahrhunderts, der weit über die Grenzen der Vereinigten Staaten hinaus bekannt wurde.

ich mich darüber gefreut, es aber nicht geglaubt. Und doch ist all dies eingetreten.

Warum glauben dann einige Beobachter, dass die Beziehungen zwischen den ethnischen Gruppen immer schlechter werden? Der große Tocqueville beantwortete diese Frage schon vor anderthalb Jahrhunderten. Er erklärte, warum in den Jahren vor der Französischen Revolution jene Teile Frankreichs, die sich am meisten verbessert hatten, auch am unzufriedensten waren. Tocqueville schrieb:

> „Es ist nicht immer so, dass Revolutionen ausbrechen, wenn die Dinge sich vom Schlechten zum Schlechteren entwickeln. ... Lange geduldig ausgehalten, weil es schien, als sei Abhilfe unmöglich, wird ein Missstand schier unerträglich, wenn den Menschen allmählich bewusst wird, dass die Möglichkeit besteht, ihn zu beseitigen. Denn allein schon die Tatsache, dass bestimmte Missstände behoben wurden, lenkt die Aufmerksamkeit auf die verbliebenen, und diese erscheinen umso empörender; die Menschen leiden zwar womöglich weniger, aber ihre Sensibilität hat sich verschärft."

Verbesserungen im Schicksal der Menschen können daher zugleich den Widerstandsgeist befeuern.

„Es ist soziologische Wahrheit", schreibt Orlando Patterson,

> „dass Amerika heute, obwohl immer noch fehlerhaft in seinen ethnischen Beziehungen ..., die am wenigsten rassistische weiße Mehrheitsgesellschaft der Welt ist; dass es eine bessere Bilanz des gesetzlichen Schutzes von Minderheiten hat als jede andere Gesellschaft, sei sie weiß oder schwarz; dass es mehr Chancen für eine größere Anzahl von Schwarzen bietet als jede andere Gesellschaft, einschließlich aller afrikanischen; und dass es in den letzten 25 Jahren einen dramatischen Wandel durchgemacht hat in seiner Haltung hinsichtlich von Mischehen."

Das Zusammenspiel unterschiedlicher Traditionen schafft das Amerika, das wir kennen. „Obwohl es paradox erscheinen mag", so Diana Ravitch, „die USA haben eine gemeinsame Kultur, die multikulturell ist." Deswegen koexistieren einheitsstiftende politische Ideale hier so leicht und fröhlich mit der Verschiedenartigkeit von sozialen und kulturellen Werten. Innerhalb des für alle geltenden politischen Wertegerüstes haben die Menschen alle Freiheit, so zu leben, wie sie dies möchten, sei es ethnisch oder sonst wie bestimmt. Unterschiede werden immer bleiben – einige bilden sich neu, andere werden dazu benutzt, uns voneinander zu trennen. Doch in dem Maße, in dem wir unsere Loyalität zu unseren gemeinsamen Werten erneuern, verschaffen wir uns zugleich das Lösungsmittel, das verhindert, dass die Unterschiede zwischen uns zu Antagonismus und Hass heranwachsen.

Ein wichtiger Grund für die Entwicklung von der Exklusion zur Inklusion liegt darin, dass das amerikanische Credo den Anreiz beinhaltet, sich vom Hier und Jetzt auf das Ideal hin zu bewegen. Wenn wir von amerikanischen demokratischen Überzeugungen sprechen, müssen wir sie in ihren wahren Dimensionen verstehen. Sie sind keine undurchdringliche, abgeschlossene und selbstzufriedene Orthodoxie, intolerant gegen Abweichung und Widerspruch, die sich in Fahnenappellen oder Treueschwüren mit der Hand auf dem Herz erfüllt. Es handelt sich um eine sich kontinuierlich weiterentwickelnde Philosophie, die ihre Ideale durch Diskussion, Selbstkritik, Protest und Respektlosigkeit verwirklich; eine Tradition, in der alle das Recht zur Andersgläubigkeit und die Chance zur eigenen Selbstbehauptung besitzen. Jenes Credo ist das Mittel, durch das Amerikaner - mit Stockungen zwar, aber doch beharrlich - die Lücke zwischen dem Prinzip und seiner Ausführung geschlossen haben. Dies sollten alle Amerikaner beherzigen, denn es ist das, was uns alle miteinander verbindet.

Unbedingt sollten wir in dieser zunehmend sich vermischenden Welt etwas über jene Menschen erfahren, die auf anderen Kontinenten und in anderen Zivilisationen leben. Aber zu allererst müssen wir uns in unserer eigenen Geschichte auskennen. So bedauernswert es einigen auch erscheinen mag, aber wir erben eine amerikanische Erfahrung, so, wie Amerika ein europäisches Erbe übernommen hat. Die im Wesentlichen europäischen Ursprünge der amerikanischen Kultur zu leugnen bedeutet, die Geschichte zu verfälschen.

Amerikaner jeglicher Herkunft sollten stolz sein auf ihr besonderes Erbe, zu dem sie alle beigetragen haben, so wie andere Nationen hinsichtlich ihres jeweiligen eigenen Erbes stolz sind. Von seiner eigenen Kultur überzeugt zu sein bedeutet nicht, andere Kulturen geringzuschätzen zu müssen. Aber einen Schritt nach dem anderen: Keine Kultur kann erwarten, dass sie alle anderen Kulturen auf einmal in sich aufnehmen kann. Erst recht dann nicht, wenn sie sich nicht einmal zu ihrer eigenen bekennt. Erst dann, wenn wir anfangen, unsere eigene Kultur vollständig zu begreifen, können wir uns die Welt erschließen.

Unsere Schulen und Hochschulen haben die Verantwortung, Geschichte um ihrer selbst willen zu lehren - als Teil des intellektuellen Rüstzeugs zivilisierter Menschen. Sie dürfen Geschichtsschreibung nicht dadurch entwerten, dass sie zulassen, dass Lobbygruppen, gleich, ob politische, wirtschaftliche, religiöse oder ethnische, den Inhalt für die Geschichtsschreibung diktieren. Die Vergangenheit mag manchmal für die eine oder andere Minderheit eine Beleidigung bereithalten. Das aber ist kein Grund, die Geschichte als Ganzes umzuschreiben. Lobbygruppen ein Vetorecht über Lehrbücher und Unterrichtskurse einzuräumen bedeutet einen Verrat sowohl an der Historiographie als auch am Bildungsauftrag. Wird Geschichte richtig gelehrt, dann vermittelt sie einen Sinn für die Verschiedenheit, die Beständigkeit und die Anpassungsfähigkeit von Kulturen, aber auch einen Sinn für die Notwendigkeit, andere Kulturen zu verstehen, das Gespür, die Fähigkeit einzelner Menschen und Völker zu erkennen, Widerstände zu überwinden, sowie die Einsicht, wie wichtig kritische Analyse und leidenschaftsloses Beurteilen in allen Bereichen des Lebens sind.

Vor allem aber kann Geschichte ein Gefühl für die nationale Identität vermitteln. Wir müssen keineswegs dem Glauben anhängen, dass unsere Werte absolut besser seien als die unseres Nachbarn oder unseres Nachbarlandes. Aber wir haben keinen Zweifel daran, dass sie besser sind *für uns*, so erzogen, wie wir sind - und dass sie es verdienen, nach ihnen zu leben, und wert sind, für sie zu sterben. Denn unsere Werte sind keine Angelegenheit von Laune oder Zufall. Die Geschichte hat sie uns geschenkt. Sie sind in unserer nationalen Erfahrung verankert, in unseren bedeutenden nationalen Urkunden, in den Helden unseres Landes, in unseren Bräuchen, Traditionen und Übereinkünften. Menschen mit einer anderen Geschichte werden andere Werte haben. Wir aber glauben, dass unsere eigenen Werte für uns besser sind. Sie funktionieren für uns; und aus diesem Grunde leben und sterben wir mit ihnen.

Es hat viel Zeit gebraucht, um diese Werte allen Bürgern zugänglich zu machen, und wir haben dabei immer noch eine ganze Strecke vor uns. Aber wir machen Fortschritte. Wenn wir jetzt dieses wunderbare Erbe verwerfen, das die Geschichte uns hinterlassen hat, dann laden wir zur Fragmentierung der Einheit unseres Landes in einen untereinander zerstrittenen Flickenteppich von Enklaven, Ghettos und Stämmen ein. Die Bande des Zusammenhalts in unserer Gesellschaft sind hinlänglich fragil, wie mir scheint, sodass es widersinnig ist, sie durch die Aufforderung zu übertriebener kultureller und sprachlicher Apartheid noch mehr zu belasten.

Die amerikanische Identität wird niemals ganz in sich abgeschlossen und endgültig sein. Sie wird immer eine Baustelle bleiben. Änderungen in der Zusammensetzung der Bevölkerung haben stets Änderungen im Nationalethos erzeugt, und das wird sich auch nicht ändern; aber, so bleibt zu hoffen, nicht auf Kosten der Integration des Landes. Die Frage, die Amerika sich als eine pluralistische Gesellschaft stellt, ist, wie man wertgeschätzte Kulturen und Traditionen verteidigt, ohne die Bande der gesellschaftlichen Zusammengehörigkeit zu lösen: gemeinsame Ideale, gemeinsame politische Institutionen, eine gemeinsame Sprache und Kultur, ein gemeinsames Schicksal - sie alle halten die Republik zusammen.

Unsere Aufgabe ist es, die gebührende Wertschätzung der grandiosen Diversität unseres Landes zu kombinieren mit der gebührenden Betonung der großen, einigenden westlichen Ideen: Freiheit des Individuums, politische Demokratie und die Menschenrechte. Dies sind die Ideen, die Amerikas Wesen als Nation ausmachen - und die heute Menschen aller Kontinente, Hautfarben und Glaubensvorstellungen Kraft spenden.

„Was ist dann der Amerikaner, dieser neue Mensch? Hier werden Menschen aller Nationen zu einer neuen Art von Menschen umgeschmolzen." Immer noch eine gute Antwort - und noch immer das Beste, was wir uns erhoffen können.

Epilog

Multikulturalismus, Monokulturalismus und die *Bill of Rights*: Ein Update zu den Kulturkriegen (1998)

Kulturkriege? Die militärische Metapher mag ein wenig melodramatisch erscheinen. Doch seit einem Jahrzehnt haben diese sogenannten Kriege tatsächlich die amerikanische Bildungsszene aufgewühlt, Lehrpläne umgestaltet, Kanons revidiert, Schulräte verwirrt, Ehemalige verärgert und auf andere Weise den Frieden gestört.

Die unmittelbare Ursache dieser Turbulenzen ist, wie wir gesehen haben, die Herausforderung des „Multikulturalismus" – ein Neologismus, der plötzlich in die öffentliche Diskussion eingedrungen ist. Es ist seltsam, dass das Wort neu sein soll, da die Vereinigten Staaten von Geburt an eine multikulturelle Nation sind. Während des größten Teils der amerikanischen Geschichte wurde freilich das, was wir heute Multikulturalismus nennen, lediglich als eine Etappe bei der Aufnahme von Neuankömmlingen in eine gemeinsame amerikanische Staatszugehörigkeit und Kultur betrachtet.

In jüngster Zeit hat sich der Multikulturalismus nicht nur als Wort, sondern auch als Ideologie und Mystik herausgebildet. In seiner milden Form lenkt er die Aufmerksamkeit auf vernachlässigte Gruppen, Themen und Standpunkte und auf eine beschämende Ungleichgewichtigkeit in der Behandlung von Minderheiten sowohl in der Realität des Lebens als auch bei geschichtlichen Beurteilungen. Dies geschieht noch innerhalb der Vorstellung einer gemeinsamen Kultur.

Der Multikulturalismus nimmt jedoch auch eine militante Form an, in der er sich der Idee einer gemeinsamen Kultur widersetzt, die Ziele von Assimilation und Integration ablehnt und die Unveränderlichkeit unterschiedlicher und getrennter ethnischer Gemeinschaften feiert. Die extremen Separatisten, auch wenn sie oft die Fahne der Multikulturalität schwenken, stürzen sich tatsächlich über den wahren Multikulturalismus hinaus in den Ethnozentrismus – den Glauben an den höheren Wert der eigenen ethnischen Gruppe.

Militanter Multikulturalismus und Ethnozentrismus werden von verständlichen historischen Ressentiments genährt. Obwohl die amerikanische Theorie die Staatsbürgerschaft für alle öffnet, die sich zur Verfassung und den Gesetzen bekennen, war die amerikanische Praxis lange Zeit eingeschränkt und eingegrenzt. Nicht-angelsächsische Weiße wurden brüskiert und gemieden. Die meisten schwarzen Amerikaner waren bis 1865 Sklaven. Frauen konnten bis 1920 nicht wählen.

Auch wenn die Praxis die Theorie auf kurze Sicht Lügen strafte, so hat doch die Theorie die Praxis auf längere Sicht schon verändert. Die Entwicklung von der Exklusion hin zur Inklusion, holprig zwar, aber beharrlich, ist eines der großen Themen der amerikanischen Geschichte. Genau das ist es, was es möglich gemacht hat, dass eine Vielzahl von Völkern, die unterschiedliche Sprachen sprechen, eine einzige Nation bilden. Doch anstatt die Schönheit des *E pluribus unum* zu erkennen, ziehen militante Multikulturalisten es vor, das *unum* abzulehnen und dafür das *pluribus* zu verherrlichen.

All dies kommt zu einer Zeit, in der rund um den Globus die mörderische Desintegration eines Landes nach dem anderen der Frage neue Dringlichkeit verleiht: Was hält eine Nation zusammen?

> „Wir blicken mit einer Mischung aus Traurigkeit und Überlegenheitsgefühl", schreibt William Raspberry, „auf das Auseinanderbrechen der Sowjetunion und Jugoslawiens in ethnische Enklaven und sehen nicht, wie zersplittert wir selbst in den Vereinigten Staaten als Gesellschaft werden. ... Wir geben sogar den Mythos auf, dass wir alle Amerikaner sind. ... Wir sind ethnisch noch nicht so gespalten wie vielleicht Jugoslawien. Aber machen Sie sich nicht vor, dass das hierzulande nicht geschehen könnte."

Vielleicht könnte es hier passieren; aber, wie bereits erwähnt, bieten Sex und Liebe hierzu ein starkes Gegenmittel. Und starke Meinungsäußerungen gegen den spaltenden Multikulturalismus finden sich in den jüngsten Schriften der Politologen Lawrence

Fuchs und Peter Salins, der Historiker Philipp Gleason, John Higham und David Hollinger, des Soziologen Todd Gitlin und der Journalisten Bill Raspberry, Stanley Crouch, Jim Sleeper, William Pfaff und Richard Bernstein. Die Debatte tobt weiter, und es könnte von Interesse sein, einen Blick auf Themen zu werfen, die neue Bedeutung erlangt haben.

I

Die Identitätspolitik hat zu einem absonderlichen Positionswechsel zwischen der traditionellen Rechten und der traditionellen Linken geführt. Historisch gesehen war die Rechte partikularistisch, wobei sie die komplizierte Dichte des Lebens betont, etablierte Institutionen geschätzt und funkelnde Verallgemeinerungen verachtet hat. Historisch gesehen war die Linke universalistisch, wobei sie – weit abstrahierend und in umfassenden Visionen – die gesamte Menschheit einbezog. Aber der Kult der Ethnizität hat der Linken eine Richtung gegeben, durch die nach Ansicht der Radikalen alter Schule nicht nur die Spaltung von Nationen, sondern auch die Spaltung der Linken selbst droht.

In Großbritannien verurteilt der brillante marxistische Historiker Eric Hobsbawm[150] die Identitätspolitik wegen ihrer Reduktion der Linken auf eine Koalition selbstzentrierter Minderheitengruppen und -interessen. Das politische Projekt der Linken, schreibt Hobsbawm, sollte

> „für alle Menschen sein. Wie auch immer wir die Worte interpretieren, es geht nicht um Freiheit für Aktionäre oder Schwarze, sondern *für alle*. Es geht nicht um Gleichheit für Mitglieder des Garrick-Clubs oder für Behinderte, sondern *für alle*. Es geht nicht um Brüderlichkeit für alte Eton-Absolventen oder für Schwule, sondern *für alle*."

Den Identitätsgruppen jedoch „geht es um sich selbst, und sie wollen etwas für sich selbst – und für niemanden sonst. ... Aus diesem Grund kann sich die Linke nicht auf Identitätsgruppen stützen."

---

150 Eric Hobsbawm (1917-2012): Marxistisch orientierter britischer Universalhistoriker mit sozial- und wirtschaftshistorischen Schwerpunkten.

In den Vereinigten Staaten beklagt Todd Gitlin - in den 1960er-Jahren ein Aktivist, ehe er Soziologe wurde[151] - in ähnlicher Weise das, was er „das Verblassen der gemeinsamen Träume" nennt. In der Vergangenheit bejahte die Linke die Conditio humana im weiten Sinne sowie die Gleichheit aller Menschen; es war die Rechte, die von ursprünglichen Unterschieden zwischen Klassen, Nationen und Ethnien ausging. Liberale Politiker stellten ausbalancierte Programme zusammen, um mehrheitsfähige Koalitionen für allgemeine Ziele zu schmieden; die alte ethnische Politik war eine Kraft für den sozialen Zusammenhalt. Die neue ethnische Politik, so Gitlin, ist von Gruppenunterschieden besessen und propagiert damit eine „Stimmung des ‚Geh Deinen Weg für Dich'", jeder Stamm für sich selbst.

Das Ergebnis? „Heute ist es die Rechte, die eine Sprache der Gemeinsamkeiten spricht. ... Auf der linken Seite zu stehen bedeutet mittlerweile, daran zu zweifeln, dass man überhaupt von der Menschheit sprechen kann." Gitlin mag die Begeisterung der Rechten für universalistische Werte übertreiben, aber er hat sicher recht mit seinem Argument, dass der Kult der Ethnizität die Linke verwirrt und geschwächt hat. Sogar die Demokratische Partei litt eine Zeit lang unter der Plage institutionalisierter „Parteiausschüsse", die Minderheiten repräsentierten, die sich mehr darum bemühten, ihre eigenen Kümmernisse zu ventilieren, als die Partei zu stärken.

II

Die Identitätspolitik hat zu einem weiteren skurrilen Effekt geführt. Die *Bill of Rights*[152] ist einmal mehr in Gefahr, insbesondere ihr Eckpfeiler, der erste Verfassungszusatz, jener geschätzte Hüter unserer

151 Todd Gitlin (*1943): US-amerikanischer Soziologe mit dem Themenschwerpunkt Mediensoziologie, ehemaliger Sprecher (Vorsitzender) der *Students for a Democratic Society*, einer Organisation der 68er-Bewegung.

152 Die *Bill of Rights* besteht aus den ersten zehn Zusatzartikeln zur Verfassung der Vereinigten Staaten. Sie sichern den Einwohnern im Rahmen einer freien und demokratischen Gesellschaft - auf der Basis von Werten der Aufklärung - bestimmte unveräußerliche Grundrechte zu. Die *Bill of Rights* wurde vom amerikanischen Kongress am 25. September 1789 beschlossen.

Rede-, Presse-, Religions-, und Versammlungsfreiheit sowie des Petitionsrechts. In der guten alten Zeit war der erste Verfassungszusatz ein Angriffsziel der Rechten. Konservative und Hyperpatrioten waren die glühenden Verfechter von Repression und Zensur. Viele sind es noch immer, aber heute schließen sich dem Angriff auf den ersten Verfassungszusatz Identitätsgruppen der Linken an. Noch ironischer ist, dass sich die zunehmende Forderung nach Repression und Zensur auf unsere Universitäten konzentriert - die Orte, wo früher mehr als überall sonst die uneingeschränkte Meinungsfreiheit als heilig galt. Und diejenigen, die jetzt den Angriff auf die *Bill of Rights* anführen, tun dies im Namen der multikulturellen Gesellschaft.

Die Reichweite des ersten Verfassungszusatzes wurde im Laufe der Jahre durch den Prozess der „Inkorporation"[153] erweitert, und diese Erweiterung wurde, insbesondere in akademischen Kreisen, als einer der Ruhmespunkte der amerikanischen Rechtsprechung begrüßt. Erinnern wir uns an einige der erhabenen Formulierungen, die die Meinungsfreiheit bestätigt, gestärkt und erweitert haben.

> „Die Frage, die sich bei jedem Fall stellt", sagte Verfassungsrichter Holmes, „ist, ob Worte unter solchen Umständen geäußert wurden und von solcher Art sind, dass sie eine klare und gegenwärtige Gefahr[154] erzeugen können, welche die substantiellen Übel herbeiführt, die der Kongress zu verhindern befugt ist."
>
> – „Keine Gefahr, die von einer Rede ausgeht", sagte Verfassungsrichter Brandeis, „kann als klar und gegenwärtig betrachtet werden, es sei denn, das Eintreten der befürchteten Übel steht so unmittelbar bevor, dass sie sich einstellen könnten, noch ehe es eine Gelegenheit zur umfassenden Erörterung gibt. Gesetzt den Fall, dass Zeit vorhanden ist, um durch Erörterung die Unwahrheiten und Fehlschlüsse aufzudecken und die Übel durch Pro-

---

153 *Incorporation* bezieht sich auf die seit 1865 stattfindende zunehmende Anwendung der *Bill of Rights* auch auf Ebene des Rechts der Bundesstaaten.

154 Schlesinger stellt hier in aller Kürze das von Verfassungsrichter Holmes 1919 entwickelte Konzept von "clear and present danger" vor, seither ein Fachbegriff im US-amerikanischen Recht. Hier jeweils als „klare und gegenwärtige Gefahr" wiedergegeben.

> zesse von Erziehung und Bildung abzuwenden, dann besteht die anzuwendende Maßnahme zur Abhilfe in mehr Worten, nicht in erzwungenem Schweigen."

Ich habe vorhin den Punkt von Verfassungsrichter Holmes zitiert, dass Freiheit nicht nur „freies Denken für diejenigen bedeutet, die mit uns übereinstimmen" - welcher besonderen Tugend bedarf das schon? -, „sondern Freiheit gerade für den Gedanken, den wir hassen."

Freiheit für den Gedanken, den wir hassen: Dieser Grundsatz wird jetzt aus multikultureller Perspektive angegriffen. Fast während des gesamten 20. Jahrhunderts war der Gedanke, den wir hassen, das totalitäre politische Denken: Faschismus, Nationalsozialismus, Kommunismus. Viele argumentierten damals, dass die Redefreiheit nicht so weit gehen sollte, dass sie zum Mittel ihrer eigenen Zerstörung wird; dass denjenigen Freiheit verweigert werden sollte, die die Freiheit dazu benutzen, um die Freiheit zu zerstören. Unter dem Druck erst des heißen, dann des Kalten Krieges zog sich der Oberste Gerichtshof bisweilen etwas zurück beim Auslegen des ersten Verfassungszusatzes, wenn es um den Schutz hasserfüllter ideologischer Äußerungen ging. Aber im Großen und Ganzen hat die *Bill of Rights* heiße und kalte Kriege unbeschadet überstanden.

So verwarf das Gericht mitten im Zweiten Weltkrieg, in einer Zeit höchster patriotischer Inbrunst, in der das Leben der Nation tatsächlich in Gefahr war, ein Gesetz aus West Virginia als Verstoß gegen den ersten Verfassungszusatz, das Schulkinder dazu verpflichtete, zu salutieren und der amerikanischen Flagge die Treue zu schwören. Die „Freiheit, abzuweichen", schrieb Verfassungsrichter Jackson für das Gericht, „ist nicht auf Dinge beschränkt, die eher unwichtig sind. Das wäre nur ein Schatten der Freiheit. Der Prüfstein ihrer Substanz ist das Recht, in den Dingen abzuweichen, die den Kern der bestehenden Ordnung berühren."

Denkwürdig ist auch Verfassungsrichter Jacksons Anschlussüberlegung:

> „Wenn es irgendeinen Fixstern im Sternbild unserer Verfassung gibt, dann ist es der, dass kein Amtsträger, ob von hohem oder niederem Rang, vor-

schreiben kann, was in Politik, Nationalismus, Religion oder anderen Meinungsfragen die wahre Lehrmeinung ist. ... Wenn es irgendwelche Umstände gibt, die eine Ausnahme davon zulassen – jetzt gerade sind sie für uns nicht ersichtlich."

Leider sind sie den Fachleuten der Identitätspolitik ersichtlich. Der Oberste Gerichtshof allerdings gab seine Entscheidung gegen den obligatorischen Fahnengruß und Fahneneid am Flaggentag 1943 bekannt – als junge Amerikaner an vielen Fronten auf der ganzen Welt für diese Flagge kämpften und auch starben; und das amerikanische Volk, weit entfernt davon, das Gericht zu verurteilen, applaudierte damals der Entscheidung als einer sehr klaren Aussage darüber, wofür wir kämpften.

Während des Kalten Krieges behielt das Gericht im Allgemeinen seine Linie bezüglich des ersten Verfassungszusatzes bei. Im Fall *Brandenburg vs. Ohio* bestätigte es Verfassungsrichter Holmes' Kriterium – ob klare und gegenwärtige Gefahr droht – in einer Neufassung. Im Fall *Skokie* bekräftigte es das Recht von Neonazis, durch die Straßen dieser Stadt in Illinois zu marschieren, in der Holocaust-Überlebende und ihre Familien wohnen. Verletzte Gefühle wurden nicht als überzeugender Grund dafür angesehen, um verfassungsmäßigen Schutz aufzuheben. Wie Verfassungsrichter Brennan es im Fall *Texas vs. Johnson* formulierte – einem Fall, in dem ein Demonstrant eine amerikanische Flagge verbrannte:

„Wenn es ein Grundprinzip gibt, das dem ersten Verfassungszusatz zugrunde liegt, dann dies, dass die Regierung die Äußerung einer Idee nicht verbieten darf, nur weil die Gesellschaft die Idee selbst beleidigend oder widerwärtig findet."

III

Dies ist die Auslegung der *Bill of Rights*, welche die Vorkämpfer der Identitätspolitik zu verwerfen entschlossen sind. Der Bericht von Henry Louis Gates Jr. über eine schwarze Reaktion gilt auch für andere Identitätsgruppen:

„Die bürgerlichen Freiheiten werden von vielen als das Haupthindernis für die Bürgerrechte angesehen. ... Das Schlagwort unter vielen schwarzen Ak-

…nd schwarzen Intellektuellen ist nicht mehr der politische Impera- … Schutz der Redefreiheit; es ist vielmehr der moralische Imperativ … nterdrückung von ‚Hassrede'."

…r Begriff „Hassrede" selbst ist neu. Er taucht weder in Le- … d Levys *Encyclopedia of the American Constitution* (1986) noch in M. Glenn Abernethys *Civil Liberties under the Constitution* (1989) oder in Kermit A. Halls *Oxford Companion to the Supreme Court* (1992) als Konzept oder auch nur als Indexeintrag auf. Auch der verwandte Begriff „Political Correctness" hat es weder als Konzept noch als Indexeintrag in diese nützlichen Werke aufgenommen zu werden geschafft.

Nun ist die Redefreiheit kein Absolutum. Wir regulieren das Sprechen jeden Tag durch Gesetze, die üble Nachrede, Verleumdung, Meineid, irreführende Werbung, Anstiftung zu einer Straftat und so weiter unter Strafe stellen. Kein Urteil kommt um die Abwägung widerstreitender Rechtsgüter herum. Aber in einer freiheitlichen Demokratie muss immer zugunsten der Redefreiheit gemutmaßt werden, es sei denn, es gibt erdrückende handlungspraktische Argumente für Regulierung und Zensur.

Das Hervorheben von Hassreden bringt eine neue Sichtweise der Verfassung mit sich. Nach traditionellem Verständnis ist die Verfassung eine Charta für Individuen, und die *Bill of Rights* fügt nach diesem Verständnis einen weiteren spezifischen Schutz für Individuen hinzu. Doch die Identitätspolitik betrachtet Gruppen, nicht Individuen, als die grundlegenden, von der Verfassung betrachteten Entitäten und möchte darum die Rechte des Einzelnen beschneiden, um die Rechte von Gruppen zu schützen. So beklagt Professorin Kathryn Abrams von der Cornell Law School „die habituelle Betrachtung von Rechtssubjekten in der Verfassung als miteinander unverbundene Individuen." Sie behauptet, dass „die freie Meinungsäußerung in den Vereinigten Staaten übermäßig geschützt ist" und dass „wir Begrenzungen der freien Meinungsäußerung im intellektuellen Leben benötigen", um „den Respekt für und die Anerkennung von Gruppen, die politisch marginalisiert sind", zu stärken.

Angesichts des nationalsozialistischen Antisemitismus hatte der Oberste Gerichtshof während und nach dem Zweiten Weltkrieg eine kurze Affäre mit dem Konzept der „Verleumdung von Gruppen". Doch sein positives Urteil (mit 5 zu 4 Stimmen) im Fall *Beauharnais vs. Illinois* (1952) wurde in späteren Entscheidungen effektiv wieder aufgehoben. Ebenso wenig haben sich der Kongress und die Gesetzgeber der Bundesstaaten dafür entschieden, der Auffassung von der *Verleumdung von Gruppen* zu folgen. Schließlich steht die Idee, die Verfassung sei der Hort der Rechte für Gruppen, nicht für Individuen, im Widerspruch zu dem von den Verfassungsrichtern Holmes, Brandeis, Jackson und Brennan so überzeugend entwickelten amerikanischen Konzept der bürgerlichen Freiheitsrechte.

Und dennoch: Die Idee der Gruppenrechte wird von qualvollen Gefühlen vorangetrieben: den Gefühlen von Holocaust-Überlebenden in Skokie, den Emotionen von Frauen, die für so lange Zeit Opfer von Belästigung und Missbrauch waren, den Gefühlen von Schwarzen, die verachtet und gedemütigt wurden, den Gefühlen von allen verunglimpften und verfolgten Minderheiten. Eingedenk des Holocausts sowie von Sorgen um wachsende ethnische Spannungen ist es verständlich und ehrenwert, dass sich demokratische Regierungen darum bemühen, die Ausbreitung von ethnischem und rassistischem Hass zu stoppen. Die Vereinten Nationen gehen mit dem Internationalen Übereinkommen zur Beseitigung jeder Form von Rassendiskriminierung (1966) voran, welches die Unterzeichnerstaaten auffordert, „jede Verbreitung von Ideen, die auf rassischer Überlegenheit oder Rassenhass beruhen, als strafbare Handlung unter Strafe zu stellen."

Verschiedene Nationen sind dem Kurs der Gruppenrechte gefolgt. Man kann verstehen, warum Deutschland im Lichte seiner eigenen schrecklichen Vergangenheit Neonazis und Holocaust-Leugner als klare und gegenwärtige Gefahr definiert und Maßnahmen ergreift, um dies gesetzlich zu verbieten. Aber auch westliche Länder mit gefestigten demokratischen Traditionen haben Gesetze verabschiedet, die die Verbreitung von Materialien bestrafen (ich zitiere das britische *Gesetz über Rassenbeziehung* [Racial Relations

Act] von 1965), die den „Hass gegen jeglichen Teil der Öffentlichkeit in Großbritannien schüren, der sich in Bezug auf Hautfarbe, Rasse, ethnische oder nationale Herkunft unterscheidet", einschließlich „drohender, ausfälliger oder beleidigender" Äußerungen. Paragraph 319 des kanadischen Strafgesetzbuches ist in ähnlicher Weise darauf ausgerichtet, eine gegen ethnische und religiöse Gruppen gerichtete Hasspropaganda zu verbieten. Viele demokratische Länder besitzen ähnliche Statuten.

IV

Solche Präzedenzfälle unterstützen das Argument für eine Zensur von Hassrede in den Vereinigten Staaten. Das Problem erlangt besondere Intensität in Bildungseinrichtungen. Ist es nicht so, dass, wenn unhaltbare Äußerungen Schutz genießen, Studenten aus Minderheiten daran gehindert werden, gleichberechtigt am universitären Leben teilzunehmen? Ist es nicht so, dass Hassrede die eigentlichen Voraussetzungen von Bildung untergräbt, indem sie den Gleichheitsgrundsatz unterhöhlt? Schützt die Verfassung nicht ebenso die Gleichheit wie die Freiheit? Ist der vierzehnte Verfassungszusatz nicht genauso Teil der Verfassung wie der erste? „Das Gleichheitsprinzip und die Meinungsfreiheit", so schreibt Catherine MacKinnon, „befinden sich in diesem Land auf Kollisionskurs."

Diese Argumentationslinie spricht geplagte Schulräte an und fördert die Institutionalisierung von Identitätspolitik durch Sprachregelungen, die Überwachung von Vorlesungen, die Duldung der Zerschlagung von Hochschulzeitungen, ja sogar die Kontrolle privater Unterhaltungen (einschließlich von Witzen) - all dies schränkt den Bereich ein, in dem freie und ungehinderte Meinungsäußerung erfolgen kann.

Die Obsession mit dem „Mangel an Sensibilität" - dem Gefühl, dass es in Ordnung ist, Worte zu verbieten, wenn sie die Gefühle eines anderen verletzen - ist eine Hauptquelle für den Angriff auf den ersten Verfassungszusatz. Zweifellos können verbale Verunglimpfungen und Beleidigungen durch Campus-Mobber wehrlose Personen verärgern und einschüchtern. Aber sind Verletzungen, die durch Worte dem persönlichen Empfinden zugefügt werden, wirklich ausreichend schwerwiegend und dauerhaft, um eine so drastische Abhilfe zu erfordern, wie es die Einschränkung des ersten Zusatzartikels ist? Sicherlich gibt es viele Möglichkeiten unterhalb von Zensur, mit denen leitende Personen im Bildungswesen in der Lage wären, Intoleranz zu entmutigen und zu verurteilen.

Der Gefühlsverletzungs-Standard kann ohne Zweifel zu weit getrieben werden. Als Henry Louis Gates Jr. den Afrozentrismus als eine „Voodoo-Methodologie" zu charakterisieren wagte, sprachen vierzehn Gelehrte, angeführt von den Lehrstühlen der Abteilung für Anthropologie an der Johns-Hopkins-Universität, der Abteilung für Religion am Trinity College und der Abteilung für Schwarze Studien an der Universität von Massachusetts, ernsthaft eine Rüge gegen ihn aus: Er sei „grob unsensibel", denn, so die Begründung, sein Kommentar würdige „die Grundlage der religiösen Überzeugungen und Praktiken von Millionen" von Voodoo-Anhängern herab. Sie gingen sogar so weit, ihn mit George Bush zu vergleichen.

Am Ende dieses Weges der mangelnden Sensibilität finden wir dann Ayatollah Khomeini und Salman Rushdies *Satanische Verse*. Rechtfertigt die Tatsache, dass die *Satanischen Verse* die Gefühle fundamentalistischer Muslime verletzen, wirklich die Fatwa Khomeinis, sein gegen Salman Rushdie ausgesprochenes Todesurteil? Bernard Shaw sagte einmal: „Alle großen Wahrheiten beginnen als Blasphemie." Mit dem Gefühlsverletzungs-Standard wären zu ihrer Zeit Mark Twain, Ambrose Bierce, Mr. Dooley, H. L. Mencken und noch viele andere zum Schweigen gebracht worden, deren beißender Spott das amerikanische Leben tatsächlich bereichert, erleuchtet und verbessert hat.

Wie erfolgreich sind antirassistische Regelungen bei der Unterbindung der Verbreitung rassistischer Ideen überhaupt gewesen? In Deutschland haben rassistische Graffitis und Belästigungen von Juden, Homosexuellen und Ausländern zugenommen. Großbritannien berichtet von keinem Rückgang des Rassismus. In Kanada jubilierten Feministinnen, die sich auf die Rechtstheorien von Catherine McCannon beriefen, als der Oberste Gerichtshof des Landes die Befugnis des Staates bestätigte, literarische und visuelle Ausdrucksformen zu verbieten, wenn sie Frauen „erniedrigen" und „entmenschlichen". Die hauptsächliche Folge bestand allerdings darin, dass der kanadische Zoll Bücher beschlagnahmte, die von lesbischen Buchhandlungen bestellt worden waren. Weder die europäische noch die kanadische Erfahrung zeigen, dass Zensur wirksamer wäre, um eine tolerante und harmonische Gesellschaft zu bewirken, als eine freie Diskussion.

Wenn Hassrede zu körperlichen Übergriffen und Gewalt führt, ist das freilich eine andere Sache, und sie erfordert rasche und scharfe Gegenmaßnahmen. Viele der bestehenden Gesetze widmen sich allerdings Gewaltverbrechen. Und sicher wäre es eine gute Idee, eine Strafverschärfung in Betracht zu ziehen, wenn Hass nachweislich das Motiv für Gewalt ist. Aber Gedanken aus der Öffentlichkeit in den Untergrund zu verbannen, dürfte lediglich dazu führen, dass sie eines Tages explosionsartig ausbrechen werden.

Darüber hinaus könnte die Zensur rassistischer Äußerungen sehr wohl Präzedenzfälle für die künftige Zensur anderer Arten von Äußerungen schaffen. Manche Multikulturalisten tun diesen Punkt ab mit der Begründung, dass die Meinungsfreiheit als Wohltat für Minderheiten überschätzt werde. „Afroamerikaner und andere farbige Menschen", so schrieb Professor Charles Lawrence, damals noch an der Stanford Law School,

> „sind skeptisch gegenüber dem Argument, dass selbst die schädlichste Rede unreguliert bleiben müsse, weil auf einem unregulierten Marktplatz der Ideen die besten ihren Weg nach oben machen würden. Die Erfahrung sagt genau das Gegenteil. Farbige Menschen haben zu viele Demagogen gesehen, die mit Anleihen an den amerikanischen Rassismus gewählt wurden."

Man fragt sich, wo Professor Lawrence während des letzten halben Jahrhunderts gewesen ist. Die Erfahrung zeigt doch im Gegenteil, dass auf dem unregulierten Marktplatz der Ideen die Rede von der „weißen Vorherrschaft" inzwischen verschwunden ist und die Idee der ethnischen Gleichheit im Prinzip - wenn auch leider nicht in der Praxis - akzeptiert wurde. Es war, woran uns Henry Louis Gates Jr. erinnert, eben genau der erste Verfassungszusatz, der „den Protesten, den Kundgebungen, der Organisation und der Agitation, die die Nation wachgerüttelt haben", die Zulässigkeit gewährt hat. Es spricht kaum ein besseres Argument für die *Bill of Rights* als die Revolution, die in den ethnischen Beziehungen im letzten halben Jahrhundert stattfand.

Niemand braucht den ersten Zusatzartikel mehr als diejenigen, die versuchen, die Gesellschaft zu verändern. Radikale sind immer in der Minderheit, und Minderheiten profitieren am meisten vom Schutz durch die *Bill of Rights*. Die Meinungsfreiheit mag manchmal beleidigend, abscheulich, abstoßend und ein Instrument von Herrschaft und Unterdrückung sein; aber historisch gesehen war die Meinungsfreiheit bei weitem bedeutsamer als ein Mittel - nein: als *das* Mittel - zur Erlangung von Freiheit. Wie Norman Corwin es kürzlich formulierte, an den sich die Älteren unter uns als Autor der vor einem halben Jahrhundert gefeierten Radiosendung über die *Bill of Rights* mit dem Titel *We Hold These Truths*[155] erinnern werden:

> „Die *Bill of Rights* bietet nicht die Freiheit, von einer Meinung verschont zu werden. Eine Idee zu verschweigen, weil sie eine Minderheit beleidigen könnte, schützt diese Minderheit nicht. Sie beraubt sie vielmehr des Werkzeugs, dessen sie am meisten bedarf: des Rechts auf Gegenrede."

Es gibt für Reformer keine selbstkastrierendere Position als die Beschränkung von Debatte und Rede. Und die Strategie der Zensur übergibt die Frage der freien Meinungsäußerung zu allem Überfluss nach rechts, macht Rassisten zu Vorkämpfern des ersten Verfassungszusatzes und lenkt so die Aufmerksamkeit von dem Gift ab, das sie absondern.

Es entbehrt nicht der Ironie, dass das, was die Multikulturalisten als fröhliches Feiern der Diversität gestartet haben, als grimmiger Kreuzzug für Konformität endet.

---

155 Mit dieser Formulierung beginnt der Absatz in der Unabhängigkeitserklärung der USA, in dem die Menschenrechte erklärt werden.

V

Die Linke hat kein Monopol auf politische Korrektheit - und dies sollte umsichtige Multikulturalisten dazu veranlassen, die Weisheit einer Strategie der Zensur noch weiter in Frage zu stellen. „Der Zensor", bemerkt Louis Menand weise, „klingelt immer zweimal." Die Rechte hat ihre eigene Version von politischer Korrektheit; und wenn politische Korrektheit zur Regel wird, kann die Rechte weit größere Menschenmengen für den Monokulturalismus gewinnen als die Linke für den Multikulturalismus.

Die Monokulturalisten sind Hyperpatrioten, Fundamentalisten, Evangelikale, Anhänger der Laissez-faire-Doktrin, Homophobe, Abtreibungsgegner, Vertreter eines uneingeschränkten Rechts zum Tragen von Waffen und andere Eiferer. Sie halten Invektiven gegen Ideen und Bücher, die sie für blasphemisch, atheistisch, sozialistisch, säkular-humanistisch, pornografisch oder unamerikanisch halten, und versuchen, den unglückseligen jungen Menschen ihre eigenen verkniffenen, wütenden und monistischen Vorstellungen von Amerika aufzuzwingen.

Linke politische Korrektheit ist systematischer durchdacht und in ihrer Rationalisierung prätentiöser. Sie konzentriert ihr Korrektivprogramm auf die Hochschulen. Rechte politische Korrektheit ist primitiver und emotionaler. Sie konzentriert ihr Korrektivprogramm auf öffentliche Schulen, öffentliche Bibliotheken, lokale Zeitungen sowie auf lokale Radio- und Fernsehstationen.

Linke politische Korrektheit irritiert und ist ein Ärgernis. Sie wird dann zu einer Bedrohung für die Jugend, wenn sie in die öffentlichen Schulen eindringt, wie sie es in ihrer afrozentrischen Gestalt in der Tat in mehreren unserer Städte schon getan hat. Solange sie nur an Hochschulen operiert, trifft sie auf Studenten, die reif genug sind, um für sich selbst zu sorgen, und die, wenn sie nicht reif genug sind, ohnehin nur schwer von etwas überhaupt zu überzeugen sind.

Rechte politische Korrektheit erwischt Kinder, bevor sie alt genug sind, um für sich selbst zu sorgen, und in einem Umfeld, in dem es selten zu Meinungsverschiedenheiten kommt. Sie ist eine

Waffe, mit der Kleinstadt-Frömmler, die gegen Darwin, Marx, J. D. Salinger, Judy Blume und andere Schurken zu Felde ziehen, die Kontrolle über Schulausschüsse und Bibliotheksräte an sich reißen und Lehrer, Bibliothekare und Schüler terrorisieren.

Monokulturalisten missbrauchen Geschichtsschreibung ebenso eklatant wie Multikulturalisten. Sie säubern die Vergangenheit und träufeln ihr ihren eigenen Kanon patriotischer Helden und Mythen ein. Das ist natürlich schon früher passiert. Vor kurzem stieß ich auf eine Erklärung meines Vaters, die 1941 von der American Historical Association übergenommen wurde.

> „Echter Patriotismus", so seine Erklärung, „erfordert – nicht weniger als Ehrlichkeit und solide Wissenschaft –, dass Lehrbuchautoren ein wahrheitsgetreues Bild der Vergangenheit präsentieren sollten. Diejenigen, die sich dieser Ansicht widersetzen, scheinen zu glauben, dass die Geschichte der Vereinigten Staaten Dinge enthält, die so schändlich sind, dass es für die Jugend gefährlich ist, davon zu hören. ... Umstrittene Fragen in der historischen Darstellung wegzulassen, wie es manchmal angemahnt wird, hieße, das geschichtliche Erbe zu verstümmeln und zu verzerren. Die Geschichte des amerikanischen Volkes wurde auf dem Amboss der Erfahrung geschmiedet. Es ist eine Geschichte von Errungenschaften, oft gegen große Widerstände. Einige der glorreichsten Passagen bestanden im Kampf um die Überwindung sozialer und wirtschaftlicher Ungerechtigkeiten."

Die religiöse Rechte ist besonders gut organisiert, kapitalkräftig und skrupellos. Sie spielt eine verdächtige Rolle, wenn es darum geht, die Entfernung ketzerischer Bücher aus öffentlichen Schulen und Bibliotheken zu fordern. Sie unterstützt die Bewegung, die Schulen zu zwingen, die biblische Schöpfungs-Doktrin des „Kreationismus" auf die gleiche wissenschaftliche Ebene zu stellen wie die Evolution. Eine konservative religiöse Gruppierung, *Citizens for Excellence in Education*, hat kürzlich Halloween als heidnischen Feiertag entlarvt, unter dessen Deckmantel Hexen ihre bösen Pläne vorantreiben. Pastor Pat Robertson hat sogar die alte Theorie wieder aufleben lassen, dass die Übel der modernen Welt dem teuflischen Werk von Adam Weishaupt und den Illuminaten im Bayern des 18. Jahrhunderts zu verdanken sind.

Erinnern Sie sich an Mr. Dooleys Definition eines Fanatikers: jemand, der „das tut, was Gott der Herr seiner Meinung nach täte, wenn er nur jeweils die Fakten des Falles kennte"? Ehrliche, gottesfürchtige, unkomplizierte Personen, die glauben, sie vollstrecken den Willen des Herrn, sind sogar eine noch größere Bedrohung für die *Bill of Rights* als aufgeblasene, hochkompliziert Denkende auf den College-Campussen, die sich zumindest nicht als auserwählte Kämpfer für den Allmächtigen betrachten.

Politische Korrektheit, ob aufseiten der Linken oder der Rechten, ist ein Schandfleck für eine freie Demokratie. Der erste Verfassungszusatz hat der Republik gut gedient. Seine Bedeutung verringern zu wollen gefährdet unsere Freiheiten. Wie schrieb Tocqueville doch vor anderthalb Jahrhunderten? „Es ist das Genießen einer gefährlichen Freiheit, durch welche die Amerikaner die Kunst erlernen, die Gefahren der Freiheit weniger furchtbar zu machen."

Schlesingers Bücherecke – ein gutes Dutzend Bücher oder: Unerlässliche Lektüre zum Verständnis Amerikas

Ein gutes Dutzend Bücher? Selbst Hunderte oder gar Tausende Bücher würden der Aufgabe nicht gerecht. Alle Länder sind schwer zu verstehen, und trotz ihrer kurzen Geschichte sind die Vereinigten Staaten von Amerika schwerer zu verstehen als die meisten anderen Länder. Wegen ihrer Flächendimension, der Zahl ihrer Menschen und wegen ihrer weit ausgreifenden Träume, ihrer Großspurigkeit, ihrer Unberechenbarkeit und wegen ihrer Heterogenität. Dennoch haben die Vereinigten Staaten trotz allem eine unverwechselbare nationale Identität. Hier, in chronologischer Reihenfolge, sind nun ein gutes Dutzend Bücher, die das Selbstverständnis Amerikas beschrieben, definiert und bereichert haben.

The Federalist (1787–1788).

Diese Schrift entstand als Erklärung und Verteidigung der amerikanischen Verfassung. Sie überlebt als eine brillante Auslegung der Grundprinzipien demokratischer Regierung. Die 85 föderalistischen Schriften, verfasst hauptsächlich von Alexander Hamilton[156] und James Madison[157], erschienen zwischen Oktober 1787 und Mai 1788 in den Zeitungen von New York City, wurden in allen dreizehn Bundesstaaten nachgedruckt und während der Debatten über die Ratifizierung der Verfassung eifrig gelesen – und werden es bis heute. Kann man sich vorstellen, dass heute irgendeine Zeitung, selbst die *New York Times* im Ferienmonat August, eine Serie von

156 Alexander Hamilton (1757 oder 1755-1804): US-amerikanischer Staatsmann, einer der Gründerväter der Vereinigten Staaten, deren erster Finanzminister und einer der ersten Staatstheoretiker der repräsentativen Demokratie.

157 James Madison (1751-1836): Von 1809 bis 1817 der vierte Präsident und einer der Gründerväter der Vereinigten Staaten. Den Ideen der Aufklärung verpflichtet, war er Autor großer Teile der US-Verfassung und entwarf die *Bill of Rights*.

solcher Länge und mit solchem Stellenwert herausbringt - außer, sie würde vom Unabomber dazu erpresst?

Thomas Jefferson:
Schriften (*Library of America*[158], 1984).

Jefferson verkörperte in sich selbst viel von der amerikanischen Vielseitigkeit. Er war ein Architekt, Pädagoge, Erfinder, Paläontologe, Weinkenner, Fiedler, ein gerissener Diplomat, ein gewiefter Politiker und ein brillanter Prophet der Freiheit mit Worten, die den menschlichen Weg durch die Jahrhunderte erleuchten. Präsident John F. Kennedy bezeichnete einst ein Dinner von Nobelpreisträgern als die außergewöhnlichste Ansammlung menschlichen Wissens, die je im Weißen Haus zusammengekommen war - „mit der Ausnahme möglicherweise, wenn Thomas Jefferson allein zu Abend aß."

Aber Jefferson war ein Mann der Widersprüche: Ein Verfechter der menschlichen Freiheit, der, als er starb, seine Sklaven nicht, wie George Washington dies getan hatte, in die Freiheit entließ; ein Verteidiger der freien Presse, der es bevorzugte, Redakteure wegen ehrverletzender Nachrede strafrechtlich zu verfolgen; ein Verfechter strenger Verfassungsauslegung, der das heilige Dokument um des Kaufs von Louisiana willen verbog. Andere frühe Präsidenten bemerkten, dass Henry Adams, unser brillantester Historiker, mit breiten Pinselstrichen gemalt werden konnte, Jefferson aber „konnte nur Strich für Strich, mit einem feinen Stift, gezeichnet werden, und die Perfektion des Bildnisses hing vom wechselnden und unsteten Flackern seiner halbtransparenten Schatten ab." Die *Library of America*, dieses unschätzbare Verlagsprojekt, vereint Jeffersons bemerkenswerteste Schriften in einem einzigen Band, darunter seine *Autobiographie* sowie seine wichtigsten Reden und eine Auswahl seiner Briefe.

---

158 Name einer vom gleichnamigen gemeinnützigen Verlagshaus herausgegebenen Buchreihe, die Klassiker der amerikanischen Literatur für die breite Öffentlichkeit verfügbar macht.

Alexis de Tocqueville: *Democracy in America* (zwei Bände: 1835 und 1840).

Das Konzept des „Nationalcharakters" hat in wissenschaftlichen Kreisen ein Schattendasein geführt; aber kann jemand wirklich bestreiten, dass Engländer dazu tendieren, sich deutlich von Franzosen zu unterscheiden, so wie Deutsche von Italienern? Und kann jemand dieses außergewöhnliche Buch über seinerzeit ein Land mit 13 Millionen, an der Atlantikküste lebenden Menschen lesen, ohne zu erkennen, wie viel von der Beschreibung und Analyse immer noch auf die Nation von 265 Millionen Menschen zutrifft, die sich heute von Ozean zu Ozean erstreckt?

Als Tocqueville, ein 25-jähriger französischer Adliger, 1831 in die Vereinigten Staaten kam, interessierte er sich mehr für die Demokratie als für Amerika - oder besser gesagt, er interessierte sich für Amerika als Testfall für die „große demokratische Revolution", die seiner Meinung nach „universell und unwiderstehlich" war und die nur darauf wartete, die Welt zu verändern. Die große Frage war, ob diese Revolution zu „demokratischer Freiheit oder demokratischer Tyrannei" führen würde. Obwohl er über die „Tyrannei der Mehrheit" besorgt war, glaubte Tocqueville, dass die Macht freiwilliger Zusammenschlüsse und dazwischengeschalteter Institutionen Amerika auf den Weg zur demokratischen Freiheit gebracht habe. Er reiste von Mai 1831 bis Februar 1832 durch das Land (und kam nie zurück). Aber in diesen neun Monaten war er so tief in die amerikanischen Institutionen und den amerikanischen Charakter eingetaucht wie niemand zuvor oder danach. Mehr als anderthalb Jahrhunderte später erhellt sein großes Werk immer noch die amerikanische Gesellschaft.

Ralph Waldo Emerson[159]: Essays and Lectures (Library of America, 1983).

Niemand hat den amerikanischen Glauben an die Souveränität des Individuums so brillant, so lyrisch und so süffisant zum Ausdruck gebracht wie Emerson. Geboren 1803, ausgebildet für ein geistliches Amt bei den Unitariern[160], tauschte er die Kanzel für das Vortragspodium ein, von wo aus er seine transzendentalistische Philosophie in geschliffenen Aphorismen darlegte.

Einige Kritiker haben angeprangert, was sie für Emersons seichten Optimismus halten, aber hinter dessen angeblicher Missachtung des Problems des Bösen und seinem angeblich arglosen Glauben an die Intuition verbergen sich scharfsinnige, skeptische, hartnäckige, fast schon rücksichtslose Yankee-Einsichten in die menschliche Natur. „Für jeden Vorteil, den man erhält", sagte Emerson, „wird eine Steuer erhoben." Es ist diese strenge Seite von Emerson, die im 19. Jahrhundert Hawthorne[161], Carlyle[162] und Nietzsche beeindruckte und die die Postmoderne heute anspricht. Der Band der *Library of America* enthält seine meisterhafte Studie *English Traits* über den nationalen Charakter, die eindringlichen biografischen Porträts in *Representative Men* und seine Essays. Bei Interesse am hartgesottenen Emerson lesen Sie *History*, *Self-reliance* und *Experience* sowie in *The Conduct of Life* die Essays *Power* und *Fate*.

---

159 Ralph Waldo Emerson (1803-1882): US-amerikanischer Philosoph und Schriftsteller. In zahlreichen Vorträgen, Schriften und Gedichten betonte Emerson seine Forderung nach einer radikalen Erneuerung und geistigen Selbstbestimmung der amerikanischen Kultur und Literatur und begründete damit eine Traditionslinie, die die amerikanische Literatur-, aber auch die Philosophiegeschichte der USA maßgeblich beeinflusste.

160 Unitarier (von lat. *unitas* „Einheit"): Aus der radikalen Reformation stammende theologische Auffassung, welche die Dreieinigkeitslehre und die Göttlichkeit des Jesus von Nazareth ablehnt.

161 Nathaniel Hawthorne (1804-1864): US-amerikanischer Schriftsteller der Romantik. Mit seinen oft allegorischen Romanen und Kurzgeschichten erlangte er Weltgeltung.

162 Thomas Carlyle (1795-1881): Schottischer Essayist und Historiker, der im viktorianischen Großbritannien sehr einflussreich war.

Harriet Beecher Stowe:
Uncle Tom's Cabin (1852).

Sie war 40 Jahre alt, die Frau eines Professors für biblische Literatur und Mutter von sieben Kindern, als ihre Empörung über die erzwungene Rückkehr der Sklaven in die Sklaverei gemäß dem Gesetz über entflohene Sklaven sie dazu brachte, den einflussreichsten Roman der amerikanischen Geschichte zu schreiben. Das Buch verkaufte sich in seinem ersten Jahr 300.000 Mal - das entspricht einem Verkauf von 3 Millionen Exemplaren in den 1990er-Jahren. Neun Jahre nach der Veröffentlichung brach der Bürgerkrieg aus. „Das also ist die kleine Dame, die diesen großen Krieg verursacht hat", soll Lincoln zu ihr gesagt haben.

Uncle Tom's Cabin ist wegen seiner lebendigen Darstellung der Schrecken der Sklaverei in Erinnerung - und wird doch oft falsch erinnert, weil so viele seiner Bilder eher aus den Bühnenfassungen als aus dem Roman selbst stammen. *Uncle Tom's Cabin* ist weit mehr als das sentimentale Melodram der „Tom-Shows". Es ist ein wunderbar scharfsinniges und nuancenreiches Panorama des amerikanischen Lebens in den zehn Jahren vor dem Bürgerkrieg, reich an einer Vielzahl von Charakteren, Schauplätzen und Wahrnehmungen. Stowe mag nicht in jeder Hinsicht den heutigen Standards der politischen Korrektheit entsprechen, aber sie war für ihre Zeit radikal in ihren Einsichten und Sympathien - eine der ersten, die zum Beispiel den Begriff „Menschenrechte" verwendete. Frederick Douglass nannte *Uncle Tom's Cabin* ein Buch, „in das deutlich der Finger Gottes eingeschrieben ist."

Abraham Lincoln:
Speeches and Writings (zwei Bände, Library of America 1989).

Er war der wunderbarste aller Präsidenten, der beste Schriftsteller, der intensivste Moralist, er besaß disziplinierteste Intelligenz und größte Zielstrebigkeit - und musste sogar noch aus den düstersten und aussichtslosesten Umständen herausfinden. Angesichts der äußersten Prüfung und Tragödie für die nationale amerikanische Identität hatte er die Krise stets im Blick - „mit Groll gegenüber niemandem, mit Wohlwollen gegen alle" -, doch dieser Blickwinkel entfernte ihn nie von den Nervensträngen des Handelns.

Seine Gettysburg-Rede ergänzte die Vorarbeit der Gründerväter, indem sie keinen Zweifel daran ließ, dass die Vereinigten Staaten eine einheitliche Nation sind - auf Grundlage des Satzes, dass alle Menschen gleich geschaffen sind. In der Rede zu seiner zweiten Amtseinführung bekräftigte er die menschlichen Grenzen, indem er erklärte, dass „der Allmächtige seine eigenen Absichten hat" - Absichten, die sich den fehlerbehafteten Sterblichen niemals offenbaren könnten. „Die Menschen fühlen sich nicht geschmeichelt", schrieb er später, „wenn ihnen gezeigt wird, dass es einen Unterschied in der Zielsetzung zwischen dem Allmächtigen und ihnen gibt. Diesen zu leugnen bedeutet jedoch ... zu leugnen, dass es einen Gott gibt, der die Welt regiert."

Mark Twain (Samuel Langhorne Clemens): *The Adventures of Huckleberry Finn* (1884).

Welches Stück fantasievoller Schriftstellerei drückt den Geist Amerikas am besten aus? Für Herman Melvilles *Moby Dick*, für Walt Whitmans *Leaves of Grass*, für Nathaniel Hawthornes *The Scarlet Letter* gibt es gute Argumente. Aber am Ende ist man gezwungen, sich doch für *Huck Finn* zu entscheiden.

Das liegt an der ätzenden Art und Weise, in der Mark Twain das Vorkriegsamerika und die Korruption schildert, die durch ein System gefördert wird, in dem Menschen andere Menschen als Privateigentum besaßen - die Heuchelei, die Scheinheiligkeit, die Betrügerei, die mörderischen Fehden, die Lynchmobs, das überbordende Klima aus Brutalität und Gewalt.

Es liegt auch an der Sprache - *Huck Finn* ist der erste rein amerikanische Roman. Darin zeigt Mark Twain, wie die von einem ungebildeten Jungen gesprochene Umgangssprache subtilste Wahrnehmungen und erlesene Wertschätzung ausdrücken kann. Das

Buch befreite die Autoren Amerikas. „Die gesamte moderne amerikanische Literatur", schrieb Ernest Hemingway in *The Green Hills of Africa*, „ging aus einem Buch von Mark Twain namens *Huckleberry Finn* hervor. ... Alle amerikanische Literatur entstammt diesem Buch. Vorher gab es nichts. Und seitdem gab es nichts mehr so Gutes."

Und es liegt auch daran, dass der Höhepunkt des Romans den grundlegenden amerikanischen Kampf des Individuums gegen Absolutheiten so wunderbar dramatisiert. Huck, der für einen kurzen Moment auf die konventionelle Moral reagiert, beschließt, dass die „schlichte Hand der Vorsehung" von ihm verlangt, Miss Watson zu sagen, wo sie Jim, ihren entlaufenen Sklaven und auf dem Mississippi-Floß Hucks Begleiter, finden kann. Huck fühlt sich plötzlich tugendhaft – „zum ersten Mal in meinem Leben, dass ich mich von Sünde rein gewaschen habe." Er denkt über sein knappes Entkommen nach: „Wie nahe stehe ich davor, verloren zu sein und in die Hölle zu kommen."

Dann beginnt Huck, sich Jims zu erinnern und an das Rauschen des großen Flusses, an das Singen, das gemeinsame Lachen und an die Kameradschaft. Er nimmt den Brief an Miss Watson auf, den Brief des Verrats, und hält ihn in der Hand.

> „Ich zitterte, weil ich mich für immer zwischen zwei Dingen entscheiden musste, und es war mir klar. Einen Moment lang habe ich nachgedacht, hielt gewissermaßen den Atem an, und sagte dann zu mir selbst: Na gut, dann komme ich halt in die Hölle – und zerriss ihn."

Das ist es, so kann man sagen, was Amerika ausmacht. Kein Wunder, dass William Dean Howells Mark Twain „den Lincoln unserer Literatur" nannte.

James Bryce:
The American Commonwealth (zwei Bände, 1888).

Bryce, ein 1838 in Belfast geborener Schotte, war eine jener viktorianischen Persönlichkeiten von fantastischer Energie, Neugierde, Vielseitigkeit und Sprachgewandtheit, ein Experte auf den Gebieten des Rechts, der Politik, der Diplomatie, Geschichte, Literatur und des Bergsteigens (Mount Bryce in den Rockies ist nach ihm benannt). Seinen ersten Besuch in Amerika beendete er 1870, im Gegensatz zu Tocqueville, er kam oft zurück und diente von 1907 bis 1913 als britischer Botschafter in Washington.

Bryces Geist war weniger forschend und philosophisch als derjenige Tocquevilles. Seine Leidenschaft für Fakten hatte den ironischen Effekt, dass *The American Commonwealth* veralteter war als Tocquevilles *Democracy in America*, da sich die Fakten in Amerika ständig ändern. Aber Bryce war ein kluger Beobachter von Institutionen – seine Beobachtungen sind für Historiker von großem Wert. Er verbrachte viel mehr Zeit als Tocqueville mit dem Parteiensystem und den Regierungsinstitutionen auf Bundesstaats- und Kommunalebene. Seine Kapitel „Warum bedeutende Männer nicht zum Präsidenten bestimmt sind" und „Warum die besten Männer nicht in die Politik gehen" treffen noch heute den Nerv der Zeit. Seine Analyse der Rolle der öffentlichen Meinung – „der bedeutende, zentrale Fokus des gesamten amerikanischen Gemeinwesens" – eröffnete ein neues Untersuchungsfeld. Seine Aphorismen klingen noch immer nach: Die Verfassung „ist das Werk von Männern, die an die Erbsünde glaubten und entschlossen waren, für Missetäter kein möglicherweise doch schließbares Schlupfloch offen zu lassen." „Wer die politischen Institutionen studiert, neigt wie der Jurist dazu, die Wirkung technischer Vorkehrungen in der Politik zu überschätzen." In erster Linie aber gilt: „Wahrscheinlich braucht keine Regierungsform große Führer so sehr wie die Demokratie."

William James: *Writings* (zwei Bände, *Library of America*, 1992).

Der amerikanischste aller Philosophen, ein wunderbar entspannter, menschlicher und einnehmender Schriftsteller (sein Bruder Henry, so pflegte man zu sagen, schrieb Romane wie ein Psychologe, während William über Psychologie wie ein Romancier schrieb), bewegte sich von der Psychologie hinüber zur Philosophie. James' Pragmatismus hätte mit seinem Argument, dass die

Bedeutung von Ideen in ihren jeweiligen praktischen Konsequenzen liegt, nicht tiefer dem amerikanischen Wesen entsprechen können.

Dem entsprach auch sein Argument zugunsten von Pluralismus und für ein offenes Universum gegenüber jenen, die für ein monistisches System und ein geschlossenes Universum eintraten. Menschen, schrieb James, können Teil- und damit begrenzte Wahrheiten begreifen, Wahrheiten, die ihnen nützlich sind; doch niemand kann absolute Wahrheiten erkennen. Er lehnte die Vorstellung ab, dass die Welt von einem einzigen Standpunkt aus verstanden werden könne. Er wies die Annahme zurück, dass alle positiven Prinzipien am Ende miteinander versöhnbar seien und „ein großes Lösungswort das Welten-Rätsel" und „den Schein einer Finalität mit einer einzigen Wahrheit beantwortet." Er hatte einen beglückenden Glauben an das Abenteuer eines unvollendeten Universums. Die *Library of America* hat gewohnt meisterhafte Arbeit geleistet und seine Schriften und Essays in zwei kompakten Bänden herausgegeben.

Henry Adams:
The Education of Henry Adams (1918).

Wo William James die Zukunft als ein aufregendes Abenteuer betrachtete, schaute sein Freund und Zeitgenosse Henry Adams mit banger Vorahnung auf sie. Beklommen von der exponentiellen Geschwindigkeit des wissenschaftlichen und technologischen Wandels bezweifelte Adams, dass der menschliche Geist mit den unerbittlichen Veränderungen Schritt halten könnte, die durch die zunehmende Geschwindigkeit des geschichtlichen Prozesses hervorgerufen werden.

Die Herausforderung, wie Adams sie sah, lag für ihn in der Kontrolle jener neuen Energien, die durch Wissenschaft und Technologie geschaffen und freigesetzt werden. Dies erforderte Bildung, und rückblickend auf seine eigene Ausbildung glaubte Adams, dass

> „in wesentlichen Bereichen wie Religion, Ethik und Philosophie; in Geschichte, Literatur und Kunst; in den Konzepten aller Wissenschaften, außer vielleicht der Mathematik, der amerikanische Junge von 1854 [als Adams im Alter von 16 Jahren nach Harvard ging; A. S.] näher am Jahr 1 als am Jahr 1900 stand. Die Ausbildung, die dieser erhalten hatte, stand in keinem Verhältnis zur Ausbildung, die er brauchte."

The Education beschreibt Adams' Versuche, mit der neu heraufziehenden Epoche zurechtzukommen. Nebenbei verbreitet er einnehmende Porträts von Politikern und Schriftstellern, faszinierende Berichte über historische Episoden, spannende Reflexionen über die sich verändernde Welt. „Die neuen Amerikaner", so sagte er,

> „seien sie fähig oder unfähig, müssen sich eine eigene Welt schaffen, eine Wissenschaft, eine Gesellschaft, eine Philosophie, ein Universum, in das sie noch keine Straße gelegt oder in welchem sie gar gelernt hatten, nach ihrem eigenen Eisen zu graben."

Können die neuen Amerikaner sich der Herausforderung stellen?

„Der Mensch hat sich der Wissenschaft ergeben und ist nun mit ihr davongeeilt", schrieb Adams 1862, als die USS Monitor[163] und die Merrimack[164] eine neue technologische Ära der Instrumente des Krieges erahnen ließen.

> „Ich glaube fest daran, dass nicht erst in Jahrhunderten die Wissenschaft die Beherrscherin des Menschen sein wird. Die Maschinen, die er erfunden haben wird, werden sich seiner Kontrolle entziehen. Eines Tages wird die Wissenschaft das Dasein der Menschheit beherrschen, und das menschliche Geschlecht wird Selbstmord begehen, indem es die Welt in die Luft jagt."

---

163 Die USS Monitor war das erste Panzerschiff der US-Marine. Sie wurde während des Amerikanischen Bürgerkrieges ab 1861 für die Marine der Nordstaaten gebaut und lief am 30. Januar 1862 vom Stapel.

164 Merrimack: in der Literatur regelmäßig als CSS Virginia bezeichnet, war ein Panzerschiff der Confederate States Navy im Sezessionskrieg. Sie wurde aus dem Rumpf der erbeuteten Fregatte Merrimack aufgebaut und war der erste Entwurf der Südstaaten für ein gepanzertes Kriegsschiff.

H. L. Mencken:
The American Language (1936; Ergänzungsbände 1945 und 1948).

Mencken war natürlich (warum schreibe ich eigentlich „natürlich" – er ist heute zweifellos ein vergessener Mann) einer der literarischen Helden der 1920er Jahre. Er war ein Meister von überschäumender Respektlosigkeit, und er präsentierte seine satirische Sicht auf Amerika mit verwegener Stilkraft und mit befreiendem polemischem Tonfall. Doch in den 1930er Jahren geriet Mencken mit der nationalen Stimmung aus dem Takt. Als großer kultureller Häretiker der 1920er Jahre war er ein Libertärer, kein Demokrat, und plötzlich mit den harten politischen Gegensätzen der 30er-Jahre konfrontiert, schien er missmutig und übel gelaunt.

Aber für seine Fans erlöste er sich durch *The American Language*, seine gewitzte, reichhaltige, recht gelehrte, höchst unterhaltsame Schilderung der Art und Weise, wie sich aus dem jenseits des Meeres gesprochenen Englisch eine neue Sprache entwickelt hat. Dieses reichhaltige und lesbare Buch ist ein wunderbares Kompendium der Americana. Es zeigt unter anderem, dass Assimilierung, weit entfernt von bedingungsloser Kapitulation vor dem Anglozentrismus, eine Straße mit zwei Fahrtrichtungen ist, in der nichtenglische Neuankömmlinge eine aktive Rolle bei der Umwandlung des Englischen in die amerikanische Sprache spielen.

Gunnar Myrdal:
An American Dilemma (1944).

Rassismus war von Anbeginn an ein Grundelement im amerikanischen Leben. Jefferson hatte gemischte Ansichten zum Thema „Rasse"; Tocqueville gab vorausschauende Kommentare ab, zusammen mit falschen Prophezeiungen; Mark Twain wurde vom Mysterium der Rasse heimgesucht; für Lincoln war es ein zentraler Gegenstand. Die meiste Zeit jedoch wurde die „Rassenfrage" ignoriert oder geleugnet. Es bedurfte eines schwedischen Ökonomen, der von einer amerikanischen Stiftung beauftragt wurde, die erste vollständige und umfassende Studie über die Beziehungen zwischen Schwarzen und Weißen durchzuführen. Gunnar Myrdal leitete ein Team, dem schwarze Gelehrte wie die bereits erwähnten Ralph Bunche und Kenneth B. Clark angehörten, und legte 1944, einundachtzig Jahre nach Lincolns Emanzipationsproklamation[165], *An American Dilemma* vor.

Dieses kraftvolle Werk war nicht bloß eine Analyse - es war eine Herausforderung. Es wurde während des Krieges gegen Hitler und dessen Theorie einer „Herrenrasse" geschrieben und forderte die Amerikaner auf, ihre eigenen Theorien der Rassenüberlegenheit zu verwerfen und die Versprechen der Gleichheit zu erfüllen, die in dem, was Myrdal als das amerikanische Credo bezeichnete, implizit enthalten sind. Myrdal war übermäßig optimistisch in der Annahme, dass das amerikanische Credo allein die Pathologien des Rassismus überwinden könne. Seine Arbeit ermutigte den Aktivismus der Schwarzen, und sie kratzte am Gewissen der Weißen. Die Darstellung der Bedingungen, unter denen schwarze Amerikaner vor einem halben Jahrhundert lebten, arbeiteten und starben, ist ein ermutigendes Beispiel für die Veränderungen, die sich seit der Veröffentlichung von *An American Dilemma* vollzogen haben.

Reinhold Niebuhr: *The Irony of the American History* (1952).

Als einflussreichster amerikanischer Theologe des Jahrhunderts näherte sich Niebuhr der amerikanischen Geschichte aus einer neoorthodoxen religiösen Perspektive - d.h. von einem gemäßigten, nicht-fundamentalistischen Glauben an die Erbsünde (definiert als der Selbststolz, der das Relative mit dem Absoluten verwechselt), an die Zweideutigkeiten der menschlichen Natur, an das göttliche

---

165 Mit der Emanzipationsproklamation (englisch „Emancipation Proclamation") erklärte die Regierung Abraham Lincolns am 22. September 1862 die Abschaffung der Sklaverei in denjenigen Südstaaten, die nach deren Inkrafttreten am 1. Januar 1863 noch Teil der Konföderierten Staaten von Amerika waren.

Urteil über menschliche Anmaßungen und an die Unvollständigkeit des Lebens im Rahmen der Geschichte. Es ist notwendig, so schrieb er in diesem Buch,

> „die Grenzen allen menschlichen Strebens, die Bruchstückhaftigkeit aller menschlichen Weisheit, die Prekarität aller historischen Machtkonstellationen und die Mischung von Gut und Böse in jeder menschlichen Tugend"

zu verstehen.

Wie William James war Niebuhr ein Relativist und Pluralist, der als Monist und Absolutist verschmäht wird. Wie Lincoln war er besonders kritisch gegenüber jenen, deren Eitelkeit sie zu der Annahme verleitet, sie könnten die Absichten des Allmächtigen begreifen. Mit Ironie bedachte Niebuhr den Umstand, der entsteht, wenn die Folgen einer Handlung den Absichten der Akteure zuwiderlaufen, weil den Akteuren ihrerseits Schwäche innewohnt. Diese Vorstellung prägte seine Lesart der amerikanischen Geschichte. Amerikaner, so Niebuhr, sind viel zu sehr geneigt, an ihre eigene Unschuld und Rechtschaffenheit zu glauben, und zu unwillig, die Selbstverliebtheit in ihrer Seele zu erkennen. Er beklagte die nationale Unfähigkeit, „die Untiefen des Bösen zu begreifen, zu denen die Individuen und Gemeinschaften hinabsinken können, insbesondere wenn sie versuchen, die Rolle Gottes in der Geschichte zu spielen."

Niebuhrs Interpretation der amerikanischen Vergangenheit ist weise und maßvoll, und sie steht stark in der amerikanischen Tradition. Seine Auffassung von Demokratie ist vergleichbar mit jener der Männer, die die Verfassung schufen. „Die Fähigkeit des Menschen zur Gerechtigkeit macht Demokratie möglich", schrieb er in *The Children of Light and the Children of Darkness*; „die Neigung aber des Menschen zur Ungerechtigkeit macht die Demokratie notwendig."

Quellenangaben

Zum Vorwort

Das Zitat auf S. 23 stammt von John Stuart Mill: „Representative Government", Kap. XVI.

Das Economist-Zitat auf S. 23 stammt aus „War in Europe", *Economist,* 6. Juli 1991.

Das Economist-Zitat auf S. 23 stammt von John Grimond: „For Want of Glue", *Economist,* 29. Juni 1991.

Das Michael-Ignatieff-Zitat auf S. 23f. stammt aus „A Rich Nation Is Tearing Itself Apart", *London Observer,* 9. Juni 1991.

Das Chinua-Achebe-Zitat auf S. 24 ist aus „The High Price of Patience", *New York Times,* 27. Juli 1993.

Das George-Bancroft-Zitat auf S. 25f. stammt aus „Literary and Historical Miscellanies" (New York, 1855), S. 508.

Die Bemerkung von Sir John Macdonald auf S. 27 stammt aus „For Want of Glue", *Economist,* 29. Juni 1991.

Das Tocqueville-Zitat auf S. 28 stammt von James T. Schleifer: „The Making of Tocqueville's Democracy in America" (Chapel Hill, 1980), S. 66.

Woodrow Wilsons Zitat auf S. 31 stammt aus Wilson: „The New Freedom" (New York, 1913), S. 68.

Das Fitzgerald-Zitat auf S. 34 stammt aus „The Crack-Up".

Das Gandhi-Zitat auf S. 34 stammt aus E. W. Desmond: „Storm Over India", *New York Review of Books,* 14. Mai 1992.

Zu Kapitel 1 *„Eine neue Rasse"?*

Das erste Zitat auf S. 37 stammt aus Thomas Paines „Common Sense", Anhang; das zweite Zitat stammt aus Herman Melvilles „White Jacket", Kap. 36.

Die Zitate auf S. 37f. stammen aus Melvilles „Redburn", Kap. 33; „Emerson in His Journals", hrsg. von Joel Porte (Cambridge, 1982), S. 347; und „George Washington's Writings", hrsg. von J. C. Fitzpatrick (Washington, 1938), XXVII, 252; XXXIV, 23. Hervorhebung hinzugefügt.

Das Zitat von John Quincy Adams auf S. 38 stammt aus einem Brief von Adams an Baron von Furstenwaerther, veröffentlicht in Werner Sollors' Buch „Beyond Ethnicity" (New York, 1986), S. 4.

Das Zitat von Alexis de Tocqueville auf S. 39 stammt aus einem Brief Tocquevilles an Ernest de Chabrol vom 9. Juni 1831, veröffentlicht in Tocquevilles „Ausgewählte[n] Briefe über Politik und Gesellschaft", Hrsg. Roger Boesche (Berkeley, 1985), S. 38.

Tocquevilles Zitat auf S. 39 stammt aus seinem Buch „Democracy in America", Bd. I (1835), Kap. XIV.

Das Lincoln-Zitat auf S. 40 stammt aus seiner Rede in Chicago am 10. Juli 1858, in: Abraham Lincoln: „Speeches and Writings", 1832-1858 (Library of America), S. 455-456.

Das Zitat von James Bryce auf S. 40 stammt aus seinem Buch „The American Commonwealth", Bd. Il (London, 1888), S. 709, 328.

Das Zitat von Gunnar Myrdal auf S. 40f. stammt aus seinem Buch „An American Dilemma" (1944; Ausgabe zum 20. Jahrestag, New York, 1962), Kap. 1.

Das Zitat von Herman Melville auf S. 41f. stammt aus seinem Buch „Redburn", Kap. 33.

Das Zitat von W. E. B. Du Bois auf S. 43 stammt aus seinem Buch „Dusk of Dawn" (Harcourt, Brace & Co., 1940). Auch veröffentlicht in „Writings" (New American Library), S. 563.

Abraham Lincolns Zitat auf S. 43 stammt aus einem Brief von Lincoln an Joshua F. Speed vom 24. August 1855, veröffentlicht in „Lincoln's Speeches and Writings", 1832-1858, S. 363.

Das Zitat von Frederick Jackson Turner auf S. 44 stammt aus seinem Buch „The Frontier in American History" (New York, 1920), S. 22-23.

Das Zitat von James Bryce auf S. 44 stammt aus „The American Commonwealth", Band 11, S. 329.

Henry James' Zitate auf S. 45 stammen aus seinem Buch „The American Scene" (1906; Horizon-Press-Ausgabe, 1967), S. 64, 120-21, 132, 139.

„The Melting-Pot" und Jane Addams' Zitat auf den S. 46f. stammen aus Arthur Manns Buch „The One and the Many" (Chicago, 1979), S. 98-100, 110, 192; und Milton Gordons Buch „Assimilation in American Life" (New York, 1964), S. 120-21.

Das Zitat eines jüdischen Rezensenten auf S. 48 stammt aus Arthur Manns „The One and the Many", S. 113.

Woodrow Wilsons Zitat auf S. 48 stammt aus seiner Ansprache an im Ausland geborene Bürger vom 10. Mai 1915 in Philadelphia, veröffentlicht in Wilsons „The Messages and Papers of Woodrow Wilson", hrsg. v. Albert Shaw (New York, 1924), Band 1, S. 115-16.

Theodore Roosevelts Zitat auf S. 49 stammt aus seiner New Yorker Ansprache vom 10. September 1917, veröffentlicht in seinen „Works" (Gedenkedition), Kap. XXI, S. 38; ebenfalls im Leitartikel vom 16. April 1918 des „Kansas City Star"; und im Buch „Roosevelt in the Kansas City Star", hrsg. von Ralph Stout (Boston, 1921), S. 137.

Die Zitate von Horace Kallen auf S. 49f. stammen aus den Ausgaben vom 18. und 25. Februar 1915 von „The Nation" und aus seinem Buch „Culture and Democracy in the United States" (New York, 1924), S. 116, S. 122 und S. 124.

Das Zitat von Franklin D. Roosevelt auf S. 50f. stammt aus einem Brief an Henry L. Stimson vom 1. Februar 1943. Der Anlass war ironischerweise die Bildung einer Kampfgruppe amerikanischer Bürger japanischer Abstammung.

Das Zitat von Alexis de Tocqueville auf S. 51 findet sich in seinem Buch „Democracy in America", Bd. I, Kap, XVIII.

Gunnar Myrdals Zitat auf S. 52 ist aus „An American Dilemma", S. 4, 13, 809 und 880.

Das Michael-Novak-Zitat auf S. 54 ist „The Rise of the Unmeltable Ethnics" (New York, 1972), S. 270 entnommen.

Das Zitat von Marcus Lee Hansen auf S. 54 stammt aus seinem Artikel „The Problem of the Third Generation Immigrant", nachgedruckt und eingeführt von Oscar Handlin in der Ausgabe des „Commentary" vom November 1952. Die zweite Generation, so Hansen, neigte dazu, „Verräter" zu sein, die in ihrer Leidenschaft, als Amerikaner akzeptiert zu werden, Überstunden machte, um sich ihrer Vergangenheit zu entledigen - der Vergangenheit, die die dritte, sicherere amerikanische Generation dann zu überwinden sucht. Hansens Gesetz kann zu weit getrieben werden. Wie Werner Sollors betont, waren Hansen selbst, Oscar Handlin (der Historiker, der viel zur Popularisierung von Hansens Gesetz beigetragen hat) sowie mein Vater (der sich lange für das Schreiben von Einwanderungsgeschichte eingesetzt hat und nach Hansens vorzeitigem Tod seine letzten beiden Bücher zur Veröffentlichung vorbereitete) alles Söhne von im Ausland geborenen Vätern der zweiten Generation; siehe Sollors' „Beyond Ethnicity", S. 218.

Zitat von Gunnar Myrdal auf S. 55 aus „The Case Against Romantic Ethnicity", Dialogue Discussion Paper, Center for the Study of Democratic Institutions, 13. Mai 1974, S. 9, 17.

Das Zitat von der „nicht einschmelzbaren Ethnie" auf S. 56 stammt aus Michael Novaks „The Rise of the Unmeltable Ethnics" (New York, 1972).

Die Passage bezüglich des *Ethnic Heritage Studies Act* von 1974 auf S. 56 basiert auf Arthur Manns „The One and the Many", S. 167-68.

Zu Kapitel 2 *Geschichte als Waffe*

Das Zitat auf S. 57 stammt aus George Orwells „1984" (New York, 1949), S. 251.

Das Zitat auf S. 58f. von Ernest Gellner stammt aus seinem Buch „Thought and Change" (London, 1964), S. 168.

J. H. Plumbs Zitat auf S. 60 stammt aus seinem Buch „The Death of the Past" (Boston, 1969), S. 40.

Isaiah Berlins Zitat auf S. 60 stammt aus seinem Buch „The Crooked Timber of Humanity" (London, 1990), S. 246-47.

Das Zitat von Eric Foner auf S. 61 stammt aus seinem Artikel „Restructuring Yesterday's News", erschienen in *Harper's*, Dezember 1990, S. 70.

Saburō Ienagas Zitat auf S. 62 stammt aus seinem Buch „The Pacific War: World War II and the Japanese", 1931-1945 (New York, 1978), S. XI; siehe auch Steven R. Weismans Artikel „Japan and the War: Debate on Censors is Renewed", *New York Times*, 8. Oktober 1989.

Das Zitat von Michael Stürmer auf S. 63 wurde entnommen aus Richard J. Evans' „In Hitler's Shadow" (New York, 1989), S. 19, 103, 179.

Milan Kunderas Zitat auf S. 63 stammt aus seinem Buch „Das Buch vom Lachen und Vergessen" („The Book of Laughter and Forgetting", 1979; Penguin-Ausgabe, 1981), S. 3, 159.

Vaclav Havels Zitat auf S. 64 stammt aus Henry Kamms Artikel „Two Heads of State Heads Call on Waldheim", *New York Times*, 27. Juli 1990.

Das Zitat von Arthur M. Schlesinger Jr.s Großvater auf S. 64 stammt aus der Einleitung zu Arthur M. Schlesinger Sr.s „The Birth of the Nation" (New York, 1968), Seite V.

Das Zitat von Andrew Hacker auf S. 65 stammt aus seinem Artikel „Do Schools Teach Bias to Kids?", *New York Newsday*, 10. September 1989.

William Hale Thompsons Zitate auf S. 66 stammen aus Arthur M. Schlesinger Sr.s Buch „In Retrospect: The History of a Historian" (New York, 1963), S. 103-5.

Das Zitat von John V. Kelleher auf S. 67 stammt aus seinem Artikel „A Long Way From Tipperary", Reporter, 12. Mai 1960.

Peggy Noonans Zitat auf S. 68 stammt aus ihrem Artikel „What New Americans Need to Know", The Wall Street Journal, 21. November 1990.

Allan Blooms Zitat auf S. 68 stammt aus seinem Buch „The Closing of the American Mind" (New York, 1987), S. 29, 56.

Pieter Geyls Zitat auf S. 68 stammt aus seinem Buch „Napoleon For and Against" (1949; Peregrine paperback, 1965), S. 18.

Frederick Jackson Turners Zitat auf S. 69 stammt aus seinem Buch „The Frontier in American History", S. 24.

Das Zitat von W. E. B. Du Bois auf S. 70 findet sich in seinem Buch „Black Reconstruction" (New York, 1935), S. 725, 727.

Das Zitat von Präsident Kennedy auf S. 70 wurde Arthur M. Schlesinger Jr.s Buch „A Thousand Days" (Boston, 1965), S. 966 entnommen.

Herbert Apthekers Zitat auf S. 71 stammt aus der Einleitung zu William Styrons „Nat Turner: Zehn schwarze Schriftsteller antworten", hrsg. v. John Henrik Clarke (New York, 1968), S. VII.

Das Zitat von Malcolm X auf S. 71 stammt aus einer Werbebroschüre für die Zweite Nationale Konferenz „The Infusion of African & African American Content in the School Curriculum", Atlanta, Georgia, 1. bis 4. November 1990.

Zu den Argumenten schwarzer Psychologen auf S. 71f. siehe z.B. den Artikel von Edmund W. Gordon, Fayneese Miller und David Rollock „Coping with Communicentric Bias in Knowledge Production in the Social Sciences", Bildungsforscher, April 1990. Schwarze Gelehrte sind ebenso wenig wie weiße Gelehrte gegen die Versuchungen eines prätentiösen Jargons immun.

Das Zitat von Maulana Karenga auf S. 72 stammt aus seinem Buch „Introduction to Black Studies" (Los Angeles, 1982), S. 42, 43. Asantes Kommentar befindet sich auf der Rückseite des Buches.

Das Zitat auf S. 72f. stammt aus Larry Cubans Artikel „Black History and White Folk", Saturday Review, 21. September 1968.

Melville J. Herskovits' Zitat auf S. 73 stammt aus seinem Buch „The Myth of the Negro Past" (New York, 1941), S. 299.

Das Zitat von Jacob Gordon auf S. 73 stammt aus Isabel Wilkersons Artikel „Facing Grim Data on Young Males, Blacks Grope for Ways to End Blight", *New York Times,* 17. Juli 1990.

Das Zitat von Felix Boateng auf S. 73f. stammt aus dem Buch „Going to School: The African-American Experience", Hrsg. Kofi Lomotey (Albany, 1990), S. 14, 73 und 79.

Das Zitat von Maulana Karenga auf S. 74 stammt aus „Introduction to Black Studies", S. 25-27.

Molefi Kete Asantes Zitat auf S. 74 stammt aus Debra Viaderos Artikel „Battle Over Multicultural Education Rises in Intensity", Education Week, 28. November 1990, S. 11. Sein Zitat auf S. 68 stammt aus Carol Innersts Artikel „Putting Africa on the Map", *The Washington Times,* 13. November 1990.

Clare Jacobs Zitat auf S. 75 stammt aus Jane Caultons Artikel „D.C. Joins Other School Systems in Push for Afrocentric Reforms", *The Washington Times,* 6. August 1990.

Charles Willies Zitat auf S. 75 stammt aus Glenn M. Ricketts Artikel „Multiculturalism Mobilizes", *Academic Questions,* Sommer 1990, S. 64.

Das einem Wissenschaftler zugeschriebene Zitat auf S. 75 stammt aus I. A. Newbys Artikel „Historians and Negroes", *Journal of Negro History,* Januar 1969, S. 33.

Das Zitat von Asa Hilliard auf S. 75 stammt aus Anthony DePalmas Artikel „The Culture Question", *New York Times,* Beilage zum Thema Bildung, 4. November 1990.

Na'im Akbars Zitat auf S. 75 stammt aus Joyce Braden Harris' „African and African-American Traditions in Language Arts" (*Portland Baseline Essay / Grundlagen-Essay Portland*), S. 30.

Die Zitate auf S. 75f. bezüglich der Ebonics-Kontroverse stammen aus Louis Menand, „Johnny Be Good", *The New Yorker,* 13. Januar 1997; Reuben Abati, The Baltimore Sun, 23. Januar 1997; Sharpton in The New York Post, 23. Dezember 1996.

Das Zitat von Amos Wilson auf S. 76 stammt aus Maulana Karengas „Introduction to Black Studies", S. 338-40.

Die Zitate von Molefi Kete Asante auf S. 77 stammen aus seinem Buch „Afrocentricity" (überarbeitete Ausgabe, Trenton, 1988), S. 1, 2, 20, 38, 43, 67.

Leonard Jeffries' Zitat auf S. 79 stammt aus Joseph Bergers Artikel „Professors' Theories on Race Stir Turmoil at City College", New York Times, 20. April 1990; Tim Spoffords Artikel „State's Schools Smother Black Culture, Professor Says", The Times Union, Albany, New York, 22. März 1990; und Carol Innersts Artikel „Putting Africa on the Map".

Die Zitate über das neue Curriculum auf S. 79ff. stammen aus „A Curriculum of Inclusion, Report of the Commissioners Task Force on Minorities: Equity and Excellence", Juli 1989, S. III, IV, 1, 16, 21, 34, 35, und aus dem Anhang, S. 9, 24, 25. Der Kommentator, der sich gegen „Sklaven" aussprach, ist Cybele Raver vom Yale Department of Psychology in einem Memorandum an Ed Lalor vom New York State Department of Education vom 17. Dezember 1990.

Das Zitat von Asa Hilliard auf S. 81 stammt aus seinem Artikel „Free Your Mind, Return to the Source": The African Origin of Civilization" (*Mimeograph*), S. 6, 12, 19, 21, 23.

Das Zitat von John Henrik Clarke auf S. 82 stammt aus dem Social Studies African-American Baseline Essay (*Grundlagen*-Essay) (Portland, 1987), S. 4, 8-11, 56, 60.

Das Zitat auf S. 82 zu den Argumenten anderer *Grundlagen-Essays* stammt aus Michael D. Harris' Buch „African-American Art: Traditions and Developments" (Portland, 1987), S. 2.

Das Zitat von Leonard Jeffries auf S. 82 stammt aus Tim Spoffords Artikel „State's Schools Smother Black Culture".

Die Napoleon betreffende Passage auf S. 82f. stammt aus Carol Innersts Artikel „Multiethnic Education Aims for History's Untold Stories", *Washington Times*, 13. November 1990.

Das Zitat von Edward W. Said auf S. 82f. wurde seinem Artikel „Ignorant Armies Clash by Night" in *The Nation*, 11. Februar 1991 entnommen.

Zu Kapitel 3 *Der Kampf der Schulen*

Das Zitat des Vorsitzenden der „Modern Language Association" auf S. 85 stammt aus Roger Kimballs Artikel „The Periphery vs. the Center: The MLA in Chicago", *The New Criterion*, Februar 1991, S. 17.

Arthur M. Schlesinger Jr.s Zitat auf S. 86 stammt aus seinem Artikel „Nationalismus und Geschichte", *Journal of Negro History*, Januar 1969, S. 19.

Frank M. Snowden, Jr.'s Zitat auf S. 88 stammt aus seinem Artikel „Bernal's ‚Blacks,' Herodotus, and Other Classical Evidence", Arethusa, Herbst 1989, S. 83, 84.

Das erste Zitat von Frank J. Yurco auf S. 88f. stammt aus seinem Artikel „Were the Ancient Egyptians Black or White?", *Biblical Archeology Review,* September-Oktober 1989. Sein zweites Zitat stammt aus einem Brief, den er am 14. November 1990 an Erich Martel schrieb. Mr. Martel hat die Arbeit eines Schreibstubenoffiziers geleistet und versucht, das Schulsystem in Washington von der Schein-Wissenschaft hinsichtlich des afrozentrischen Lehrplans zu überzeugen.

Das auf S. 89 erwähnte Buch von Mary Lefkowitz ist „Not Out of Africa: How Afrocentrism Became an Excuse to Teach Myth as History" (New York, 1996). Appiahs Kommentar steht auf dem Umschlag. Siehe auch Mary Lefkowitz und G. M. Rogers, Hrsg.: „Black Athena Revisited" (Chapel Hill, 1996).

Das Zitat von Carter Woodson auf S. 90 stammt aus seinem Buch „The Negro in Our History" (Washington, 1922), S. 10.

Die Passage von L. Pearce Williams auf S. 90 stammt aus seinem Brief „Did Egypt Originate Geometry Theorem?", *New York Times,* 14. Februar 1991.

Das Zitat von Diane Ravitch auf S. 90 stammt aus ihrem Artikel „Multiculturalism", *American Scholar,* Sommer 1990, S. 347.

Das Zitat von Drew auf S. 91 stammt aus H. H. Adams Ills Essay „African and African-American Contributions to Science and Technology" (Portland, 1987), S. 77. Für die Korrektur (und eine Vielzahl anderer Fakten und Einsichten) bin ich Diane Ravitch zu Dank verpflichtet. Das Zitat von Spencie Love stammt aus ihrem Buch „One Blood: The Death and Resurrection of Charles R. Drew" (Chapel Hill, 1996), S. 4.

Bill Graves ist der auf S. 91 zitierte Reporter des *Oregonian.* Sein Zitat stammt aus seinem Artikel „Africanized History Opens Eyes", *Portland Oregonian,* 18. November 1990.

Das Zitat von Wade Nobles auf S. 92f. stammt aus Maulana Karengas „Introduction to Black Studies".

Léopold Senghors Zitat auf S. 93 stammt aus Roger Shattucks und Samba Kas' Artikel „Born Again African", *New York Review of Books,* 20. Dezember 1990.

Das Zitat von David Walker auf S. 93 stammt aus Lawrence H. Fuchs' Buch „The American Kaleidoscope" (Hanover, 1990), S. 151.

Frederick Douglass' Zitat auf S. 94 stammt aus seinem Artikel „African Civilization Society" in Douglass' Monthly, Februar 1859, abgedruckt in Philip S. Foner, Hrsg.: „Life and Writings of Frederick Douglass" (New York, 1950), II, 443.

Das Zitat des schwarzen High-School-Direktors auf S. 94 stammt aus David Gerbers „Black Ohio and the Color Line", 1860-1915 (Urbana, 1976), S. 182; zitiert von Judith Stein in „The Invention of Ethnicity", herausgegeben von Werner Sollors (New York, 1989), S. 81.

Das Zitat von W. E. B. Du Bois auf S. 94 stammt aus „Dusk of Dawn", S. 116, und aus „Writings" (Library of America), S. 639, 755; siehe auch W. E. B. Du Bois: „A Reader", Hrsg. Meyer Weinberg (New York, 1970), S. 373; und Orlando Pattersons Artikel „Rethinking Black History", Harvard Educational Review, August 1971, S. 310. Hervorhebung am Zitatende hinzugefügt.

Das Zitat von Abram L. Harris auf S. 95 stammt aus seinem Buch „Race, Radicalism, and Reform" und aus J. S. Butlers Artikel „Multiple Identities", *Society*, Mai-Juni 1990, S. 9.

Das Zitat von Horace Mann Bond auf S. 95 stammt aus der New York Times vom 27. Juni 1959; siehe auch Milton Gordons Buch „Assimilation in American Life", S. 15, 113.

Das Zitat von Martin Luther King Jr. auf S. 96 wurde entnommen aus Robert Penn Warrens Buch „Who Speaks for the Negro?" (New York, 1965), S. 216.

Die Alex Haley betreffende Passage auf S. 97 stammt aus Werner Sollors' „The Invention of Ethnicity", S. 227.

Das Zitat von LeRoi Jones auf S. 97 stammt aus seinem Buch „Home" (New York, 1966), S. 111.

Die Arthur Smith betreffende Passage auf S. 97 stammt aus dem Buch „Afrocentricity" von Molefi Kete Asante, S. 29; siehe auch William Raspberrys Artikel „Euro, Afro and Other Eccentric ‚Centrics'", *The Washington Post*, 10. September 1990.

Wade Nobles' Zitat auf S. 98 stammt aus Berichten von Andrew Sullivan in seinem Artikel „Racism 101", *The New Republic*, 26. November 1990, und von Carol Innerst in ihrem Artikel „Multiethnic Education Aims for History's Untold Stories", *The Washington Post*, 13. November 1990.

Das Zitat von Nathan Huggins auf S. 99 stammt aus seinem Artikel im Center Magazine, Juli-August 1974; siehe auch Werner Sollors' „Beyond Ethnicity", S. 13, 14.

Die Bemerkung auf S. 99 über Professor Asante stammt aus seiner Vorlesung vom 6. April 1989 am Rider College, zitiert in A. F. Scrupskis Artikel „Multiculturalism: Political Wolf Under Educational Sheepskin", *Measure*, Februar-März 1990.

William Raspberrys Zitat auf S. 99 stammt aus seinem Artikel „Euro, Afro and Other Eccentric ‚Centrics'".

Das David-Riesman-Zitat auf S. 99 stammt von Jonathan Zimmerman: „Beyond Double Consciousness: Black Peace Corps Volunteers in Africa, 1961-1971", Journal of American History, Dezember 1995, S. 1001.

Henry Adams' Zitat auf S. 100 stammt aus Education, Kap. XVI.

Das Zitat auf S. 100 stammt aus dem Bericht der California Task Force Towards a State of Self-Esteem (1960), S. 4.

Das Zitat auf S. 101 aus dem New Yorker Bericht findet sich in „One Nation, Many Peoples", Kap. XVI: „A Declaration of Cultural Interdependence", Bericht des New York State Social Studies Review and Development Committee, Juni 1991.

Das Rodriguez-Zitat auf S. 101f. stammt von Richard Rodriguez: „Days of Obligation" (New York, 1992), S. 169.

Das Zitat von Frederick Douglass auf S. 103 stammt aus seinem Buch „Narrative of the Life of... an American Slave" (1845; Anchor Paperback, 1989), S. 42, 43, und aus seinem Buch „My Bondage and My Freedom" (New York, 1855), S. 156-58.

Das Zitat von W. E. B. Du Bois auf S. 103 stammt aus seinem Buch „The Souls of Black Folk"; siehe auch „Writings" (Library of America), S. 438.

Das erste Zitat von Ralph Ellison auf S. 103 stammt aus Jim Sleepers Buch „The Closest of Strangers" (New York, 1990), S. 234; sein späteres Zitat stammt aus The New Republic, 24. Dezember 1990.

Das Zitat von Sterling A. Brown, Arthur P. Davis und Ulysses Lee auf S. 104 stammt aus dem von ihnen herausgegebenen Buch „The Negro Caravan: Writings by American Negroes" (New York, 1941), S. 6 und 7.

William Raspberrys Zitat auf S. 106 stammt aus seinem Artikel „Euro, Afro and Other Eccentric ‚Centrics'" (New York, 1941).

Jacques Barzuns Zitat auf S. 106 stammt aus einem Brief von Barzun an Diane Ravitch vom 26. Februar 1991.

A. A. Schomburgs Zitat auf S. 107 stammt aus Benjamin Quarles' Artikel „What the Historian Owes the Negro", Saturday Review, 3. September 1966.

Das Zitat von Orlando Patterson auf S. 107 stammt aus seinem Artikel „Rethinking Black History", S. 305.

John Hope Franklins Zitat auf S. 107 stammt aus seinem Buch „Race and History" (Baton Rouge, 1989), S. IX.

Asa Hilliards Zitat auf S. 108 stammt aus Bill Graves' Artikel „Africanized History Opens Eyes", S. IX.

Don Smith, Vorsitzender der Bildungsabteilung am Baruch College der City University of New York, ist der Autor, der den auf S. 108 zitierten Bericht der New Yorker Task Force verteidigt. Er wird auch in Katti Grays Artikel „Black Group Rallying for Curriculum", Newsday, 22. Juli 1990, zitiert.

Diane Ravitchs Zitate auf den S. 108 stammen aus ihrem Artikel „History and the Perils of Pride" (Manuskript); siehe auch Debra Viaderos Artikel „History Curricula Stirr Controversy in Largest State", Education Week, 1. August 1990, und „Battle Over Multicultural Education Rises in Intensity", Education Week, 28. November 1990; sowie Dexter Waughs Artikel „California Minorities Fight ‚Chauvinistic' School Books", Washington Times, 30. Januar 1991.

Die Passage über die Irokesen-Lobby auf S. 109f. stammt aus Diane Ravitchs Artikel „Multiculturalism", American Scholar, Sommer 1990, S. 346, 347; William A. Starnas Brief „Whose History Will Be Taught?", New York Times, 7. März 1990; und Mark Oppenheimer, „Tribal Lore", Lingua Franca, März 1997. Bei dem Gesetzentwurf zur irischen Hungersnot handelt es sich um die Assembly Bill Nr. 6510 zur Änderung des staatlichen Bildungsgesetzes.

Alan L. Benosky ist der pensionierte Geschichtslehrer des Bundesstaates, der auf S. 110 aus seinem Brief an Newsday, 15. Juli 1990, zitiert wird.

Das Zitat auf S. 111 stammt von der Geschichtsfakultät der State University of New York (SUNY) und einem Brief von Kenneth P. O'Brien, dem Vorsitzenden der Geschichtsfakultät der SUNY Brockport, an die CUNY (City University of New York) Graduate School vom 25. November 1990.

Das Zitat von Franklyn Jenifer auf S. 111 stammt aus Jacob Weisburgs Interview mit Jenifer: „Franklyn Jenifer: Taking Howard University into Slum Neighborhoods", The Los Angeles Times, 10. Februar 1991.

Das Zitat von Gore Vidal auf S. 111 stammt aus Jon Wieners Artikel „The Scholar Squirrels and the National Security State: An Interview with Gore Vidal", Radical History Review, Frühjahr 1989, S. 136.

Zu Kapitel 4 *Der Zerfall Amerikas*

William Raspberrys Zitat auf S. 113 stammt aus seinem Artikel „Euro, Afro and Other Eccentric ‚Centrics'".

Das Zitat des Präsidenten des Obersten Gerichts Warren auf S. 114 stammt aus Brown vs. Board of Education of Topeka, 347 U.S. 483 (1954).

Die Zitate von Felix Boateng und Janice Hale-Benson auf S. 114f. stammen aus „Going to School: The African-American Experience", hrsg. von Kofi Lomotey, S. 82, 216.

Alan Kors ist der auf S. 115 zitierte Professor der University of Pennsylvania. Sein Zitat stammt aus Mona Charen's Artikel „A Losing Battle vs. Campus Thought Police", Newsday, 5. Dezember 1990.

Das Zitat der Brown University auf S. 115 stammt aus Mary Jordan, „Colleges Rethink Voluntary Segregation", International Herald Tribune, 8. März 1994.

Das Zitat von Jacob Weisberg auf S. 116 stammt aus seinem Artikel „Thin Skins", The New Republic, 18. Februar 1991.

Das Zitat auf S. 116 von einem schwarzen Studenten an der Central Michigan University ist aus der Chronicle of Higher Education, zitiert in Dinesh D'Souza's Artikel „The New Segregation on Campus", American Scholar, Winter 1991, S. 19.

Signithia Fordhams Zitat auf S. 116 stammt aus Seth Mydans' Artikel „Black Identity vs. Success and Seeming White", New York Times, 25. April 1990.

Das Zitat bezüglich des Budget-Ausschusses der University of California Berkeley auf S. 116f. stammt aus Stephen R. Barnetts Artikel „Get Back", The New Republic, 18. Februar 1991.

Das Zitat von Henry Louis Gates auf S. 117 stammt aus The Detroit News, 31. Januar 1991.

Das Zitat von John Hope Franklin auf S. 117 stammt aus seinem Buch „Race and History", S. 301.

Das Jonathan Pryce betreffende Zitat auf S. 117 stammt aus Mervyn Rothsteins Artikel „Union Bars White in Asian Role", New York Times, 8. August 1990; Joseph C. Koenns Artikel „Efforts at Casting Compromise", Newsday, 10. August 1990. Actors' Equity hob später das Verbot gegen Pryce auf.

Das Zitat von Shirley MacLaine auf S. 117 stammt aus Arthur M. Schlesinger Jr.: „Same Difference", American Theatre, April 1993.

August Wilsons Zitat auf S. 118 stammt aus seinem Artikel „'I Want a Black Director'", New York Times, 26. September 1990.

Kenneth B. Clarks Zitat auf S. 118 stammt aus seinem „Letter of Resignation From Board of Directors of Antioch College", Black Studies: Myths & Realities, vorgestellt von Bayard Rustin (New York, 1969), S. 32.

Zur Passage auf S. 120 über den Druck von US-Bundesgesetzen in deutscher Sprache siehe den klärenden Brief von Dennis Baron, Times Literary Supplement, 1. bis 7. September 1989.

Das Zitat von Alfredo Mathew, Jr. auf S. 121 stammt aus Rosalie Pedalino Porters Buch „Forked Tongue" (New York, 1990), S. 7.

Das erste Zitat von Richard Rodriguez auf S. 121 stammt aus seinem Artikel „Unilingual, Not Unilateral", The Wall Street Journal, 25. Juni 1985. Das zweite Zitat stammt aus seinem Buch „Hunger of Memory" (Boston, 1982), S. 19, 27.

Das Zitat von Mario Cuomo auf S. 121f. stammt aus William E. Leuchtenburgs Artikel „Most Americans Don't Know What Lincoln Represents Really", American Heritage, Dezember 1990, S. 59, 60.

Das Zitat von Rosalie Pedalino Porter auf S. 122 stammt aus ihrem Buch „Forked Tongue", S. 217, 218. Siehe auch zwei weitere Artikel: „Bilingual Education Has Muted the Future for Minority Children", Washington Tost National Weekly, 30. April bis 6. Mai 1990, und „The Case for English Immersion", Teacher Magazine, August 1990.

Der Kongressabgeordnete, der auf S. 123 Shakespeare gegen den Änderungsantrag anrief, war Frank Pallone, Jr. aus New Jersey, Congressional Record, 1. August 1996, S. H9755.

Das Niebuhr-Zitat auf S. 124 stammt von Reinhold Niebuhr: „Man's Nature and His Communities" (New York, 1965), S. 84.

Das Zitat von Edward Koch auf S. 124 stammt aus Koch: „When Prominent Blacks Engage in Overt Racism", New York Post, 16. August 1991.

Die Zitate von Leonard Jeffries und William Raspberry auf S. 124f. stammen aus Jason DeParles Artikel „Talk of Government Being Out to Get Blacks Falls on More Attentive Ears", New York Times, 29. Oktober 1990.

Das Zitat von Richard Rodriguez auf S. 126 stammt aus seinem Artikel „Unilingual, Not Unilateral".

Der Abschnitt auf S. 127 über Plakate an der University of Michigan stammt aus Dinesh D'Souzas Artikel „Illiberal Education", The Atlantic, März 1991, S. 52.

Das Zitat von Verfassungsrichter Oliver Wendell Holmes auf S. 127 stammt aus United States vs. Schwimmer, 279 U.S. 644 (1928).

Für weitere Informationen zur Debatte über den Ersten Verfassungszusatz auf S. 127 siehe das interessante, wenn auch (für mich) letztlich nicht überzeugende Argument in Mary Ellen Gales Artikel „On Curbing Racial Speech", The Responsive Community, Winter 1990-91, S. 47-61.

Die Passage über die American Civil Liberties Union auf S. 128 stammt aus Anthony DePalmas Artikel „Battling Bias, Campus Face Free Speech Fight", New York Times, 20. Februar 1991.

Das Zitat von Kenneth B. Clark auf S. 128 stammt aus seinem „Rücktrittsschreiben", S. 33.

Der Kommentar von Dinesh D'Souza auf S. 128 stammt aus seinem Artikel „The New Segregation", American Scholar, Winter 1995, S. 21.

Das Bulletin des Office of Student Affairs am Smith College auf S. 128f. stammt aus John Taylors Artikel „Are You Politically Correct?", New York, 21. Januar 1991.

Das Philosophenzitat auf S. 129 stammt aus Mona Charen's Artikel „A Losing Battle".

Die Zitate zu Bernard Bailyn und Stephan Themstrom auf S. 130 stammen aus einem Brief von Paula Ford und Penelope Codrington an Stephan Themstrom vom 9. März 1988.

Die Zitate auf S. 131 bezüglich der Korrespondenz zwischen einer Studentin der University of Pennsylvania und einem Universitätsangestellten stammen aus A. C. Kors' Artikel „It's Speech, Not Sex, the Dean Bans Now", The Wall Street Journal, 12. Oktober 1989.

Theodore Roosevelts Zitat auf S. 132 stammt aus seinem Werk-Kapitel (Memorial-Ausgabe, New York, 1923-26). XX, S. 456.

Zu Kapitel 5 *E Pluribus Unum?*

Das Zitat von Stephan Thernstrom auf S. 136 stammt aus seinem Artikel „The Minority Majority Will Never Come Come", The Wall Street Journal, 26. Juli 1990.

Für die überzeugende Diskussion eines Historikers über den letzten Absatz auf S. 137 siehe Otis Graham Jr.'s Artikel „Immigration and the National Interest" in „U.S. Immigration in the 1980s: Reappraisal and Reform", hrsg. von David Simcox (Westview Press, 1988), S. 124-36.

Das Zitat auf S. 138 stammt von Nathan Newman an die Herausgeber von Dissent, Sommer 1989, S. 413.

Das Zitat auf S. 138 zur europäischen klassischen Musik stammt aus Clyde Moneyhuns Brief „Culture Schlock", The New Republic, 4. März 1991; siehe auch Edward Rothsteins Artikel „Roll Over Beethoven", The New Republic, 4. Februar 1991.

Die Passage, die auf S. 138 die Staatliche Stiftung für Geisteswissenschaften („National Endowment for the Humanities") zitiert, stammt aus Lynne V. Cheneys Buch „Fifty Hours: A Core Curriculum for College Students" (Washington, 1989), S. 7.

Die Passage auf S. 138 über Pflichtkurse in Dritte-Welt- oder ethnischen Studien stammt aus Dinesh D'Souzas „Illiberal Education", S. 53.

Das Zitat von Pearce Williams auf S. 139 stammt aus seinem Artikel „Did Egypt Originate Geometry Theorem?"

Henry A. Giroux ist der erste Professor, dessen Worte auf S. 140 zitiert werden. Sein Zitat stammt aus John Searles Artikel „The Storm Over the University", New York Review of Books, 6. Dezember 1990.

Stanley Hauerwas von der Duke Divinity School ist der zweite Professor, der auf S. 140 zitiert wird. Sein Zitat stammt aus Pam Kelleys Artikel „For Duke Profs, The Hot Debate Is What to Teach", The Charlotte Observer, 28. September 1990. Ich habe hier das vollständige Wort geliefert, das der Observer nur als „...löcher" wiedergegeben hat.

Die Passage über Marxisten auf S. 141 stammt aus Irving Howes bewundernswertem Essay „Der Wert des Kanons", The New Republic, 18. Februar 1991.

Die Richburg-Zitate auf S. 143 stammen aus seinem Artikel „A Black American in Africa", Washington Post National Weekly Edition, 10. bis 16. April 1995, und aus seinem Buch „Out of America: A Black Man Confronts Africa" (New York, 1997).

Die Passage auf S. 144 über algerische Frauen stammt aus Frantz Fanons Buch „A Dying Colonialism" (London, 1965), S. 37, 46.

Das Zitat von Margaret Thatcher auf S. 145 stammt aus David S. Broders Artikel „Her View of the U.S. Had a Euro-Cynical Bent", International Herald Tribune, 13. März 1991.

Das Zitat von Lawrence Fuchs auf S. 146 stammt aus „The American Kaleidoscope", S. 492.

Das Myrdal-Zitat auf S. 147 stammt aus „An American Dilemma", S. 50.

Das Zitat von Richard Alba auf S. 147 stammt aus seinem Buch „Ethnic Identity: The Transformation of White America". Siehe die Diskussion in Andrew Hackers Artikel „Trans-National America", New York Review of Books, 22. November 1990. Die 1996 durchgeführte Umfrage bei hispanischen Eltern auf S. 147 wurde von Market Development, Inc. durchgeführt, „The Importance of Learning English", herausgegeben vom Center for Equal Opportunity, 5. September 1996.

Über das Latino-Literaturfestival des PEN auf S. 148 berichtete Jack Agueros: „No More "Barrio-ization': We Are American Writers" („Keine ‚Barrioisierung' mehr: Wir sind amerikanische Schriftsteller"), PEN-Newsletter, Herbst 1996.

Die Passagen auf S. 148 über Hispano-Amerikaner und historische Führer stammen aus Lawrence Fuchs' „The American Kaleidoscope", S. 261.

Das Zitat von Andrew Hacker auf S. 149 stammt aus New York Newsday, 4. Januar 1994.

Das Zitat auf S. 150f. von John Higham stammt aus „History in the Culture Wars", Newsletter der Organization of American Historians, Mai 1997; das Zitat von Patricia Nelson Limerick stammt aus ihrer Präsidentschaftsrede von 1997 vor der American Studies Association.

Die Zitate von Herbert Croly auf S. 151 stammen aus seinem Buch „The Promise of American Life" (New York, 1909), S. 139, 194. Croly sprach von Klassen- und nicht ethnischen Spaltungen - er glaubte eher an die Minderwertigkeit der Schwarzen -, aber sein allgemeiner Standpunkt bleibt solide.

Die Zitate von Orlando Patterson auf den Seiten 152ff. stammen aus „White Man, Black Man" (mit Chris Winship), New York Times, 3. Mai 1992, und „Race, Gender and Liberal Fallacies", New York Times, 20. Oktober 1991.

Das James-Baldwin-Zitat auf S. 153 stammt aus seinem Essay „The Discovery of What It Means to Be an American", zitiert von Henry Louis Gates, Jr., Nation, 15. und 22. Juli 1991.

Das Tocqueville-Zitat auf S. 154 stammt aus „The Old Regime and the French Revolution", Teil drei, Kap. 4.

Das Zitat von Diane Ravitch auf S. 154 stammt aus ihrem Artikel „Multiculturalism", S. 339.

Zum Epilog

William Raspberrys Kommentar auf S. 160 stammt aus der *Washington Post* vom 4. September 1991.

Das Zitat von Eric Hobsbawm auf S. 161 stammt aus „Identity Politics and the Left", *New Left Review*, Mai-Juni 1996.

Die Zitate von Todd Gitlin auf S. 162 stammen aus Gitlin: „The Twilight of Common Dreams" (New York, 1995), S. 230 und 84.

Das Holmes-Zitat auf S. 163 stammt aus Schenck vs. die Vereinigten Staaten, 249 U.S. 47, 52 (1919); das Brandeis-Zitat stammt aus Whitney vs. Kalifornien, 274 U.S. 357, 375.

Das Holmes-Zitat auf S. 164 stammt aus United States vs. Schwimmer, 279 U.S. 644, 655 (1929).

Das Jackson-Zitat auf S. 164f. stammt aus West Virginia State Board of Education vs. Barnette, 319 U.S. 624, 642.

Das Brennan-Zitat auf S. 165 stammt aus Texas vs. Johnson, 491 U.S. 397, 414.

Das Zitat auf S. 165f. von Henry Louis Gates, Jr. stammt aus seinem Artikel „Let Them Talk", *New Republic*, 20. September 1993.

Die Zitate von Kathryn Abrams auf S. 166 stammen aus "Creeping Absolutism and Moral Impoverishment. The Case for Limits on Free Expression", in: *American Council of Learned Societies, Occasional Paper* No. 22, *The Limits of Expression in American Intellectual Life* (New York, 1993), S. 1,3.

Das Zitat aus der Konvention der Vereinten Nationen auf S. 167 stammt von Rodney A. Smolla, *Free Speech in an Open Society* (New York, 1992), S. 356.

Das Zitat von Catherine MacKinnon auf S. 168 stammt aus ihrem Buch „Only Words" (1993) und wird diskutiert in Ronald Dworkin: „Women and Pornography", New York Review of Books, 21. Oktober 1993, und in Bernard Williams: „Drawing Lines", *London Review of Books*, 12. Mai 1994.

Der auf S. 169 zitierte Brief, der Henry Louis Gates, Jr. angreift, erschien in der „Chronicle of Higher Education" am 6. Dezember 1996.

Das Zitat von Bernard Shaw auf S. 169 stammt aus *Annajanska* (1919).

Zur Entscheidung des kanadischen Obersten Gerichtshofs in der Rechtssache Regina vs. Butler, zitiert auf S. 169f., siehe „National Coalition Against Censorship", *Censorship News*, Ausgabe 4, 1993.

Die Charles-Lawrence-Zitate auf S. 170 stammen aus seinem Artikel „Acknowledging the Victim's Cry", *Academe*, November-Dezember 1990.

Das Gates-Zitat auf S. 170f. stammt aus „Let Them Talk" („Lasst sie reden", A. d. Ü.).

Das Norman-Corwin-Zitat auf S. 171 stammt aus John McDonough: „The Bill of Rights at 200", *The Wall Street Journal*, 13. Dezember 1992.

Der Aphorismus von Louis Menand auf S. 172 stammt aus seinem Artikel „The Culture Wars", *New York Review of Books*, 6. Oktober 1994.

Louis Dooleys Aphorismus auf S. 173f. stammt aus Finley Peter Dunne: „Mr. Dooley's Philosophy" (New York, 1900), S. 258.

Das Tocqueville-Zitat auf S. 174 stammt aus „Democracy in America", II, Zweites Buch, Kap. VII.